DAS AUGE DAVIDS

DAS AUGE DAVIDS

von Erich Follath

EIN
STERN
BUCH

Herausgeber: Henri Nannen
Redaktion: Nicolaus Neumann
Gestaltung: Dietmar Meyer, Ekkhart Blunck
Produktion: Druckzentrale G + J
Druck: Mohndruck, Gütersloh

1. Auflage 1980
ISBN 3-570-01777-X

INHALT

Die Informanten

Die Idee, ein Buch über den israelischen Geheimdienst Mossad zu schreiben, kam mir zum erstenmal an einem Sommerabend 1977 in Tel Aviv. Ein Freund hatte mich zu einer Geburtstagsfeier eingeladen, die bei einem seiner Bekannten stattfinden sollte. Ich hatte eigentlich keine Lust mitzugehen, weil ich keinen der Anwesenden kannte, aber schließlich ließ ich mich doch überreden.

Die Party war nett, aber nicht gerade aufregend. Man unterhielt sich über die steigenden Preise (»Brot schon wieder 20 Prozent teurer«), über das Versagen der Regierungspolitiker (»aber die Opposition ist auch nicht besser«), über die Schwierigkeiten der Kindererziehung (»meiner ist schon drei und macht immer noch ins Bett«). Es gab Jaffa-Orangensaft und Kekse, schottischen Whisky und israelischen Sabre-Likör. Es war in jeder Beziehung ein durchschnittlicher Abend.

Einmal davon abgesehen, daß mein Freund zuviel getrunken hatte. Auf der Heimfahrt fragte er mich, wie mir denn die Leute gefallen hätten. Ich zuckte mit den Schultern. Da sagte er: »Du erinnerst dich doch an den Typ mit den breiten Schultern, der dir gegenübersaß? Er ist Offizier des israelischen Geheimdienstes und kommandierte eines der israelischen Torpedo-Boote, mit denen eine Kommando-Einheit im April 1973 nachts in Beirut landete. Sie haben damals die halbe PLO-Spitze umgebracht.«

»Und du siehst vielleicht noch den Kleinen vor dir, der so ruhig war und immer nur am Orangensaft nippte? Der hat damals mit einigen Mossad*-Freunden hinter den feindlichen Linien in Ägypten eine vollständige Radaranlage abgebaut und nach Israel geschafft.«

Ich kam aus dem Staunen nicht heraus. Die junge Frau, die die Bettnässer-Probleme mit ihrem Kleinen hatte, war eine der Chef-Auswerterinnen in der Geheimdienst-Zentrale, und noch drei andere Gäste hatten direkt mit dem Mossad zu tun. Ich war in eine Party hochkarätiger Geheimdienst-Experten geraten.

Später ärgerte ich mich über meine Verblüffung. Es war sicher naiv anzunehmen, alle Agenten sähen wie James Bond aus und interessierten sich nicht für die Brotpreise oder hätten keine bett-

*Mossad (hebr.): das Institut, Bezeichnung für den israelischen Geheimdienst

nässenden Kinder zu Hause. Oder gingen nicht auf langweilige Parties. Auf der anderen Seite erzählte man sich gerade vom Mossad Geschichten, die so gar nichts Durchschnittliches an sich hatten.

Was hatte ich in den Jahren, die ich für den *Stern* aus Israel berichtete alles über den Geheimdienst der Israelis gehört! Glaubte man Landeskennern, war »das Auge Davids« überall: Der Mossad pflanzte den »Champagner-Spion« Wolfgang Lotz ins Feindesland nach Kairo, wo dem angeblichen Ex-Nazi deutsche Raketenbauer und ägyptische Generale auf den Leim gingen. Der Mossad entführte aus dem französischen Hafen Cherbourg Kriegsschiffe, deren Auslieferung Paris gesperrt hatte. Der Mossad »leitete« ein Uran-Schiff nach Israel um, damit Israel die Atombombe bauen konnte. Der Mossad schickte eine Spezialeinheit mit Flugzeugen nach Uganda, wo die Agenten – teilweise als Soldaten Amins verkleidet – hundert Geiseln aus Terroristen-Hand befreiten.

Es waren auch Geschichten dabei, die einen erschaudern ließen: Mehr als einmal haben israelische Agenten unschuldige Frauen und Kinder getötet, wenn es galt, tatsächliche oder vermeintliche »PLO-Terroristen« auszuschalten – so geschehen beispielsweise am 8. Juli 1972, als Männer des Mossad das Auto des palästinensischen Poeten und Polit-Sprechers Ghassan Kanafi in die Luft sprengten, obwohl sie sahen, daß seine dreizehnjährige Nichte ihn an diesem Tag begleitete.

Ich fing an, mich für die Geschichten hinter den Geschichten zu interessieren. Was war Wirklichkeit, was Legende, von den Israelis oder ihren Feinden zu Propagandazwecken gestreut? Wer waren die Männer, die diese Kommando-Unternehmen leiteten, und was ließ sie – ob sie töteten oder nur täuschten – so überzeugt sein, richtig gehandelt zu haben?

Erst später, nach Jahren, fand ich Antworten. Einige Antworten zumindest. Ich begriff, welche Rolle die Geheimhaltung, das geheimbündlerische Vorgehen in der Geschichte der Juden spielte, lange schon bevor der Staat Israel existierte. Ich begann zu verstehen, was israelische Agenten in den letzten drei Jahrzehnten motiviert hat: die Angst um die Existenz des Staates, die – ob berechtigt oder nicht – bis heute das Leben vieler Juden prägt; der permanente Kriegszustand in einer feindlichen Umwelt, das Gefühl, auf sich allein angewiesen zu sein, alles bittere historische Lehrstunden für die Israelis; die traumatische Angst schließlich, daß sich Geschichte wiederholen könnte.

All das trägt zu der Effizienz, aber auch zur Skrupellosigkeit bei, die Israels Geheimdienst auszeichnet und ihn zu einem der besten der Welt macht. Dem Mossad bedeuten Menschenleben wenig, wenn es darum geht, ein Ziel zu erreichen.

Allerdings hat auch kein Geheimdienst der Welt soviel Rückendeckung beim Volk wie der israelische. Die Israelis akzeptieren, daß es den Mossad geben muß. Wahrscheinlich wäre die Mehrzahl der Israelis bereit, dem Geheimdienst zu helfen oder sogar für ihn zu arbeiten. Mossad-Arbeit hat nichts Anrüchiges, Mossad-Agenten sind Nachbarn und Freunde. Man weiß, daß sie für das »Institut« arbeiten, und stellt keine beruflichen Fragen. Ansonsten siehe oben: Diskussionen über den Brotpreis, die große Politik, die Kindererziehung! Es ist die Selbstverständlichkeit der Israelis im Umgang mit ihrem Geheimdienst, die verblüfft. Und daß die Agenten keinesfalls geborene Spionage-»Helden« sind, sondern – und darin liegt System – beamtete »Kleinbürger«, die wie die meisten Israelis auf ihre Pensionierung hinarbeiten und sich mit besonderen Leistungen Sonderpunkte für diese Pensionierung erwerben können.

Man sollte denken, eine offene, hemdsärmelige Gesellschaft wie die israelische mache Geheimhaltung in Geheimdienst-Angelegenheiten besonders schwer. Keine Rede davon. Der Mossad ist mit Sicherheit der »wasserdichteste« aller großen Dienste. Offiziell existiert er gar nicht. Kein Pressesprecher, der abenteuerliche Geschichten über Mossad-Unternehmungen dementiert oder bestätigt – selbst ein » no comment« ist dem Mossad zuviel. »Kein Kommentar«, sagte mir ein ehemaliger Agent, »ist eben auch schon ein Kommentar.«

Gelegentlich haben die Israelis ausländischen Journalisten gegenüber Ausnahmen gemacht und ihnen punktuell Einblick in Mossad-Kommando-Unternehmen gewährt. Noch nie aber hat ein Mossad-Chef oder ein Agent während seiner Amtszeit mit einem Journalisten gesprochen – noch nicht einmal übers Wetter. Selbst der Name des jeweiligen Mossad-Chefs und seiner Stellvertreter ist geheim, ebenso das Datum des Amtsantritts. Und auch Interviews mit ehemaligen Mossad-Mitarbeitern werden in den seltensten Fällen genehmigt.

Im Februar 1980 erhielt ich nach langen Monaten des Wartens einen Termin bei Isser Harel, dem ersten Geheimdienstchef, den der Staat Israel nach seiner Gründung hatte. Zu meiner großen Überraschung konnte ich auch mit seinem Nachfolger Meir Amit sprechen; wir trafen uns zu einer längeren Unterhaltung in der Vorhalle des israelischen Parlaments – Amit ist inzwischen Abgeordneter. Gespräche beim früheren Mossad-Vize Yaacov Caroz, heute Journalist, und beim früheren Chef des militärischen Abwehrdiensts, Aharon Yariv, schlossen sich an. Wir diskutierten über die Struktur des israelischen Geheimdiensts und lange zurückliegende Kommando-Unternehmen. Fragen nach Aktionen des Mossad in den letzten Jahren waren tabu.

Mehr war aus Israel nicht zu holen. Es begannen lange Recherchen, die mich nach Washington, London und Paris führten, und bei deren Abwicklung mich die *Stern*-Außenbüros in den jeweiligen Ländern sehr unterstützten. Diplomaten reichten mich an Freunde weiter, Freunde an Bekannte: Am Ende dieser schwierigen Nachforschungen standen Gespräche mit einigen ehemaligen Mossad-Agenten. Sie erzählten mir – gegen mein Versprechen, ihre Namen und unsere Treffpunkte geheimzuhalten – weit mehr, als die Mossad-Zentrale in Tel Aviv genehmigt hatte. Dem Vertrauen dieser ehemaligen Geheimdienst-Mitarbeiter verdanke ich einen Großteil bisher unbekannter Informationen. Sie bilden den Grundstock für dieses Buch.

Mir ging es nicht darum, schon Bekanntes wiederaufzuwärmen und den Eindruck der Vollständigkeit zu erwecken. Ich habe deshalb darauf verzichtet, Geschichten wie die des Champagner-Spions Lotz noch einmal zu erzählen – das hat Lotz in seinem Buch selbst viel besser getan. Berühmte Kommando-Unternehmen wie die Aktion in Entebbe tauchen nur auf, wenn sich neue Aspekte ergeben haben. Im Fall von Entebbe sind das die Berichte der ugandischen Untersuchungskommission, die Idi Amin eingesetzt hatte, um alle Umstände der israelischen Aktion aufzuklären. Diese geheimen Dokumente verdanke ich meinem Kollegen Gerd Heidemann, der sie 1979 aus Idi Amins Schreibtisch mitgebracht hat und sie mir zur Auswertung überließ.

Andere Geschichten, wie Israels »Aktion Atombombe«, sind noch nie erzählt worden. Das bislang letzte Kommando-Unternehmen der Israelis, die Sprengung eines für den Irak bestimmten Atomreaktors in Südfrankreich, konnte ich mit Hilfe der Aussagen eines ehemaligen Agenten in Frankreich bis ins Detail rekonstruieren. Lediglich bei den ersten beiden Kapiteln, den »großen Erfolgen des Mossad«, habe ich auf Bekanntes zurückgegriffen: die Geschichte der Eichmann-Entführung und des Jossele-Kidnappings sind zwar eingeweihten Lesern bekannt, aber zum Verständnis der Mossad-Entwicklung so wichtig, daß ich sie nicht weglassen wollte.

In der Mossad-Bilanz stehen aber nicht nur glanzvolle Erfolge, sondern auch bittere Niederlagen. An drei Beispielen wird deutlich, wohin es führt, wenn ein so effektiver Geheimdienst wie der israelische politisch nicht ausreichend kontrolliert wird. Das Kapitel über die Mißerfolge zeigt auch, wie absurd und sinnlos Agenten-Arbeit ist, wenn die »Auswerter« in der Zentrale nicht die richtigen Schlußfolgerungen aus den Berichten ihrer Mitarbeiter ziehen.

Der israelische Geheimdienst ist kein »normaler« Geheimdienst. Er muß Funktionen und Aufgaben wahrnehmen, die in anderen Ländern von »normalen« Ministerien wie dem Außenamt ausgeführt werden: Der Mossad hält Kontakte zu den Staaten, die aus politischen Gründen keine offiziellen Beziehungen zu Jerusalem eingehen wollen. Lange Zeit haben solche Geheimkontakte auch die Zusammenarbeit zwischen deutschen und israelischen Stellen geprägt. Ein Kapitel untersucht die Zusammenarbeit des deutschen und des israelischen Geheimdiensts von der israelischen Staatsgründung bis heute.

In einem geheimen Mossad-Papier schließlich zeigen einige der führenden jungen Mitarbeiter des Mossad auf, welche Funktionen

Israels Geheimdienst in den kommenden Jahren haben sollte und wo die Hauptprobleme ihrer gegenwärtigen Arbeit liegen. Kurzporträts von Männern, die im Mossad und solchen, die über den Mossad Karriere gemacht haben, schließen dieses Kapitel ab. Die Lebensläufe sollen zeigen, wie nah sich in Israel Politik und Geheimdienst sind.

›*Das Auge Davids*‹ ist kein Buch über die Geschichte Israels, sondern ein Buch über die spannendsten Kommando-Unternehmen seines Geheimdiensts. Da aber die Geschichte des Staates Israel eine große Rolle für das Verständnis des Mossad spielt, habe ich an den Anfang des Buches einen historischen Überblick gestellt. Dieser Überblick soll helfen, die beschriebenen Kommando-Unternehmen einzuordnen. Eine Übersicht über die verwendeten Fachausdrücke schließt das Buch ab.

Da dieses Buch in erster Linie von Menschen, nicht von Institutionen handelt, möchte ich es beginnen mit der Lebensgeschichte zweier Männer, die für ihre Überzeugung gekämpft haben – auch mit Terror gekämpft haben –, und deren Lebensweg fast zwangsweise zu einem frühzeitigen Tod führte. Der Palästinenser Ali Hassan Salimeh und der Israeli Yonathan Netanyahu haben sich nie gekannt und sich dennoch ein Leben lang bis aufs Blut bekämpft. Ihre Geschichte zu erzählen, ist kein Versuch, den Terrorismus zu rechtfertigen. Sie zeigt vielmehr die Tragödie zweier Völker auf, die aus unterschiedlichen Gründen, aber mit dem gleichen (Un-)Recht, Palästina als ihre Heimat beanspruchen: die Tragödie der Palästinenser und der Juden.

KAPITEL I

Auge um Auge, Zahn um Zahn

Von zwei Männern,
die geboren wurden, um als
Feinde zu sterben

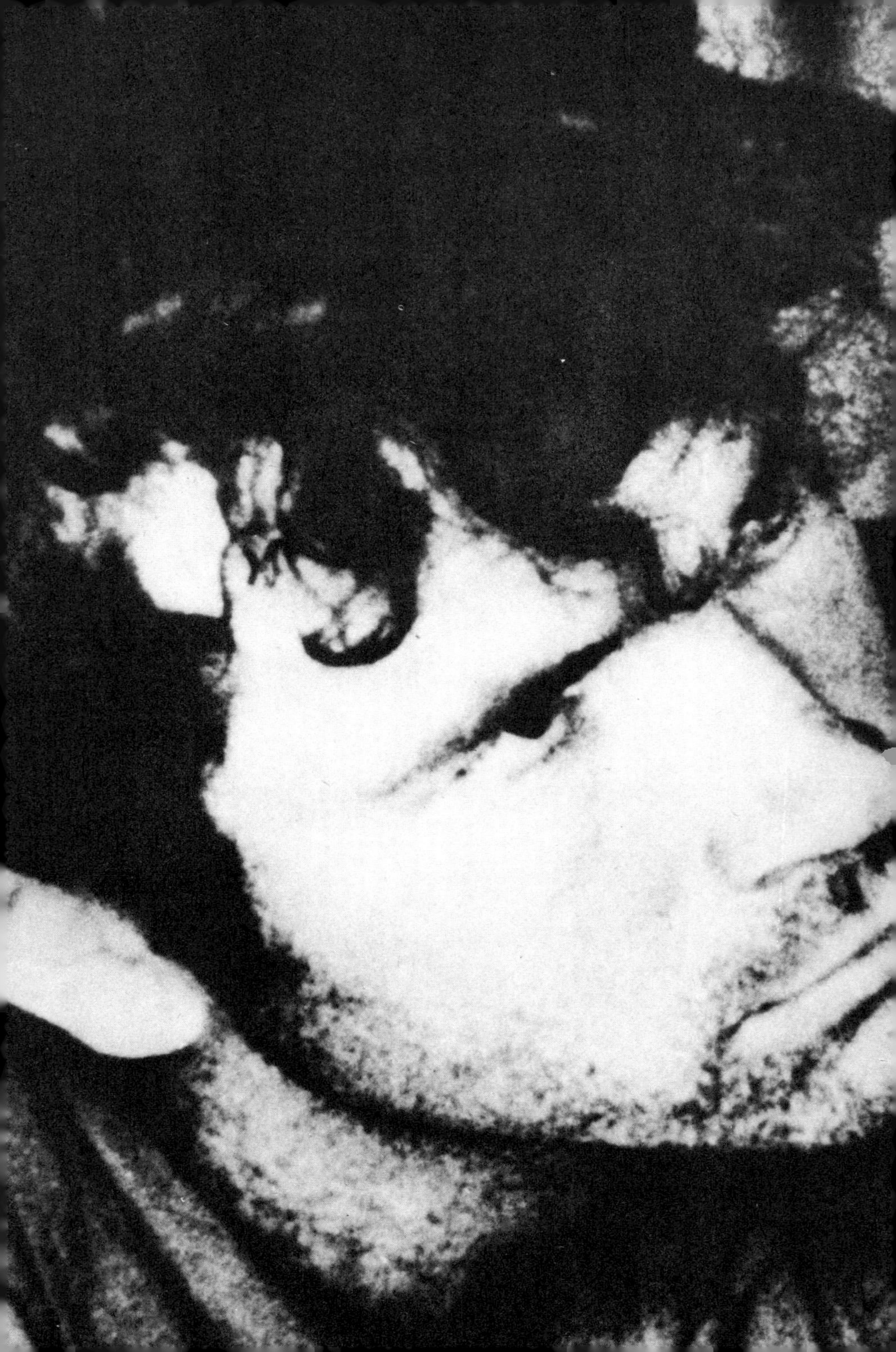

Yonathan Netanyahu

Der israelische Geheimdienstoffizier
fiel, 30 Jahre alt,
bei der Befreiungsaktion von Entebbe

Mit 26 Jahren war Leutnant »Yoni»
im Yom-Kipur Krieg der Held der Golanhöhen
Vier Jahre später bekommt der Held
ein Staatsbegräbnis

Ali Hassan Salimeh

Der palästinensische Geheimdienstoffizier fiel, 36 Jahre alt, einem israelischen Terror-Anschlag zum Opfer. In geheimen Ausbildungslagern wurde er selbst zum Terroristen gemacht

Den Hass auf die Israelis lernen die jungen Araber in den palästinensischen Flüchtlingslagern, in denen sie aufwachsen

Ali Hassans zertrümmerter Straßenkreuzer in der Beiruter Innenstadt. Der tote »Löwe« der PLO wird zum Märtyrer

Jerusalem, 6. Juli 1976, Soldatenfriedhof. Yonathan Netanyahu wird zu Grabe getragen. Tausende sind dabei, als Shimon Peres, Israels Verteidigungsminister, die Totenrede hält. »Es gibt Zeiten«, sagt er, »in denen das Schicksal einer ganzen Nation in den Händen einer Handvoll Kämpfer liegt. Dieser junge Mann gehörte zu denen, die eine beispiellose Operation befehligten. Die Nation beugt sich unter der schweren Last seines Todes.« Dann kniet Peres vor dem Leichnam des Soldaten nieder und zitiert aus der Bibel, Buch Samuel: »Es tut mir leid um dich, mein Bruder Yonathan, ich habe große Freude an dir gehabt.«

Beirut, 27. Januar 1979, Märtyrerfriedhof. Ali Hassan Salimeh wird zu Grabe getragen. Tausende sind dabei, als Jassir Arafat, Chef der Palästinensischen Befreiungsorganisation (PLO), die Totenrede hält. »Wir haben einen Löwen verloren«, ruft Arafat unter Tränen. »Aber wir werden weiter für ein freies Palästina kämpfen, wie er es uns verheißen hat.« Arafat hebt mit einigen anderen Männern den Sarg hoch, trägt ihn schweigend zum Grab. Dort beugt er sich noch einmal über den Leichnam und sagt: »Mein Bruder, wir begraben dich als einen Märtyrer.«

Yonathan Netanyahu war Offizier in einer Spezialeinheit der israelischen Armee, einem Ableger des Geheimdienstes Mossad. Seine Aufgabe war es, arabische Terroristen zu töten. Er starb durch die Kugel eines ugandischen Soldaten, als ein israelisches Kommando in Entebbe hundert Geiseln aus Terroristen-Hand befreite. Er wurde 30 Jahre alt.

Ali Hassan Salimeh gehörte zur Führungsspitze der PLO. Er war ihr Geheimdienstchef. Zuvor hatte er für die radikale Palästinenserorganisation »Schwarzer September« das Münchner Olympia-Massaker 1972 mitgeplant. Sieben Jahre jagte ihn der Mossad. Vier Mordanschläge scheiterten, bis ihn ein Killer-Team der Israelis schließlich in Beirut in die Luft sprengte. Er wurde 36 Jahre alt.

»Yoni«, wie seine Kameraden den Hauptmann Yonathan Netanyahu riefen und »Abu Hassan«, wie der Geheimdienstchef Ali Hassan Salimeh von den Palästinensern genannt wurde, sind ihren Völkern Helden. Ihren Feinden sind sie Feiglinge und Mörder.

* * *

»Was haben die verdammten Juden in unserem Land zu suchen?« rief Scheich Hassan Salimeh oft abends im Dorfgasthaus von Ramla, wenn die alten Männer ihre Wasserpfeifen rauchten. Sein

Wort hatte Gewicht. Freunde erinnern sich, daß stets alle gebannt zuhörten, wenn der Scheich gegen die Judeneinwanderung wetterte. Dagegen, daß ihre Abgesandten palästinensisches Land aufkauften, daß sie wie selbstverständlich ganze Handelszweige in die Hand nahmen, sich sogar mit der britischen Mandatsmacht, die damals in Palästina herrschte, zu arrangieren begannen. »Wir leben seit Jahrhunderten hier, und jetzt machen sich die Juden breit.«

Haß auf die Juden muß zu den ersten Dingen gehört haben, die der 1943 geborene Ali Hassan, Sohn des Scheichs, bewußt wahrnahm.

Der Scheich beließ es nicht bei flammenden antijüdischen Reden. Er organisierte palästinensische Banden, die jüdische Siedlungen überfielen. Als Ben Gurion 1948 den Staat Israel proklamierte und die arabischen Anrainerländer den neuen Staat sofort angriffen, sperrten Milizen des Scheichs die wichtige Straße, die von Tel Aviv zu den in Jerusalem eingeschlossenen Juden führte.

Doch auch die jüdische Untergrundarmee »Haganah« (Selbstschutz) war inzwischen erfahren in Sabotage und Überfällen. Im Juni 1948 gelang es einem jüdischen Spitzel, eine Bombe im Haus des Scheichs zu verstecken. Sie ging hoch, als sich Salimeh und seine Freunde zur Lagebesprechung trafen. Der Scheich war sofort tot. Die Israelis schafften es, die Straße nach Jerusalem in ihre Gewalt zu bekommen.

Ali Hassan ist fünf, als der Vater stirbt. Seine Mutter und er entgehen durch Zufall der Explosion: Sie haben im Garten Kräuter für das Mittagessen gesammelt. Aus Angst vor den Israelis verläßt Frau Salimeh das Dorf Ramla, flieht zu Verwandten in die jordanische Stadt Nablus auf der Westbank, dem Gebiet westlich des Jordan. Die Verwandten haben keinen Platz. Wie Tausende anderer Palästinenser lebt der kleine Ali mit seiner Mutter in einem Lager, in einem der armseligen Zelte ohne Strom und Wasser.

Ali wächst zu einem hübschen Jungen heran, schlank, sportlich, intelligent. In der Schule von Nablus hat er das beste Zeugnis von allen Mitschülern. Schon als Teenager wird er von Mädchen umschwärmt. Doch Ali kümmert sich lieber um Politik. Mit fünfzehn Jahren gewinnt er auf dem Gymnasium einen Preis als bester Diskutierer. Mit siebzehn macht er ein glänzendes Abitur: »Beruf? Interessiert mich nicht! Ich habe nur ein Ziel – und das ist, die Israelis aus meinem Land zu werfen.«

Ali bekommt ein Stipendium für die »American University« in Beirut – dem damaligen Sammelbecken der palästinensischen

Intelligenz. 1960 trägt sich Ali Hassan Salimeh als Ingenieur-Student an der Universität ein. Acht Jahre später plant er seine ersten Terroraktionen für den palästinensischen Widerstand.

* * *

Als der Wiener Theodor Herzl 1896 sein Buch ›*Der Judenstaat*‹ veröffentlichte und die nationalreligiöse Bewegung des Zionismus wiederbelebte, war Yonathans Großvater Nathan gerade sechzehn Jahre alt. Nathan wurde zum Zionisten, predigte in seiner Heimat Litauen und später überall in Rußland die Idee von einem Staat Israel. Er war der neue Typ des Juden: stolz, selbstbewußt, einer der sich durch Unterdrückung nicht einschüchtern ließ.

Yonis Vater Ben Zion war noch ein Junge, als die Familie sich 1920 entschloß, von Warschau ins Heilige Land auszuwandern. Es war die Zeit der Judenverfolgung in der Ukraine, und die Züge waren zum Bersten voll mit Auswanderungswilligen. Doch für viele war die Enttäuschung nach der Ankunft groß. Palästina war nicht »das Land ohne Volk für das Volk ohne Land«, von dem Herzl geträumt hatte. In Palästina, das nach dem Ersten Weltkrieg britisches Mandatsgebiet geworden war, lebten damals 700 000 Araber und kaum 50 000 Juden.

Yonis Großeltern ließen sich im jüdischen Viertel Jerusalems nieder und gaben der Familie den hebräischen Namen »Netanyahu« (Gottesgeschenk). Ben Zion studierte an der Hebräischen Universität Geschichte und Philosophie. Als sich die Briten in den dreißiger Jahren gegen die verstärkte Einwanderung der Juden wandten, wurde der religiöse junge Mann zum Verfechter des bewaffneten Untergrundkampfes gegen Araber und Engländer.

Ben Zion geht in die USA, um bei den amerikanischen Juden Spenden lockerzumachen. In New York trifft er eine Studienkollegin wieder und heiratet sie. 1946 wird in Harlem ihr Sohn Yoni geboren. Nach der Proklamation des Staates Israel geht die Familie nach Jerusalem zurück. Yonis Vater erhält den Auftrag, ein »Hebräisches Lexikon« herauszugeben. Die Familie kann sich 1949 ein hübsches Haus in einem Vorort mieten.[1)]

Yoni bekommt zwei Brüder. Er erlebt eine glückliche Jugend, tut sich bald als Gruppenführer bei den Jung-Pfadfindern hervor, wird mit sechzehn Jahren Schulsprecher. Er ist ein lustiger Junge, hochintelligent. Sein Vater klärt ihn in stundenlangen Gesprächen über Judentum und Zionismus auf. Als die Eltern 1962 beschließen, nach Amerika auszuwandern, weint Yoni. In den USA fühlt er sich nicht wohl. Yoni wartet ungeduldig auf seinen Militärdienst in der israelischen Armee. Im Juli 1964 kehrt er nach Tel Aviv zurück und wird Rekrut in einer Fallschirmjäger-Einheit.

Dem jungen Mann gefällt die harte Ausbildung. »Wir werden immer weniger in unserer Gruppe«, schreibt er an einen Freund. »Nur die Stärksten und Besten bleiben zurück.« Bei den tagelangen Gewaltmärschen lernt er Israel noch besser kennen, »erfühlen«, wie er es nennt. Er liebt sein Land, will es verteidigen. Doch ihn stört auch, daß er zuwenig von der Mentalität der arabischen Feinde versteht. Er sagt: »Ich traue mir kein Urteil über diese Menschen zu. Ich könnte ungerecht ihnen gegenüber sein, weil ich ihre Probleme nicht verstehe.«

Yoni erhält eine exzellente Beurteilung, geht auf die Offiziersschule. Er wird bald Leutnant, lernt bei einem Überfall seiner Truppe auf eine syrische Siedlung, daß er – anders als manche Kameraden – im Gewehrfeuer nicht die Nerven verliert. Seine Vorgesetzten schreiben ihm in sein Offizierspatent: »Vorbildlich in jeder Beziehung.« Sie versuchen, ihn zu einer Karriere als Berufssoldat zu überreden. Doch Yoni will studieren – er hat sich 1967 an der amerikanischen Harvard Universität im Fachbereich Philosophie einschreiben lassen.

Der Sechstagekrieg kommt dazwischen. Yoni kämpft als Fallschirmjäger in der Sinai-Wüste und auf den Golan-Höhen. Er wird am Arm verwundet. Der Sieg der Israelis ist überwältigend. »Ihr hättet unsere Männer im Kampf sehen sollen«, schreibt Yoni an seine Eltern. »Es gibt keine Armee wie die unsere, keine Macht der Welt kann sie stoppen!«

Yoni heiratet seine langjährige Freundin Tutti, »Tutti Frutti«, wie er sie zärtlich nennt. Die Hochzeit wird auf dem Gelände der alten Jerusalemer Universität gefeiert, die im Krieg gerade von den Israelis erobert worden ist. Das Paar geht Ende 1967 zum Studium nach Amerika – für einige Jahre, wie sie beide glauben.

Doch Yoni hält es nur elf Monate im Land der unbegrenzten Möglichkeiten. Dann zieht es ihn wieder ins »begrenzte« Israel zurück. Er hält das Vorgehen der Amerikaner im Vietnamkrieg für richtig, kann die Protestbewegung der Jugendlichen nicht verstehen. Freunden erzählt er, »die langhaarigen Gammler und Nichtstuer in den USA« hätten ihm geradezu körperliches Mißbehagen bereitet.

Nur mit halbem Herzen studiert er an der Hebräischen Universität von Jerusalem weiter. Seine Gedanken sind nicht beim Studium. Yoni sieht sein Land durch die sich häufenden Terrorüberfälle der palästinensischen »Fatah«-Bewegung gefährdet. Er will kämpfen, zurückschlagen: »Eines ist sicher, ich bin ein besserer Soldat als alle Terroristen zusammen«, schreibt er. »Und mein Nationalbewußtsein ist stärker als ihres.«

Freunde sagen, Yoni sei in jenen Monaten wie »ein Tier im Käfig« herumgelaufen. Ein Gespräch mit seinem jüngeren Bruder Bibi, der inzwischen bei einer Spezialeinheit der Armee zur Bekämpfung der Terroristen ausgebildet wird, gibt dann den Ausschlag: Am 1. April 1969 meldet sich Leutnant Yonathan Netanyahu bei der israelischen Armee zurück. Er kommt zu der geheimen Operationseinheit, die der Mossad innerhalb der Armee aufgebaut hat – der »Sayeret«. Sie soll palästinensische Terroristen in Israel abfangen, aber auch ihre Ausgangsbasen in arabischen Ländern zerschlagen.

Die Einheit trainiert jeden Tag und oft auch nachts; häufig ist nicht einmal der Sabbat frei, der heilige Tag der Juden. Yoni wird 1970 Oberleutnant, bekommt bald eine eigene Gruppe. Doch er hat private Sorgen. Seine Frau verläßt ihn – sie erträgt die ständige Abwesenheit ihres Mannes nicht.

Bei dem ersten Einsatz der »Sayeret« gegen ein Palästinenser-Lager in Ägypten kommt es zu einem Feuergefecht. Keiner der Israelis wird verletzt, einige geraten bei der überraschenden Gegenattacke aber fast in Panik. Der Oberleutnant Yonathan Netanyahu staucht sie zusammen: »Ruhig Blut, Männer. Es wird nicht das letzte Mal sein, daß ihr auf Palästinenser schießt.«

* * *

Beirut in den frühen sechziger Jahren: Das ist eine Stadt wie Musik, das heißt Sonnenschein und Diskotheken, internationale Restaurants und hübsche Mädchen. Noch keine Spur von Bürgerkrieg. Der Ingenieur-Student Ali Hassan Salimeh genießt das Leben im »Paris des Nahen Ostens«. Doch er vergißt darüber nie seinen politischen Kampf.

An der »American-University« schart er palästinensische Studenten um sich, diskutiert mit ihnen über die Chancen eines Palästinenser-Staates. Auf dem Campus ist bekannt, daß Alis Vater von den Israelis umgebracht wurde. Das verleiht dem gutaussehenden jungen Mann das Flair des politischen Führers.

Sein Einfluß unter den Kommilitonen wird noch größer, als er eines der begehrtesten Mädchen der Stadt heiratet – ein Mädchen mit »politischer Vergangenheit«. Alis Frau ist eine Nichte des einsti gen Großmuftis von Jerusalem, der in den dreißiger Jahren den arabischen Kampf gegen die jüdischen Einwanderer auch mit Terroraktionen führte.

Die jungen intellektuellen Palästinenser haben es satt, geduldig zu sein. Seit der Niederlage von 1948 im Krieg gegen den gerade gegründeten Staat Israel sprechen ihnen die arabischen Führer immer nur Trost zu. Seit 1948 tönen sie davon, die Israelis zu vernichten und den Palästinensern einen eigenen Staat zu geben. Doch es bleibt bei Worten, die 600 000 Vertriebenen leben nach wie vor in erbärmlichen Lagern, verstreut über mehrere arabische Länder. »Sie haben uns vergessen«, ruft Ali bei einer Kundgebung 1963 in Beirut. »Wenn wir nicht selbst etwas tun, werden wir immer im Dreck liegen, erniedrigt, ohne unser Land!«

Der Sechstagekrieg von 1967 zerstört endgültig die Hoffnung der Palästinenser, daß die Heere der arabischen Staaten die Israelis vertreiben könnten. Für die Radikalen unter ihnen bleibt jetzt nur noch eines: Sie müssen »den Krieg nach Israel hineintragen« – mit Guerilla-Aktionen. Und dafür schafft die Niederlage in ihren Augen eine neue Chance: Israel hat einen Teil Jordaniens besetzt, die Westbank, wo Hunderttausende von Arabern leben. Dieses Gebiet muß ein ideales Operationsfeld sein für die Guerilleros, die sich »Fedajin« (Männer, die sich selbst opfern) nennen.

Im selben Jahr 1967 macht Ali eine Bekanntschaft, die sein Leben entscheidend verändert. Er trifft den Palästinenserführer Jassir Arafat. Der Student bewundert »Abu Ammar«, wie Arafat in Palästinenserkreisen heißt, ja er verehrt ihn: »Abu Ammar« ist einer der wenigen Palästinenser, die nicht nur reden, sondern auch handeln. Er hat 1964 die Palästinensische Befreiungsorganisation (PLO) mitgegründet, und er schickte seine Kämpfer schon seit 1965 zu Guerilla-Aktionen ins Feindesland. Der intelligente und von der Sache überzeugte Ali gefällt Arafat. Der PLO-Chef verspricht, ihn im Auge zu behalten.

Schon bald kommt Arafat auf sein Versprechen zurück. Die PLO steckt in Schwierigkeiten. Der Kinderarzt Georges Habasch und der Chirurg Wadia Haddad haben die Palästinenserorganisation PFLP (Volksfront für die Befreiung Palästinas) gegründet. Sie ist nicht nur marxistisch ausgerichtet, sondern bei ihren Aktionen auch weit radikaler als die PLO. Und sie hat eine heimtückische

Taktik ausgetüftelt, um die Welt auf das Schicksal der Palästinenser aufmerksam zu machen: Flugzeugentführungen.

Am 23. Juli 1968 entführen PFLP-Terroristen eine Boeing 707 der israelischen Fluggesellschaft »El Al« nach Algier und erpressen die Auslieferung von zwanzig in Israel gefangengehaltenen Landsleuten. Israel, völlig überrascht von der neuen, internationalen Variante des Kampfes, hat nachgegeben – ein erstes und letztes Mal.

Der Erfolg wirkt wie ein Magnet: Die radikalen palästinensischen Studenten strömen der PFLP zu. Endlich »geschieht etwas«, sagen sie, endlich »kommt der Nahe Osten in Bewegung«. Arafat gerät in Zugzwang. Wenn er sich nichts einfallen läßt, schwimmen ihm im Lager der Palästinenser die Felle davon. Und der PLO-Chef handelt.

Arafat baut eine eigene geheime Kommandogruppe innerhalb seiner Organisation auf. Sie soll Terroraktionen durchführen, ohne mit der auf internationale Anerkennung bedachten PLO in Zusammenhang gebracht zu werden. Ali Hassan Salimeh ist einer der jungen Palästinenser, die von Arafat in ein Ausbildungslager in der Nähe Kairos geschickt werden. »Abu Hassan«, wie sein Kampfname jetzt heißt, macht Trainingskurse in Selbstverteidigung, Spionage und Sabotage. Seine Ausbilder stellen bald fest, daß er begabt ist für die Organisation von Terroraktionen.

»Abu Hassan«, inzwischen 27 Jahre alt, brennt vor Tatendrang – am liebsten würde er sofort gegen die Israelis losschlagen. Ein Jahr später startet er seine erste spektakuläre Aktion – doch nicht gegen die Israelis, sondern gegen ein arabisches »Brudervolk«: die Jordanier.

König Hussein ist 1970 drauf und dran, mit den Israelis Frieden zu machen. Er hat sich mehrmals mit Israels Verteidigungsminister Moshe Dajan zu Geheimgesprächen getroffen. Die palästinensischen Flüchtlinge in Jordanien, die über die Hälfte der Bevölkerung des Königreichs ausmachen, werden dabei für Hussein mehr und mehr zum Störfaktor. Die radikalen Palästinenserorganisationen, die in den Lagern großen Zulauf haben, planen von jordanischen Boden aus ihre Terroraktionen in der Westbank, die Israelis rächen sich mit Gegenschlägen.

Husseins Militärs raten dem König zum Schlag gegen die immer provozierender auftretenden Palästinenser, die in Amman mit Waffen durch die Stadt patrouillieren. Als die PFLP drei große Passagierflugzeuge nach Jordanien entführt und in der Wüste in die Luft jagt, ist die Geduld des Herrschers erschöpft. Seine königstreuen Truppen schießen die Palästinenser in den Straßen Ammans, aber auch in den Lagern ab wie Hasen. Zehntausende sterben in diesem »Schwarzen September« 1970.

»Schwarzer September« wird der Deckname der geheimen Arafat-Gruppe. Mohammed Youssef Najjar (»Abu Youssef«) wird ihr Führer, »Abu Hassan« der Operationschef. Die beiden schicken ein Killerkommando nach Kairo, das am 28. November 1971 einen der Hauptverantwortlichen für das Massaker an den Palästinensern niederschießt, den jordanischen Premierminister Wasfi at-Tall. Angesprochen auf den Mord, sagt PLO-Chef Arafat, er wisse nicht, wer die Aktion durchgeführt habe. Er habe aber Verständnis für die »Ungeduld mancher junger Palästinenser«.

Tatsächlich erhält der »Schwarze September« bei seinen Aktionen bald freie Hand. Ali kommt – wie die »Kollegen« von der PFLP – zu der Überzeugung, daß man den Kampf gegen die Israelis auch nach Europa und Amerika tragen muß. Dort gibt es keine Mossad-Abwehrkommandos wie in der Westbank; dort sind die Israelis verwundbarer; dort fallen die weltpolitischen Entscheidungen, die auch Israel beeindrucken.

Ali erzählt Freunden von einer Vision: Er wolle jedes zweite oder dritte Flugzeug entführen, das Kurs auf Tel Aviv nimmt und so den Reiseverkehr in den Juden-Staat ganz stoppen. Doch zunächst einmal plant »Abu Hassan« das Olympia-Massaker von München – es soll die Rache für den Tod seines Vaters werden.

Ali nutzt bei seinen Reisen nach Europa nur noch gelegentlich PLO-Kontakte, wie beispielsweise die algerische Botschaft in Genf. Er informiert nicht einmal mehr Arafat über seine Aktionen. Irgendwo in Europa, vermutlich in Ost-Berlin, trifft »Abu Hassan« im Frühjahr 1972 zwei Freunde, die mit ihm zusammen in Kairo ausgebildet wurden: Abu Daoud und Fakhri al-Umari. Beide beteiligen sich dann an der Vorbereitung des Münchner Überfalls. Ali beobachtet den Schlag seiner Leute aus dem Ausland: Am 5. September stürmt ein Kommando des »Schwarzen September« ins olympische Dorf von München. Elf israelische Sportler und ein Amerikaner sterben.

* * *

Die Scheidung von seiner Frau trifft den Oberleutnant Yoni Netanyahu härter, als er es zugeben will. Er hat gelegentlich Mädchengeschichten, aber die bedeuten ihm nichts. Freunden fällt auf, daß er immer stiller und nachdenklicher wird. Sein einziges Gesprächsthema ist der Kampf um die Sicherheit Israels. Die Männer seiner Einheit schleift er, bis sie erschöpft zusammenbrechen.

Im Juni 1972 endlich – nach Yonis Ansicht viel zu spät – kriegt seine Spezialtruppe grünes Licht »von oben«: Der arabische Terror mit Gegenterror beantwortet.

Die Syrer weigern sich, drei gefangengenommene israelische Piloten im Austausch gegen arabische Häftlinge freizugeben. Der Geheimdienst Mossad erfährt, daß die Libanesen drei hohe syrische Offiziere zu einem Besuch in den Süden des Libanon eingeladen haben. Yonis Auftrag: Die Offiziere auf israelisches Gebiet entführen, als Faustpfand für den Gefangenen-Austausch. Die Aktion läuft zunächst ab wie eine Übung. Das israelische Kommando erreicht unentdeckt das libanesische Einsatzgebiet.

Die Wagenkolonne der Syrer erscheint pünktlich, wie Mossad-Spione es vorausgesagt haben. Doch einer der libanesischen Begleiter im ersten Wagen der Kolonne läßt sich durch den Blitzüberfall nicht überraschen – er zieht seine Pistole. Yoni feuert sofort, auch seine Kameraden schießen. Das Begleitfahrzeug wird durchsiebt. Die vier Libanesen sind auf der Stelle tot. Die drei Syrer bleiben unverletzt und werden auf israelisches Gebiet verschleppt.

»Wir brauchen mehr solche Aktionen«, sagt Yoni hinterher. »Viel mehr. Wir müssen unsere Feinde überall treffen – nicht nur in Israel.«

Der nächste Einsatz läßt nicht lange auf sich warten. Nach dem Olympia-Massaker erteilt Israels Premierminister Golda Meir dem Mossad-Chef Zwi Zamir den Auftrag, spezielle Einsatzkommandos zu bilden, um die Mörder der israelischen Sportler rund um den Erdball zu jagen. »Schickt die Jungs los«, sagt die alte Dame.

Zwölf Männer macht der Mossad aus, die es zu töten gilt – für jeden der umgebrachten Sportler einen. An der Spitze der Liste steht Ali Hassan Salimeh. Einem der israelischen Kommandos gehört Yonathan Netanyahu an. Als die Israelis am 10. April 1973 mit Schnellbooten in Beirut landen, ins PLO-Hauptquartier einbrechen und acht Menschen töten, hätten sich »Abu Hassan« und »Yoni« fast Auge in Auge gegenübergestanden.

* * *

Sie wußten alle, daß es ein Himmelfahrtskommando war. Daß aber ausgerechnet Yoni in dieser Nacht an Bord eines israelischen

Schnellbootes auf dem Weg zum Überfall nach Beirut Todesängste bekam, überraschte seine Kameraden. Der Offizier Yoni Netanyahu war sonst ein so harter Mann. Doch jetzt stand er da, schaute in die dunklen Wellen und sagte leise vor sich hin: »Es macht mich traurig, daß ich diese Nacht vielleicht sterben muß. Ich lasse nichts auf dieser Welt zurück, keine Familie, keine Kinder...«

Kurz vor ein Uhr nachts haben die beiden israelischen Schnellboote, die am späten Nachmittag in Haifa gestartet sind, die Höhe Beiruts erreicht. An Bord der Schiffe ist ein vom Geheimdienst Mossad zusammengestelltes Team von Froschmännern, Fallschirmjägern und Nahkampf-Experten. Ein Licht von der Küste blinkt auf, dreimal kurz, einmal lang – das verabredete Zeichen.

Die Männer steigen in Gummiboote um und rudern den kurzen Weg zur Küste von Ramlat el-Beida am Stadtrand Beiruts. Die Küste ist dort felsig, es gibt nur kleine, versteckte Sandstrände, ein Geheimtip für Liebespaare. Doch nachts ist die Gegend menschenleer. In aller Ruhe laden die Männer ihre automatischen Pistolen aus, Marke »Beretta«, Kaliber 22, mit Schalldämpfer, dazu Handgranaten, Sprengstoff und zwei Walkie-talkies. Dann klettern sie, alle in Zivilkleidung, zur Straße hoch. Dort sind fünf Wagen geparkt, deren Zündschlüssel im Schloß stecken. Die fünfzehn Männer verteilen sich auf die Autos und fahren los.

Das Kommando-Unternehmen ist perfekt vorbereitet – eine der Aktionen, für die Israels Geheimdienst Mossad berüchtigt ist. Seit Anfang des Monats sind fünf europäische »Geschäftsleute« im Auftrag des Mossad in Beirut tätig: Gilbert Rimbert, der mit einem belgischen Paß reist, kam mit seiner Sekretärin Monique Brun aus Frankfurt; der Deutsche Dieter von Alnoder landete mit einer Maschine aus Rom; George Elder und Andrew Macy, als Engländer ausgewiesen, trafen aus Birmingham und Frankfurt in Beirut ein, der Franzose Charles Boussard aus Paris. Sie alle haben Papiere, die den Paßbehörden keinen Anlaß zum Mißtrauen geben – es sind perfekte Fälschungen. Die fünf »Geschäftsleute« sind für Anreise und Flucht des Spezialkommandos zuständig. Sie haben bei der Firma »Lenacar« die Leihwagen besorgt, die auf die Bootsbesatzung warten.

Yoni und seine Kameraden fahren etwa zwanzig Minuten, dann parken sie die Autos in der Nähe der Kreuzung 58. Straße und »Khaled-Ben-al-Walid«-Straße. Aus jedem der fünf Wagen springen zwei Männer heraus und laufen auf das dreistöckige Apartmenthaus gegenüber zu – das Hauptquartier der Palästinensischen

Befreiungsorganisation (PLO). Mit ihren schallgedämpften Waffen töten sie die beiden Wachen am Vorder- und Hintereingang. Dann rennen sie das Treppenhaus hoch und teilen sich in drei Gruppen – für jede Etage eine. Sie schießen in die Türschlösser und brechen in Sekundenschnelle in die Apartments ein.

Im ersten Stock überraschen sie Mohammed Youssef Najjar, einen der Führer der radikalen Organisation »Schwarzer September«, inzwischen in der PLO-Hierarchie die Nummer drei. Die Israelis halten ihn für einen der Drahtzieher des Münchner Olympia-Massakers im September 1972. »Abu Youssef« liegt nackt im Bett, in den Armen seiner Frau. Die Israelis schießen sofort. Der Palästinenser und seine Frau sind auf der Stelle tot. Die sechs Kinder der Najjars, die im Nebenraum liegen, schrecken aus dem Schlaf. Eine Nachbarin aus dem Apartment nebenan, die nichts mit der PLO zu tun hat, kommt schreiend aus ihrer Wohnung gerannt. Das Killer-Team schießt die Frau nieder. Sie bleibt, tödlich getroffen, in einer Blutlache liegen.

Im zweiten Stock tötet die andere Kommandogruppe Kemal Nasser, den PLO-Sprecher und berühmten palästinensischen Poeten. Er ist Junggeselle. Die Israelis überraschen ihn am Schreibtisch.

Im dritten Stock erschießt Yoni den Assistenten von »Abu Youssef«, Kemal Adwan. Seine Frau steht neben ihm, als er an der Schlafzimmertür zusammenbricht.

Doch während die anderen Israelis, wild um sich schießend, den Rückzug suchen – seit Beginn der Operation sind keine vier Minuten vergangen –, behält Yoni kühlen Kopf. Er bedroht Adwans Frau mit seiner Pistole und räumt in aller Ruhe dessen Schreibtisch aus. Er findet Aktionspläne, Namen palästinensischer Verbindungsleute, Adressen. Er klemmt die Akten unter den Arm, rennt nach draußen. Die Fluchtwagen fahren gerade los. Der Fahrer des letzten Wagens sieht im Rückspiegel Yoni und bremst. Um ein Haar hätte das Team vergessen, seinen Oberleutnant mitzunehmen.

Minuten später sind libanesische Polizisten am Tatort. Doch sie können die Israelis nicht mehr verfolgen. Die parken die fünf Wagen wieder korrekt am alten Platz an der Steilküste, steigen in die Gummiboote und verlassen 90 Minuten nach ihrer Landung libanesischen Boden.

In derselben Nacht zerstören andere israelische Kommandos mit Unterstützung von Armee-Hubschraubern das Hauptquartier der radikalen Palästinenserorganisation PFLP und zwei Waffenlager der »Fatah« am Rande Beiruts. Bei einer Schießerei kommen zwei Israelis ums Leben, vier werden verwundet. Ein Helikopter landet neben ihnen und bringt sie nach Haifa zurück.

Yoni zieht einem Freund gegenüber am nächsten Tag Bilanz. »Es war abstoßend«, sagt er. »Aber solche Dinge müssen wir eben tun. Übrigens schade, daß wir Ali Hassan Salimeh nicht erwischt haben.« Ali, den seine Freunde »Abu Hassan« nennen, steht an erster Stelle einer Mossad-Liste der zwölf meistgesuchten Palästinenser, die die Israelis aus Rache für München aufspüren und umbringen wollen. Die Israelis halten ihn für den Chefplaner des Olympia-Massakers.

Auch Regierungschefin Golda Meir zieht am nächsten Tag Bilanz. Sie selbst hat nach München grünes Licht für das Killer-Kommando gegeben, dessen Aktionen unter dem Codenamen »Miytzan Elohim« (Die Rache Gottes) laufen. In der Knesset, dem israelischen Parlament, sagt sie nun: »Es war wunderbar, wir haben die Mörder getötet, die schon neue Attentate planten.«

Im September 1973 macht Yoni Netanyahu noch einmal einen Versuch, sein 1969 unterbrochenes Philosophie-Studium wieder-aufzunehmen. Doch er hätte kaum eine ungünstigere Zeit für das Ausscheiden aus der Armee wählen können: Am 6. Oktober, dem Yom-Kippur-Feiertag, überqueren ägyptische Soldaten den Suez-Kanal und greifen völlig überraschend Israel an.

Yoni tut sich mit seiner Fallschirmjäger-Einheit im Kampf mit den Syrern um die Golan-Höhen hervor. Bei einem Vorstoß rettet er verwundete Kameraden und erhält dafür einen Kriegsorden. Seine Tat wird bald in ganz Israel bekannt, als Mosche Dajan in seiner Autobiographie schreibt: »Ich kenne nicht viele Männer wie Yoni. Aber ich bin überzeugt, daß es genug sind, um die schweren Prüfungen zu bestehen, die auf Israel zukommen.«

Yoni, der die Trennung von seiner Frau »Tutti« lange nicht überwinden konnte, erlebt zwei glückliche Jahre. Er wird zum Hauptmann einer Panzereinheit befördert, und er verliebt sich in eine neunzehnjährige Sekretärin.

Der Mann, der früher noch beklagte, daß er zuwenig über die Mentalität der Araber wisse, ist inzwischen ganz auf die harte Linie eingeschwenkt: Er hält es für einen Frevel, über die Rückgabe der von Israel besetzten Gebiete auch nur nachzudenken. Er glaubt nicht an den Friedenswillen der Ägypter und Jordanier – von den Palästinensern ganz zu schweigen. Seinem Bruder Bibi schreibt er: »Jeder Kompromiß wird zu unserem Ende führen. Ich will nicht, daß es später heißt, der Staat Israel sei nur eine kurze Episode der jüdischen Wanderschaft im 20. Jahrhundert gewesen. Deshalb bleibe ich hier, deshalb kämpfe ich.«

* * *

Ali Hassan Salimeh weiß, daß ihn der Mossad jagd. Unter den Palästinensern hat sich bald herumgesprochen, daß die israelischen Rächer überall in der Welt unterwegs sind, um die Verantwortlichen für das Olympia-Attentat zu töten – oder jedenfalls diejenigen, die der Mossad für verantwortlich hält. »Abu Hassan« legt sich zwei Leibwächter zu und verändert öfter seine Identität. Er benutzt unter anderem zwei italienische und drei verschiedene libanesische Pässe sowie einen französischen Paß, der ihn, seiner dunklen Hautfarbe wegen, als Korsen ausweist. Die Mossad-Agenten tappen vorläufig im dunkeln.

Andere Männer der Zwölfer-Liste haben sie schneller aufgespürt. Am 16. Oktober 1972 erschießt ein israelisches Kommando unter Leitung des Mossad-Chefs Zwi Zamir in Rom den Palästinenser Wadal Abdel Zwaiter, als dieser sein Haus betreten will. Die Israelis glauben, daß Zwaiter die erste Entführung einer »El Al«-Maschine organisiert hat und Verbindungsmann des »Schwarzen September« in Italien war.[2])

Das zweite Opfer auf der Liste ist Dr. Mahmoud Hamshari, der PLO-Vertreter in Paris. Nach Ansicht des Mossad war er 1969 in einen Attentatsversuch gegen Israels Premierminister Ben Gurion verwickelt. Ein Mann, der sich als italienischer Journalist ausgibt, lockt Hamshari aus dem Haus – währenddessen installieren die Mossad-Kollegen des »Journalisten« eine Bombe im Haus des Palästinensers. Sie ist mit dem Telefon verbunden und geht hoch, als ein israelischer Agent am nächsten Morgen die Fernzündung bedient. Natürlich nicht, ohne daß er sich vergewissert hätte, daß Hamshari auch persönlich am Apparat ist.

»Hinrichtung« Nummer drei findet in Nikosia auf Zypern statt. Die Mittelmeerinsel war inzwischen zur neuen Zentrale der radikalen Palästinenserorganisation geworden. Dort hatte der »Schwarze September« auch seine Kontakte zum sowjetischen KGB. Der Palästinenser Hussein Abad al-Chir kommt gerade von einem Treffen mit einem KGB-Agenten, als die Israelis ihn am 24. Januar 1973 in seinem Hotelzimmer in die Luft sprengen.

Die Spirale von Terror und Gegenterror schraubt sich immer

schneller hoch: Ein Kommando des »Schwarzen September« bricht am 1. März 1973 in die saudische Botschaft von Khartum im Sudan ein. In Zypern schießen Palästinenser aus Rache für den Tod Chirs einen israelischen Geschäftsmann nieder und greifen das Haus des israelischen Gesandten an.

Und der Mossad hakt weiter Namen auf seiner Todesliste ab. Am 6. April 1973 töten die Israelis den Iraker Dr. Basil al-Kubaissi, der an der »American University« in Beirut »Abu Hassans« Professor gewesen war – die Palästinenser behaupten bis heute, das sei die einzige »terroristische Aktivität« des Intellektuellen gewesen.

Opfer Nummer fünf ist der Nachfolger Chirs in Zypern. Er stirbt durch die Kugeln eines Mossad-Agenten am 9. April in Nikosia. Nummer sechs, sieben und acht lassen bei dem israelischen Kommando-Überfall auf das Apartmenthaus in Beirut am 10. April ihr Leben.

Abdel Hamid Schibi und Abdel Hadi Nakaa in Rom sind die nächsten. Sie fliegen am 7. Juni mit ihrem Mercedes in die Luft. Die Israelis hielten die beiden Männer für »Fedajin«, die einen Anschlag auf ein Durchgangslager für jüdische Rußland-Emigranten in Österreich planten.

Bei Opfer Nummer elf waren sich die Israelis lange nicht sicher, ob der Mann tatsächlich ein »dicker Fisch« war oder nur ein kleiner Zwischenträger. Die Akten, die Yoni Netanyahu vom Überfall in Beirut mitgebracht hatte, lieferten den Beweis: Mohammed Boudia arbeitete als der Mann des »Schwarzen September« in Paris. Er schleuste japanische, deutsche und irische Terroristen in die Ausbildungslager im Südjemen und hielt Kontakt zur japanischen »Roten Armee« und zur »Baader-Meinhof-Gruppe«.

Am 28. Juni 1973 explodiert eine Bombe, als er in seinen Renault 16 steigt.

Bleibt Ali Hassan Salimeh, der zwölfte Mann. Mossad-Kommandos sichten ihn in Ulm bei einer deutschen Freundin, machen ihn einmal in Frankfurts Vergnügungsviertel aus, dann wieder in Paris an der Place Vendôme. Doch »Abu Hassan« ist schneller als seine Verfolger. Die Wut darüber, daß da einer ist, der noch cleverer zu sein scheint als sie, verleitet den Mossad zur Unvorsichtigkeit und führt zur größten Schlappe, die sich Israels Geheimdienst jemals geleistet hat.

Mossad-Agenten finden heraus, daß sich Ali nach Skandinavien abgesetzt hat. Sie verfolgen seine Spuren bis in die norwegische Kleinstadt Lillehammer, identifizieren ihn mit Hilfe eines

Paßfotos, das sie ständig bei sich tragen. Als der Mann sich mit einem Araber trifft, der gerade von der algerischen Botschaft in Genf kommt, ist für die Agenten die Sache klar: Der Hauptschuldige für die Morde an den israelischen Sportlern in München ist gestellt. Die Mossad-Zentrale in Tel Aviv gibt »Feuer frei«.

Am Nachmittag des 21. Juli 1973 lauern zwei Israelis dem Araber auf und jagen ihm 22 Kugeln in den Leib. »Nein«, kann der Mann noch rufen, »tut es nicht!« Dann bricht er tödlich getroffen zusammen.

Der Tote ist nicht Ali Hassan Salimeh. Der Mann, den die Israelis umgebracht haben, heißt Ahmed Bouchiki – ein Marokkaner, der als Kellner in einem Restaurant der Kleinstadt arbeitet. Seine norwegische Frau, die ihn an diesem Abend begleitet hat, ist hochschwanger – sie trägt Bouchikis Kind unter dem Herzen.

Der Skandal ist perfekt, als es der norwegischen Polizei gelingt, sechs israelische Agenten festzunehmen. Sie werden vor Gericht gestellt und erhalten erstaunlich geringe Gefängnisstrafen zwischen zwölf Monaten und fünfeinhalb Jahren. Der Mossad aber ist blamiert und steht im Kreuzfeuer der internationalen Kritik.

Ali Hassan Salimeh – der echte »Abu Hassan« – verläßt am Tag nach dem Mord an dem marokkanischen Kellner Norwegen. Obwohl sein Name in keinem der Presseberichte vorkommt, weiß er, daß das Attentat ihm gegolten hat. Er kehrt via Frankfurt nach Beirut zurück – und wagt es vorläufig nicht mehr, die Stadt zu verlassen.

PLO-Chef Jassir Arafat hat jetzt in seinem Kampf um einen palästinensischen Staat die Strategie geändert: Er setzt auf die internationale Anerkennung der PLO und findet in Ländern der Dritten Welt immer mehr Unterstützung. Um aber auch den Westen für seine Ziele zu gewinnen, darf Arafat nun auf keinen Fall mehr mit Terror-Aktionen in Verbindung gebracht werden. Der »Schwarze September« hat seine Schuldigkeit getan, er verschwindet von der Bildfläche. Seit Ende 1973 lehnt Arafat Terror als Mittel für den palästinensischen Kampf ab – und das nicht nur nach außen. Aber natürlich hat er für einen Mann wie Ali weiter Verwendung, für einen Mann, der sieben Sprachen spricht. Ali wird Experte für das Nachrichtenwesen bei der PLO – eine Art Geheimdienstchef und dazu Arafats engster Vertrauter, »mein Ziehsohn«, wie der PLO-Chef sagt.

»Abu Hassan« verändert sich. Das ist nicht mehr der Mann, der noch vor Jahren einem Freund schrieb: »Weil die Juden unser Land gestohlen haben, unsere Landsleute getötet und uns unsere Rechte genommen haben, werden wir sie ausrotten, wo immer wir sie finden.« Auch Ali Hassan Salimeh ist nun davon überzeugt, daß der Kampf gegen Israel auf politischem Parkett gewonnen werden muß.

Immer häufiger sieht man ihn in Beirut in eleganten Anzügen von »Valentino« und in maßgeschneiderten Seidenhemden. Beim Mossad heißt er jetzt nur noch der »Rote Prinz«. Eine Katholikin wird Alis zweite Frau: Georgina Rizk, eine 1971 zur »Miss Universum« gekrönte Schönheit. Als Arafat am 13. November 1974 seine erste Rede vor der UNO hält und von den Vereinigten Nationen gefeiert wird, ist auch Ali Hassan Salimeh dabei. Der ehemalige Terroristenführer drückt beim anschließenden PLO-Empfang, direkt hinter Arafat stehend, die Hände der Diplomaten aus aller Welt.

Es scheint, als hätten die Israelis nach dem Schock von Lillehammer die Jagd auf den zwölften Mann aufgegeben. Doch die »Rache Gottes« ist nur vertagt. Der Mossad wartet auf eine günstige Gelegenheit. Die ergibt sich am 8. Oktober 1976, als Ali ohne Leibwächter durch Beirut spaziert. Von zwei Kugeln der Israelis getroffen, bricht er zusammen – und wieder hat er Glück. Ein in der Nähe parkender Krankenwagen bringt ihn sofort ins Hospital. Er wird operiert und kommt durch.

Ali Hassan Salimeh weiß jetzt, daß die Israelis ihn ein Leben lang weiter jagen werden. Er wird zum Fatalisten. Einem Journalisten sagt er: »Ich habe keine Angst. Ich weiß, wenn ich dran bin, ist Schluß. Das kann niemand aufhalten.«

* * *

Kurz vor seinem 30. Geburtstag am 13. Mai 1976 unterhält sich Hauptmann Yoni Netanyahu mit einem Freund über den Tod. »Wenn ich erst mal 30 bin«, sagt Yoni, »dann bleibe ich auch noch ein paar Jahre länger am Leben.« Früher hat er einmal in einem Brief geschrieben: »Der Tod ängstigt mich nicht, er macht mich neugierig. Ein Leben ohne Ziel ist sinnlos. Wenn es nötig ist, zu sterben, um etwas Wichtiges zu erreichen, dann bin ich bereit dazu.«

Am 27. Juni 1976 hört Yoni im Radio, daß die »Air France«-Maschine 139, unterwegs von Tel Aviv nach Paris, entführt worden ist. Als am Tag darauf klar wird, daß die Luftpiraten in Entebbe gelandet sind und der ugandische Präsident Idi Amin nichts gegen sie unternimmt, bestellt Mossad-Chef Jitzak Hofi den jungen

Hauptmann Yoni Netanyahu in den Generalstab. Es geht um die Frage, ob ein Mossad-Kommando die über hundert – meist jüdischen – Geiseln aus der Hand der palästinensischen und deutschen Terroristen befreien könnte.

Yoni hält es für möglich, das Flughafengebäude zu stürmen – wenn die Armee das Transportproblem zu dem 3600 Kilometer entfernten Einsatzort lösen kann und der Geheimdienst mehr Details über den Flughafen Entebbe beschafft. Der Plan nimmt immer konkretere Formen an. Yoni wird mit der Einsatzleitung betraut.

Auf einem ehemaligen Luftwaffenstützpunkt läßt Yoni den Flughafen von Entebbe »nachbauen«. Ein Wall aus Sandsäcken entspricht in seinen Abmessungen den Außenwänden des Terminals von Entebbe, wo die Geiseln gefangengehalten werden. Immer wieder übt der Hauptmann mit den Männern seiner Einheit, die 1400 Meter lange Strecke vom Landepunkt ihrer »Hercules«-Transportmaschine bis zum Flughafengebäude in kürzestmöglicher Zeit zurückzulegen. Mit der Stoppuhr in der Hand drückt er die Zeit unter 120 Sekunden – jede Sekunde kann wichtig sein.

Bis zum letzten Moment glaubt Yoni, daß das Unternehmen abgeblasen wird. Er hält nicht viel vom Mut der israelischen Politiker. Doch diesmal täuscht er sich – Premierminister Rabin gibt den Befehl für die »Operation Donnerschlag«. Hauptmann Netanyahu landet mit seinen Leuten nachts in Entebbe. Das Kommando stürmt das Flughafengebäude, tötet die Terroristen und befreit die Geiseln – es klappt fast wie im Training. Doch auf dem Weg zurück zur »Hercules« fallen Schüsse. Ein ugandischer Soldat, den die Israelis im Dunkeln übersehen haben, feuert aus seiner automatischen Waffe planlos in die Nacht. Yoni bricht, in den Rücken getroffen, zusammen. Er stirbt, während sich die Geiseln und die Befreier an Bord der Militärmaschine in die Arme fallen und die Rettung mit lauwarmem Orangensaft feiern.

* * *

In den ersten Januartagen 1979 erhält Ali Hassan Salimeh eine neue Warnung – und zwar aus einer Ecke, aus der er das nicht erwartet hätte. Führer der christlichen Maroniten, die den Palästinensern spinnefeind sind, zu denen Ali aber seit seiner Heirat mit der Katholikin Georgina gute Beziehungen pflegt, informieren ihn, daß erneut ein Killer-Kommando auf ihn angesetzt sein soll. »Abu Hassan« verstärkt seine Leibwache auf vier Mann.

Die Information der Maroniten ist richtig. Schon im November 1978 hat sich eine gewisse Erika Maria Chambers, eine deutschsprechende Engländerin, in der Rue Itani eingemietet – direkt gegenüber von Alis Haus in der belebten Beiruter Innenstadt. Sie trifft sich häufig mit einem englischen Geschäftsmann namens Peter Scriver (Paßnummer: 260896), der im Hotel »Méditerranée« wohnt und bei der Firma »Lenacar« einen schwarzen VW Golf gemietet hat. Dritter im Bunde ist ein kanadischer Staatsbürger, Roland Kolberg (Paßnummer: 104277), der im »Royal Garden's Hotel« wohnt und sich als Verkaufsleiter einer Firma für Küchengeräte ausgibt. Später stellt sich heraus, daß alle Papiere gefälscht sind, die Berufsadressen erfunden: Die drei sind ein Mossad-Team.

Um 14 Uhr 30 am 22. Januar 1979 parkt »Scriver« den schwarzen Golf vor dem Haus Salimehs. Frau Chambers, in deren Wohnung später ein Fernglas gefunden wird, hat Alis Lebensgewohnheiten genau ausgespäht. Sie kennt seine Termine – sie weiß, daß der »Rote Prinz« gleich aus seiner Wohnung kommen wird, um in seinen neben dem Golf geparkten amerikanischen Straßenkreuzer einzusteigen.

Um 15 Uhr 35 tritt Ali Hassan Salimeh aus dem Haus. In dem Augenblick, als er den schwarzen VW passiert, erschüttert eine schwere Detonation die Straße. Menschenleiber, Autoteile fliegen durch die Luft, überall ist Blut und Rauch. Erika Maria Chambers hat aus ihrem Zimmer die im Golf versteckte Bombe gezündet. »Abu Hassan« und seine vier Leibwächter sterben. Vier Passanten werden durch die Explosion getötet, achtzehn verletzt.

In der Panik der folgenden Minuten verläßt Erika Maria Chambers ungehindert ihre Wohnung und fährt zum zwanzig Kilometer entfernten Hafen von Dschunieh, wo ein israelisches Boot auf sie wartet. »Scriver« fliegt mit den Middle East Airlines nach Athen, »Kolberg« mit der Lufthansa nach Frankfurt.

* * *

Ein Jahr nach seinem Tod wird in Beirut eine Straße nach Ali Hassan Salimeh benannt. Acht Monate nach seinem Tod ist in Jerusalem eine Straße nach »Yoni« Yonathan Netanyahu benannt worden.

KAPITEL II

Die Organisation

1.

Mossad-Geschichte:
Die Fehler der Spione Moses'
und der Pakt
mit dem Teufel

2.

Training in 100 Arten
des Tötens oder Wie kriegt
man eine Agenten-Pension

Die Untergrundarmee »Haganah« war der Vorläufer des israelischen Heeres. Von ihr spaltete sich die Terrortruppe »Irgun« ab, deren Chef Menachem Begin von den Briten steckbrieflich gesucht wurde. Heute ist er Israels Ministerpräsident

Spione von Anfang an

1949 startete von Zypern aus das Flüchtlingsschiff »Exodus« in Richtung gelobtes Land, nun hieß es Palästina

»Ersteigt das Gebirge!«
Moses schickte die
ersten Spione in das
»gelobte Land« Kanaan

Die Fehler der Spione Moses' und der Pakt mit dem Teufel

Die erste Aktion eines jüdischen Geheimdienstes liegt schon eine ganze Weile zurück. Und sie hat einen prominenten Urheber: Gottvater. So steht es in der Heiligen Schrift, Viertes Buch Moses, Kapitel 13: »Und Jahwe redete also zu Moses: Sende Männer aus, daß sie das Land Kanaan auskundschaften, welches ich den Israeliten geben will.« Moses hielt sich an die Order von oben, suchte sich sofort aus jedem der zwölf israelitischen Stämme einen Adligen und gab den Leuten folgende Anweisung mit auf den Weg: »Ersteigt das Gebirge, und sehet das Land an, wie es ist, und die Bevölkerung, ob stark oder schwach, wenig oder zahlreich, ob sie in Zelten wohnt oder in Festungen... Schaut auch, wie es um den Boden steht, ob er fett ist oder mager.«

Nichts gegen den alten Moses, sagen Israels Geheimdienst-Profis von heute, aber zwei Fehler hatte er damit schon gemacht. Yaacov Caroz, ehemaliger Vize-Chef des Mossad, sagte mir in seinem Haus in Tel Aviv: »Moses hätte die Männer nicht ausschließlich aus einer sozialen Schicht nehmen dürfen, aus der gesellschaftlichen Elite. Und er hätte nicht jeweils einen Vertreter der Stämme aussuchen sollen. Er hätte die fähigsten Männer nehmen müssen. Sozialer oder parteipolitischer Proporz ist in unserem Gewerbe tödlich.«

Immerhin – die zwölf »Spione« brachten nach 40 Tagen passable Informationen mit: »Das Land fließt über von Milch und Honig... Doch die Bevölkerung, die dort wohnt, ist stark, und die Städte sind befestigt.« Was mit diesen Informationen dann jedoch passierte, sagt Caroz, war eine einzige Katastrophe. Moses' Fehler Nummer drei: Statt ein unparteiisches Gremium zu schaffen, das die Nachrichten überprüfte und kühl abwog, überließ er die Auswertung den Männern, die er losgeschickt hatte. Und da kam es natürlich sofort zum Streit zwischen denen, die dachten, es sei unmöglich, das Land zu erobern, und den anderen, die zum Angriff rieten.

Die Skeptiker haben sich nicht durchgesetzt, sonst sähe die Geschichte anders aus: Die Kinder Israels hätten das Land Kanaan nie betreten – und das jüdische Volk wäre vielleicht untergegangen.

Auch die Männer, die in den Fußstapfen der biblischen Zwölf die modernen jüdischen Geheimdienst-Netze aufbauten, betrieben Spionage, um – wie sie sagten – »die Existenz des jüdischen Volkes zu sichern«. Aaron Aaronsohn war einer von ihnen.

Er ist sechs Jahre alt, als seine Eltern 1882 aus Rumänien wegziehen und sich am Berg Carmel in Palästina niederlassen, damals noch Teil des Ottomanischen Reiches unter den Türken. Mit den Aaronsohns kommen in diesen Jahren Tausende weiterer jüdischer Emigranten nach Palästina, die meisten von ihnen aus Rußland und Osteuropa: Es ist die erste Einwanderungswelle in das »Gelobte Land«, in dem bis zu diesem Zeitpunkt nur wenige jüdische Gemeinden bestehen. Sie sind von strenggläubigen Pilgern bewohnt, die in der heiligen Erde begraben sein wollen. Die neuen Ost-Emigranten kommen weniger nach Palästina, um zu beten – für sie ist die Flucht dorthin eine Überlebensfrage. Im März 1881 hat eine Bombe den Zaren Alexander II. zerfetzt, und da an dem Attentat ein Jude beteiligt war, wurde die jüdische Minderheit in Rußland überall blutig verfolgt.

Das Land, wo Milch und Honig fließen, ist für die Einwanderer ein Schock. Sie finden eine karge, öde Landschaft, die von den Türken vernachlässigt worden ist. Wegelagerer machen die jüdischen Siedlungen unsicher, die aus hölzernen Bauernhäusern mit Lattenzäunen um die Vorgärten bestehen. Um den Gürtel geschnallt, tragen die meisten Neueinwanderer riesige Pistolen, zum Schutz ihrer einfachen Farmen schließen sie sich zunächst mit Arabern gegen die Banden zusammen.

Aaron Aaronsohn und seinen Eltern geht es besser als den meisten Siedlern. Sie bekommen noch vor den anderen Gelder aus dem Fond, den der Pariser Millionär Baron Rothschild für die Einwanderer gestiftet hat. Aaron, der sich von frühester Jugend an für Pflanzen und Gesteine interessiert, kann die landwirtschaftliche Schule von Jaffa besuchen und erhält ein Stipendium für das Agrarökonomische Institut in Grignon, in Frankreich. Als er 1894 Palästina verläßt, leben etwa 40 000 Juden im Land – nicht einmal ein Zehntel des arabischen Bevölkerungsanteils.

Aaron Aaronsohn ist im Januar 1895 in Paris dabei, als der jüdische Hauptmann Alfred Dreyfus aus der französischen Armee ausgestoßen wird. Er war der erste Jude, der es in Frankreich zu diesem militärischen Rang gebracht hat. Dreyfus soll angeblich für das Deutsche Reich spioniert haben und wird deshalb auf die Teufelsinsel verbannt. Doch die Beweise sind dünn (später erweist sich seine Unschuld), und von Prozeßbeginn an ist unvoreingenommenen Beobachtern klar, daß Dreyfus büßen soll, weil er Jude ist: Der Antisemitismus des Gerichts, der Presse und der französischen Bevölkerung ist unübersehbar. »Tod dem Juden«, ruft der Mob, als das Urteil verkündet wird.

Aaronsohn ist entsetzt. Aber er ist kein Journalist, kein Schriftsteller, der sein Entsetzen in Worte fassen kann. Das tut ein anderer, Theodor Herzl, der Prozeßberichterstatter der Wiener *Neuen Freien Presse*. Für ihn ist er Dreyfus-Prozeß das Ende der jüdischen Illusion, als gleichberechtigte Volksgruppe in den westeuropäischen Nationen wie Frankreich oder Deutschland aufzugehen, sich zu assimilieren. Denn anders als im Rußland des Zaren, wo die Juden unterdrückt wurden und in der wachsenden physischen Not noch enger zueinanderrückten und sich so ihre Eigenständigkeit bewahrten, hatte es in Westeuropa so ausgesehen, als köunten und wollten die Juden als gleichberechtigte Bürger auf ihre nationale Andersartigkeit verzichten.

Herzl schreibt noch unter dem frischen Eindruck des Dreyfus-Prozesses in einem Pariser Hotel sein Buch ›*Der Judenstaat*‹. Es wird zu einem Programm der Juden für eine eigene nationale Heimstatt. Nach Herzls Meinung muß dieser Staat nicht unbedingt in Palästina sein, er will nur »irgendwo ein Land haben, wo wir krumme Nasen, schwarze Bärte und verbogene Beine haben dürfen, ohne schon deshalb verachtet zu werden«. Für Palästina sprechen seiner Meinung nach psychologische Gründe, »die mächtige Legende«. Über die Ansprüche der Palästinenser auf das Land, in dem sie leben, macht sich Herzl wenig Gedanken: »Die Einheimischen sollen ›unbemerkt‹ über die Grenze geschoben werden, nachdem sie die gröbste Kolonisierungsarbeit ›im Judenstaat‹ geleistet haben.«

Aaron Aaronsohn, der Herzl nie kennengelernt hat, ist auf keinem der »Zionistischen Kongresse« zu Gast, die in den nächsten Jahren stattfinden. Er kehrt 1902 mit seinem Diplom als Agrarökonom aus Frankreich nach Palästina zurück und beginnt damit, Land fruchtbar zu machen. Aaronsohn ist überzeugt davon, daß eines Tages in Palästina ein Staat der Juden entsteht.

Inzwischen rollt eine zweite jüdische Einwanderungswelle an. Von 1904 bis 1914 strömen 40 000 Juden ins Land, die meisten wieder aus Rußland. Angesteckt von den Ideen der russischen Revolution, sind sie fast alle überzeugte Sozialisten. Sie gründen im Sumpf- und Brachland »Kibbuzim«, ländliche Gemeinschaftssiedlungen, und wollen sich den Heimatboden durch ihrer Hände Arbeit »erobern«. Weil die türkische Polizei diese Siedlungen nicht schützen kann und will, gründen die Neusiedler eigene Wachmannschaften, die sogenannten »Haschomer«. Die im geheimen operierenden Gruppen breiten sich bald über ganz Palästina aus, sie sind bewaffnet und halten untereinander Kontakt – die erste Keimzelle des modernen israelischen Militärs.

Während die »Haschomer« ihre Aktionen auf Palästina begrenzen, hat der Agrarökonom Aaronsohn schon weitergehende Kontakte. Er ist in den letzten Jahren viel gereist, nach Amerika und auch nach England. Seine Gespräche mit jüdischen Führern in New York und London haben ihn davon überzeugt, daß die Juden nur mit Unterstützung der Engländer ihren Staat bekommen können – also mußte man den Engländern ermöglichen, Palästina zu erobern.

Im November 1914 tritt die Türkei an der Seite Deutschlands gegen die Briten in den Krieg ein. Die »Zionistische Weltorganisation«, zerstritten in mehrere Fraktionen, beschließt, sich ganz neutral zu verhalten. Aaronsohn hält das für einen schweren Fehler. Er ist sicher, daß das Ottomanische Reich zerbrechen muß, Palästina der Herrschaft der Türken entrissen werden kann. Mit Freunden gründet er ein Spionagenetz, das er »Nili« nennt, eine Abkürzung des Wortes Samuels aus dem Alten Testament: »Die Stärke Israels wird niemals täuschen«.

Die »Nili«-Leute liefern den Engländern Informationen. Die Kontakte gehen übers Meer: Von Aaronsohns botanischer Versuchsstation bei Haifa fahren jede Nacht »Nili«-Leute auf hohe See, wo sie britische Geheimdienstler treffen. Brieftauben übermitteln geheime Botschaften. Das erste moderne jüdische Spionagenetz ist geschaffen.

Die Nachrichten über die Stärke der türkischen Armeen, über ihre Führer und ihre Waffenlager werden für die Engländer immer wichtiger. Aaronsohn reist im Oktober 1916 nach London und trifft zusammen mit dem Zionistenführer Chaim Weizmann hochgestellte englische Politiker. Gefahr droht seinem Spionagenetz in Palästina ausgerechnet von eigenen Leuten: Die »Haschomer« haben die Aktivitäten der »Nili« entdeckt. Sie haben Angst davor, daß die Türken ihre Repressionen gegen die Juden verstärken, wenn der Spionagering für die Briten auffliegt. Die Führer der »Haschomer« überlegen sich, ob sie ihre Glaubensbrüder nicht an die Türken verraten sollen.

Eine Brieftaube kommt ihnen zuvor. Der Vogel, mit einer verschlüsselten »Nili«-Nachricht für die Briten, hatte seinen Schlag verfehlt und war ausgerechnet im Hof des türkischen Bürgermeisters von Caesarea gelandet. Der Spionagering fliegt auf. Die Türken reagieren scharf: Sie verschleppen viele jüdische Männer in Ketten, foltern und töten sie. Sarah Aaronsohn, die Schwester von Aaron, schießt sich eine Kugel in den Kopf, weil sie die Folterungen der Geheimpolizisten nicht mehr erträgt. Die Türken sehen in jedem Juden einen englischen Spion: Sie deportieren ganze Dörfer und Siedlungen in die Wüsten Syriens und Anatoliens. Aber Aaronsohns Hauptziel wird erreicht: Im Jahre 1918 erobert die britische Armee unter General Allenby das Land. Jetzt leben, von Hunger und Verfolgung geschwächt, nur noch 55 000 Juden in Palästina.

Aaron Aaronsohn stirbt bei einem mysteriösen Flugzeugunglück im Mai 1919. Aber er hat noch den ersten Schritt in Richtung auf einen Judenstaat erlebt, der neben Weizmanns Verhandlungsgeschick in London auch seiner Geheimdienst-Truppe zu verdanken ist: die Erklärung des britischen Außenministers Balfour von 1917. In einer vom englischen Kabinett gebilligten »Sympathie-Erklärung für die jüdisch-nationalen Bestrebungen« heißt es: »Die Regierung Seiner Majestät betrachtet die Schaffung einer nationalen Heimstatt für das jüdische Volk in Palästina mit Wohlwollen und wird die größten Anstrengungen machen, um die Erreichung dieses Ziels zu erleichtern.« Allerdings, so die Erklärung weiter, »dürfe nichts geschehen, was die bürgerlichen und religiösen Rechte der in Palästina bestehenden, nichtjüdischen Gemeinschaften beeinträchtigt.«

1920 wird Palästina nach einem Beschluß des Völkerbundes britisches Mandatsgebiet. Doch ein Judenstaat ist nach wie vor in weiter Ferne – die Briten haben, nach alter Imperialisten-Tradition, das Gebiet Palästinas nicht nur einer Seite versprochen, sondern gleich dreien. Neben den Juden auch den Arabern, die sie zur Revolte gegen die Türkei ermutigten und ihnen dafür ein Großreich unter Einschluß Palästinas zusagten. Dazu noch den Franzosen, denen sie in einem Geheimabkommen die Hälfte des Landes in Aussicht stellten. England kennt zu dieser Zeit keine bleibenden Freundschaften, sondern nur bleibende Interessen – seine eigenen. Und die heißen: Sicherung der Wege nach Indien, Ruhe im Nahen Osten.

Im April 1920 kommt es zu den ersten organisierten Feindseligkeiten zwischen der arabischen Bevölkerung Palästinas und den Juden. Die Araber sind verbittert darüber, daß sich die Juden immer mehr in ihrem Land breitmachen und mit ihrem im selben Jahr gegründeten »Aufbaufond« riesige Ländereien von Großgrundbesitzern aufkaufen und an jüdische Siedler verpachten. Die kleinen palästinensischen Bauern haben so keine Chance mehr, mit den Juden zu konkurrieren und werden zu billigen Hilfskräften degradiert.

Die Unruhen greifen über. Dem ist nicht mehr mit den Wächtern der »Haschomer« beizukommen – die Juden brauchen eine milizartige Verteidigungsorganisation. Noch im Jahre 1920 entsteht die »Haganah«, benannt nach dem hebräischen Wort für Verteidigung. Innerhalb weniger Monate bilden die Siedler eine schlagkräftige Truppe, die in den kommenden Jahren zu einer waffentechnisch gutgerüsteten Untergrundarmee ausgebaut wird. Bei den Unruhen von 1929 und 1936 bewährt sich die »Haganah«.

Doch die Lage verschärft sich. Die Araber verlangen jetzt einen sofortigen Stopp der jüdischen Einwanderung, die sprunghaft in die Höhe geschnellt ist und zur Massenflucht nach Palästina wird. In Deutschland hat die grausamste aller Judenverfolgungen eingesetzt. 1933 steigt die Zahl der Neueinwanderer auf 30000 an, ein Jahr später sind es 42000 und im Jahre 1935 gar 62000 Immigranten.

Was den Arabern besonders zu schaffen macht: Unter den Immigranten sind jetzt auch Wissenschaftler und Ingenieure, Finanz- und Geschäftsleute, Verwaltungsexperten und Politiker – mit diesem neuen, intellektuellen Einwanderertyp sind die Strukturen eines Judenstaats schon abgesteckt. Die Palästinenser, die seit fast 2000 Jahren in diesem Land leben, müssen jetzt damit rechnen, daß die Juden in Palästina bald die Mehrheit der Bevölkerung stellen und die Idee von »ihrem« Staat durchsetzen können.

Organisierte arabische Banden beginnen eine Terrorkampagne, die sich gegen Juden, Engländer und in zunehmendem Maße auch gegen die gemäßigten Araber richtet. Obsthaine und Weinberge werden vernichtet, Wälder und Getreidefelder niedergebrannt, Eisenbahnen, Straßen und Wasserleitungen zerstört. Fanatisierte Araber greifen nachts jüdische Siedlungen an, überfallen britische Truppentransporte und töten arabische Politiker, die gegen ihre Form von Gewalt kämpfen.

Um Herr der Lage zu bleiben, lassen sich die Engländer mit der jüdischen Verteidigungsarmee ein, der sie bis dahin skeptisch gegenüberstanden. In einer geheimen Aktion bekommen »Haganah«-Mitglieder Waffen, andere werden von den Briten sogar ausgebildet. Die Engländer, die im September 1937 schließlich mit Hilfe der »Haganah« den arabischen Aufstand niederschlagen, merken gar nicht, daß die Israelis die Gelegenheit ausnutzen und die Mandatsmacht nach allen Regeln der Agenten-Kunst ausspionieren.

Dazu schafft die »Haganah« einen eigenen Geheimdienstzweig für ihre Organisation: die »Shay«. »Shay«-Leute hören mit, wenn die Engländer sich über Funk verständigen. Sie zapfen Telefone der Araber-Führer an. Sie belauschen Konferenzen und halten ihre Ohren in Cafés offen. Postangestellte spielen mit, Journalisten, Sekretärinnen, Kellner in den großen Restaurants, die Fräulein vom Telefon – innerhalb weniger Monate hat die »Shay« Tausende von Mitarbeitern, die ihre Informationen bei konspirativen Treffs an »Haganah«-Leute weitergeben. Das Land Palästina ist Ende 1936 von einem jüdischen Spionagenetz überzogen.

Die Leute der »Shay« fühlen sich sogar so stark, daß sie Kontakte mit den größten Feinden der Juden aufnehmen – mit den Nazis. Und sie schließen sogar einen Pakt mit dem Teufel – mit Reichsführer Heinrich Himmler.

Schon 1933 hat Chaim Arlosoroff versucht, mit Hitler-Deutschland ins Gespräch zu kommen. Arlosoroff war einer der angesehensten Mitglieder der »Jewish Agency«, wie die Zionistische Organisation seit 1929 hieß – er war eine Art Außenminister des noch nicht existierenden Staates Israel. Er traf in Berlin jüdische und deutsche Kontaktleute, um die Möglichkeiten einer Massen-Evakuierung der Juden aus Deutschland zu diskutieren. Unmittelbar nach seiner Rückkehr aus Deutschland wurde er am 16. Juni 1933 auf offener Straße ermordet – wahrscheinlich von Gegnern seiner Reise zu den Nazis.

Die Hoffnung der Israelis, ihre Landsleute in Deutschland vor dem Schlimmsten zu retten, gründet sich auf das »Judenreferat«, das der SS-Obersturmbannführer Leopold von Mildenstein eingerichtet hat. In der Berliner Zentrale des berüchtigten Sicherheitsdienstes (SD), zu dem das »Judenreferat« gehört, feilt man an einer »humanen« Vorstufe für die Endlösung der Judenfrage: Deutschlands 600000 Juden sollen zur Auswanderung bewegt werden. Doppelter Vorteil: So wird der »jüdische Bazillus« aus dem »gesunden deutschen Volkskörper« entfernt – und nebenbei bereitet man auch noch den Engländern Schwierigkeiten, die aus Rücksicht auf die Araber die jüdische Einwanderung nach Palästina gerne stoppen würden. Das SS-Organ *Das Schwarze Korps* schreibt am 15. Mai 1935: »Die Zeit dürfte nicht mehr allzu fern sein, in der Palästina seine seit über einem Jahrtausend verlorenen Söhne wieder aufnehmen kann. Unsere Wünsche, verbunden mit staatlichem Wohlwollen, begleiten sie.«

Der Draht zwischen dem SD und der »Haganah« läuft über einen deutschen Pressekorrespondenten in Jerusalem. Als Kontaktmann bestimmen die Juden den »Shay«-Geheimdienstler Feivel Polkes. Der fährt im Februar 1937 nach Berlin und setzt sich mit dem SD in Verbindung.

Mildenstein ist inzwischen abgelöst, er war Himmler zu kompromißlerisch in der Judenfrage. Der neue Leiter des Referats II/112 ist Herbert Hagen, sein Berater in Fragen des Sachgebiets »Zionismus« heißt Adolf Eichmann, und der übernimmt die Betreuung des Gastes aus Palästina. Nach wie vor sind die Deutschen an einer großangelegten Abschiebung der Juden aus dem Reichsgebiet interessiert. Unter falschen Namen reisen Eichmann und Hagen im September 1937 zu einem geheimen Gegenbesuch nach Palästina. Doch sie können nicht von Bord ihres Schiffes gehen, weil die Mandatsmacht wenige Tage vorher die Schließung aller Grenzen verfügt hat. »Shay«-Mann Polkes reist den beiden nach Kairo nach, wo das Schiff schließlich anlegt. Er einigt sich mit den Deutschen darauf, einen jüdischen Verbindungsmann nach Berlin zu entsenden, der die jüdische Auswanderung koordinieren soll.

Die Schließung der Grenzen trifft die Juden hart, aber sie trifft sie nicht unvorbereitet. Sie haben schon vor 1937 begonnen, geheime Wege für die Einwanderung zu erkunden. Bei einem Geheimtreff in Tel Aviv gründen einige Kibbuz-Führer, Abgesandte der »Haganah« und der »Shay« die »Organisation für die unerlaubte Immigration«. Ihr Name »Mossad Aliyah Beth« sollte später dem Geheimdienst des israelischen Staates den Namen geben. Die neue Organisation richtet ihr geheimes Europa-Hauptquartier zunächst in Paris ein und schickt einen Mossad-Agenten als Kontaktmann zum SD nach Berlin.

Man einigt sich auf zunächst 400 Auswanderer pro Woche. SD-Chef Reinhard Heydrich kümmert sich selbst um Plätze auf einem Schiff, um die erste Überfahrt zu sichern. Im März 1939 verlassen 280 Juden auf geheimen Wegen über Wien, Jugoslawien und Griechenland das Hitler-Reich und landen wohlbehalten in Palästina. Doch der Kriegsausbruch durchkreuzt alle weiteren Pläne – der Pakt mit dem Teufel wird zerrissen. Adolf Eichmann aber arbeitet weiter bis zum Kriegsende. Unter seiner Leitung fordert die zweite Phase der »Endlösung« das Leben von sechs Millionen Juden.

Am 17. Mai 1939 veröffentlicht die britische Regierung ihr »McDonald White Paper«, das ihre künftige Palästina-Politik festlegen soll. Die jüdische Einwanderung wird für die Dauer der nächsten fünf Jahre auf 75 000 Menschen beschränkt. Danach soll jede weitere Immigration von Juden abhängig sein von der ausdrücklichen Zustimmung durch die Palästinenser. Der jüdische Bodenerwerb soll in bestimmten Gebieten des Landes ganz untersagt sein. Aber am härtesten trifft die Zionisten der Satz: »Die Regierung Seiner Majestät ist entschlossen, die illegale Einwanderung zu kontrollieren. Weitere vorbeugende Maßnahmen sind vorgesehen.«

Und das, als der Mossad gerade damit begonnen hat, Tausende im Schutz der Dunkelheit außerhalb der offiziellen Häfen an Land zu schleusen! Zu einer Zeit, wo patrouillierende Navy-Einheiten mit Falschmeldungen über Funk von den Landestellen weggelockt werden und Mossad-Mitarbeiter heimlich überall in Europa verrostete Schiffe aufkaufen und sie seefertig machen! Die Mossad-Leute schaffen es irgendwie, auch die neuen britischen Kontrollen zu umgehen, und sie errichten einen regelrechten Pendelverkehr zwischen der französischen sowie italienischen Küste und Palästina.

Der Mossad verlegt sein Hauptquartier nach Genua, später nach Istanbul und im März 1945 wieder zurück nach Paris. Der Chef des französischen DST (»Défense et Sécurité du Territoire«), einem Vorläufer des späteren französischen Geheimdienstes, hilft dem israelischen Mossad, in Frankreich ein Untergrundnetz aufzubauen. Der Zusammenhalt zwischen den französischen und den jüdischen Agenten ist so stark, das Netz der Israelis so gut organisiert, daß der Journalist Hési Carmel über diese Zeit schreibt: »Bevor Israel ein Land wurde, existierte es schon als Staat im Staate Frankreich.«

In Palästina selbst haben die Angriffe der Araber gegen die Juden im Jahre 1936 und die sich ständig verschärfende Haltung der Briten in der Einwanderungs-Frage die Juden gespalten: Die »Jewish Agency« setzt weiter auf Zusammenarbeit mit den Engländern und predigt Zurückhaltung gegenüber den Arabern, um unnötiges Blutvergießen zu vermeiden. Die Untergrund-Armee »Haganah« und ihr Geheimdienstzweig »Shay« möchten die Briten zwar täuschen und sind bereit, im äußersten Notfall gegen die britischen Kontrollboote Waffen einzusetzen, aber auch sie halten nichts von einer Eskalation des Konflikts.

Einigen Männern ist das zuwenig. Wladimir Jabotinsky gründet 1937 die »Haganah B«, aus der später die »Irgun« hervorgeht. Abraham Stern schart einen anderen Teil der Radikalen um sich und spaltet sich mit seiner »Stern-Bande« später noch einmal von der

Irgun ab. Jabotinsky und Stern schrecken vor keiner Brutalität zurück. Sie wollen Terror verbreiten – Terror gegen die Briten, damit diese aus Palästina weggehen, Terror gegen die Araber, damit diese eingeschüchtert im Land bleiben oder ebenfalls fliehen.

Jabotinsky ist einer der glänzendsten Köpfe des Zionismus. Er organisierte als Jugendlicher in Odessa den Widerstand gegen russische Willkürakte, reiste nach Deutschland, in die Türkei und nach Polen. Er schuf die jüdische »Legion«, eine eher symbolische Truppe, die 1920 an der Seite der Engländer bei der Eroberung Jerusalems dabei war – das erste jüdische Bataillon seit Jesu Zeiten. Jabotinsky, ein glänzender Redner, gründete in Polen eine Jugendgruppe, zu deren begeistertsten Anhängern ein blasser, bebrillter Junge namens Menachem Begin gehörte. Als Jabotinsky sah, daß die Briten den Juden ihren Staat nicht ohne Vorbedingung überlassen wollten, predigte er einen »Kampf bis aufs Messer« gegen die Mandatsmacht. Von seinen gemäßigten Gegnern, wie dem späteren Premierminister Ben Gurion, wegen seiner Radikalität als »Hitlero-Zionist« beschimpft, starb Jabotinsky 1940 auf einer Auslandsreise durch die Vereinigten Staaten.

Menachem Begin, 1942 über Polen und ein sowjetisches Konzentrationslager ins »Gelobte Land« gekommen, wird bald darauf neuer »Irgun«-Führer. Er läßt das »King David Hotel« in Jerusalem, wo sich das britische Hauptquartier befindet, in die Luft sprengen und nimmt den Tod von 92 Menschen in Kauf. Nach Begin und seinen Leuten wird von der britischen Mandatsverwaltung bald steckbrieflich gefahndet. Auf Begins Kopf sind 20 000 Mark ausgesetzt.

Abraham Stern geht mit seiner Untergrund-Gruppe noch radikaler vor – er predigt den individuellen Terror. Er nimmt nicht nur in Kauf, daß unschuldige Zivilisten getötet werden, er läßt sie über eine »Todesliste« von seinen Leuten jagen und hinterrücks abknallen. Im Februar 1942 wird Stern selbst von der Polizei in einen Hinterhalt gelockt und erschossen. Doch sein Tod ist nicht das Ende der Killer-Gruppe. Unter dem Vorsitz von Itzhak Shamir, Israels langjährigem Parlamentspräsidenten und heutigem Außenminister, verurteilt die Stern-Bande 1943 Lord Moyne, den neuen Nahost-Beauftragten der britischen Regierung zum Tod – und führt das Urteil auch aus. Historiker halten es für wahrscheinlich, daß auch der Mord an dem UNO-Beauftragten, Graf Bernadotte, auf das Konto der Bande geht.

Am 18. Juni 1945 – es ist gerade zwei Monate her, daß die Konzentrationslager der Nazis entdeckt und ihre unvorstellbaren Greuel weltweit bekannt wurden, und gerade 40 Tage, daß das Deutsche Reich kapituliert hat – bittet die »Jewish Agency« die britischen Mandatsbehörden um die Einreisegenehmigungen für 100 000 Menschen, die die KZs überlebt haben. Doch der neue britische Premierminister Clement Attlee läßt sich durch den Holocaust nicht erweichen und erklärt sich erst im November bereit, 1 500 Menschen pro Monat einreisen zu lassen – aber keinen mehr.

Jetzt kämpft auch die »Haganah« mit Terror-Methoden. Bei einem Überfall auf ein Camp, in dem die Briten Hunderte »illegaler Immigranten« festhalten und wieder abschieben wollen, kommen auch englische Soldaten ums Leben. Die Briten sind gezwungen, Truppen nach Palästina zu schicken. Die im Untergrund arbeitende Einwanderungsbehörde Mossad schafft jetzt nicht nur Flüchtlinge an Land, sondern auch Waffen.

Der Kampf um einen unabhängigen Staat Israel spitzt sich zu. Terror und Gegenterror schaffen einen Zustand der Rechtlosigkeit. Anfang des Jahres 1947 sehen sich die Engländer gezwungen, englische Frauen, Kinder und Zivilpersonen aus dem Land zu evakuieren und die verbleibenden Regierungsbeamten in befestigte Sicherheitszonen in den Städten einzuweisen.

In dieser Situation bringt die britische Regierung das Palästina-Problem vor die Vereinten Nationen. Ein spezielles Komitee der UN beschäftigt sich mit Lösungsvorschlägen. Eine Mehrheit der Delegierten spricht sich für die Teilung Palästinas in einen unabhängigen arabischen und in einen unabhängigen jüdischen Staat sowie einen Sonderstatus für Jerusalem aus. Zur allgemeinen Überraschung unterstützt auch die Sowjetunion die Resolution. Am 29. November 1947 stimmt die UNO-Vollversammlung dem Teilungsplan mit 33 Stimmen bei 13 Gegenstimmen und einer Enthaltung zu.

Der Beschluß der Vereinten Nationen wird von der jüdischen Bevölkerung Palästinas mit Begeisterung begrüßt, obwohl die »Jewish Agency« erklärt, daß die Gebietsverteilung für die Juden ein schlechter Kompromiß sei und sie nur um des lieben Friedens willen zustimme. Die Palästinenser sind verbittert. Sie können nicht einsehen, weshalb gerade sie für das Unrecht büßen sollen, das man den Juden in Deutschland und überall auf der Welt zugefügt hat. Die arabischen Nachbarstaaten erklären den UNO-Beschluß für einseitig und nicht bindend. In Palästina rufen die Araber den Generalstreik aus. Es kommt zu Feuerüberfällen auf jüdische Siedlungen und Wohnbezirke. Aus Syrien und Transjordanien fallen bewaffnete Banden und Freischärler ein. Jerusalems jüdischer Sektor wird belagert: Krieg herrscht im Staate Israel, noch bevor er öffentlich proklamiert wird.

Die Briten, die mit ihrer imperialistischen Politik das Chaos zumindest mitverschuldet haben, wollen sich jetzt nur noch heraushalten. Sie holen am 14. Mai 1948 den »Union Jack« über ihrem Verwaltungsgebäude in Jerusalem ein. Wenige Stunden später erklärt David Ben Gurion in Tel Aviv die Gründung des Staates Israel. In der darauffolgenden Nacht überschreiten reguläre Armee-Verbände Ägyptens, Transjordaniens, Syriens, des Libanon und des Irak die Grenzen des neuen Staates und greifen an.

Der Kriegsausbruch überrascht die Juden nicht – ihre Geheimdienstleute haben ihn vorausgesagt. Die Politiker hatten sich zwar zuerst auf die Auskunft der späteren Premierministerin Golda Meir verlassen, die, als Araberin verkleidet, in die transjordanische Hauptstadt Amman geschickt worden war. Sie traf dort König Abdullah und war nach dem Geheimtreff sicher, daß Jordanien sich aus dem Krieg heraushielte. Doch die »Shay«-Geheimdienstprofis trauten dem Frieden nicht. Ihr Spion, ein junger Araber, der sich in eine Jüdin verliebt hat, bringt den genauen Aufmarschplan der Jordanier mit. Regierungschef Ben Gurion glaubt diesem Spion mehr als der Kundschafterin Golda Meir und bereitet sich auf den militärischen Angriff aller arabischen Nachbarstaaten vor. Israel gewinnt den Krieg.

Der nachfolgende Waffenstillstand gibt Ben Gurion die Gelegenheit, die Organisationen aus den Zeiten des Untergrundkampfs aufzulösen und sie zu regulären Staatsorganen zu machen. Die »Haganah« wird zum Heer des neuen Staates.

Doch nicht alle Untergrundkämpfer wollen sich in den Dienst der ersten Regierung des Staates Israel stellen. Begins »Irgun« und die nach Abraham Stern benannte Bande halten den Teilungsbeschluß der UNO für eine Katastrophe, ihn zu akzeptieren für Verrat: Sie sind überzeugt, das ganze biblische »Erez Israel« gehöre den Juden, also auch das Westjordanland, das sie Judäa und Samaria nennen. Und natürlich Jerusalem, als Hauptstadt des Judenstaates.

Am 2. Juni 1948 schließlich findet sich die »Irgun«-Spitze überraschenderweise bereit, ihre 15 000 Leute ins neugeschaffene israelische Heer integrieren zu lassen. Begin macht Ben Gurions Unterhändler auf eine Sache aufmerksam, die noch zu Schwierigkeiten führen könnte: die Sache mit dem Frachter »Altalena«, den er aus

Frankreich erwartet. Die »Altalena« hat Waffen geladen und 900 »Irgun«-Kämpfer; Fracht und Besatzung hatte Begin bei seinen Kontaktleuten in Europa schon bestellt, als die Juden noch im Untergrund kämpften. Er will jetzt alle Waffen an die neue Armee abgeben – bis auf ein Fünftel der Gewehre. Mit ihnen soll eine Spezialeinheit der »Irgun« für die Befreiung Jerusalems kämpfen. Diese Einheit, sagt Begin, werde er niemals dem Befehl eines anderen unterstellen.

Ben Gurion ist zunächst einverstanden – er kann die Waffen gut gebrauchen und will sie an geheimen Treffpunkten in Empfang nehmen. Die »Irgun« soll die Ware löschen, falls sie entdeckt wird, hat Israels Regierung nichts damit zu tun: Eine UNO-Kommission überwacht den brüchigen Frieden zwischen den Arabern und dem neuen Staat, Waffenlieferungen sind offiziell nicht erlaubt. Doch dann kommen Ben Gurion Zweifel : Was passiert, wenn Begin falschspielt? Gibt es dann in Israel zwei Armeen, kann die »Irgun« vielleicht sogar gegen ihn putschen? Der Ministerpräsident zieht seine Einwilligung zurück: Er möchte mit dem »schmutzigen Geschäft« nichts mehr zu tun haben.

Begin läßt die »Altalena« an einem geheimen Ort landen und sie auf eigene Faust entladen. Als schon fast ein Drittel der Fracht an Land ist, entdecken die »Irgun«-Männer plötzlich, daß sie von regulären israelischen Truppen umzingelt sind. Panzer stehen auf den Spitzen der Klippen am Landeplatz, ein weißes UNO-Flugzeug kreist über der »Altalena«: Begins Leute sind in eine Falle Ben Gurions gegangen.

Es wird dramatischer. Die Armee-Führung gibt Begin zehn Minuten Zeit, aufzugeben und die Waffen niederzulegen. Begin sagt, er brauche länger als zehn Minuten. Plötzlich eröffnen die Truppen der israelischen Armee das Feuer. Menachem Begin springt auf ein kleines Boot und läßt sich zur »Altalena« rudern. Die Schüsse schlagen neben ihm im Wasser ein.

Begin läßt den »Altalena«-Kommandanten die weiße Flagge hissen. Zu spät. Jetzt schlagen auch Kanonenkugeln im Schiffsrumpf ein. Der Kapitän, der auf der Brücke neben Begin steht, wird tödlich getroffen. Fünfzehn weitere »Irgun«-Kämpfer sterben. Die »Altalena« sinkt.

»Gesegnet sei die erste Kanone, die einen Schuß auf dieses Schiff abgegeben hat«, sagt Ben Gurion am gleichen Tag in einer Rundfunkansprache. »Sie wird ihren Platz in Israels Kriegsmuseum bekommen. Wir haben ein für allemal klargemacht, daß jedermann in einem demokratischen Staat die Anweisungen der Regierung befolgen muß.« Menachem Begin, der sich unverletzt zu seinem Untergrundschlupf durchgekämpft hat, sagt am gleichen Tag mit tränenerstickter Stimme über die geheime Radiostation seiner »Irgun«: »Ben Gurion wollte mich töten. Aber ich werde nicht zulassen, daß Juden gegen Juden kämpfen. Wir beugen uns der Gewalt der Regierung.«

Menachem Begin geht in die Politik. Aus seiner »Irgun« wird im Verlauf der Jahre die »Herut«-Partei, die er heute noch anführt und die den Grundstock des rechten »Likud«-Bündnisses bildet, das jetzt Israel regiert. Doch Begin war lange der Außenseiter im Parlament, der meistgehaßte Politiker. Er brauchte sieben Anläufe, bis er 1977 die Wahlen und die Macht gewann. Zwei Jahre später wurde er gemeinsam mit Ägyptens Präsident Anwar el-Sadat für den Friedensschluß zwischen beiden Ländern mit dem Nobelpreis ausgezeichnet.

Beim Sturm auf die »Altalena« aber hat ein Mann die Hauptrolle gespielt, der bald zum zweitmächtigsten »Politiker« des jungen Staates hinter dem Ministerpräsidenten Ben Gurion wird, Isser Harel. Er war mit seiner Familie 1931 aus Rußland nach Palästina gekommen und lebte dann in einem Kibbuz bei Herzlya, wo er sich auf die Anlage von Bewässerungskanälen spezialisierte. Seine Arbeit brachte ihn mit den Arabern in den Nachbardörfern zusammen. Bald lernte er ihre Sprache und berichtete der »Shay«, dem Geheimdienst der jüdischen Untergrundarmee, über die Lage in den arabischen Dörfern: über das Verhalten der Bürgermeister, über Familienzwistigkeiten, ab und zu auch über feindliche Äußerungen gegenüber Juden: Harel, wegen seiner 1,55 Meter der »Kleine« genannt, rutscht in die »Geheimdienst«-Arbeit hinein, ohne daß ihm das bewußt wird. 1936 tritt er der von den Engländern geschaffenen Hilfspolizei bei und horcht die Mandatsherren aus. Seit 1937 ist er einer der »Shay«-Chefs.

Ben Gurion mag den schweigsamen, drahtigen Geheimdienst-Experten. Er wird Chef einer von mehreren Organisationen, die für den Judenstaat spionieren sollen und überwacht in dieser Funktion die Aktion gegen das Waffenschiff »Altalena«. Doch ein anderer Geheimdienst-Mann ist zu dieser Zeit noch mächtiger als er: Isser Be'eri, ein großgewachsener, breitschultriger Typ, ein Kerl wie ein Kleiderschrank: »Isser der Große«. Er war Gründungsmitglied der »Shay« und erhielt von Ben Gurion im Juni 1948 den Vorsitz im militärischen Geheimdienst, damals eine Schlüsselposition.

Doch Be'eri hat nicht begriffen, daß die alten Tage des politischen Untergrunds vorbei sind. Er jagd tatsächliche und angebliche Verräter in den eigenen Reihen mit unvorstellbarer Brutalität. So läßt er am 1. Juli 1948 Captain Meir Tubianski von einem Standgericht zum Tode verurteilen und ihn öffentlich erschießen. Tubianski soll als Ingenieur einer von den Briten geleiteten Elektrizitäts-Gesellschaft arabischen Gewährsleuten die Stellung jüdischer Waffenlager verraten haben. Er darf nicht einmal mehr einen Brief an seine Frau und seinen Sohn schreiben, bevor er exekutiert wird.

Tubianskis Familie kämpft um die Rehabilitierung. Schließlich ordnet der Premierminister eine neue Untersuchung des Falles an. Es stellt sich heraus, daß der Mann unschuldig war. Jetzt muß sich ein anderer vor Gericht verantworten: Isser Be'eri. Er plädiert auf nicht schuldig, sagt, alle Indizien hätten gegen Tubianski gesprochen. Aber im Verlauf des Geheimprozesses werden noch mehr enthüllende Tatsachen über die Arbeit des Geheimdienstchefs aufgedeckt. Er hat einen arabischen Doppelagenten umbringen lassen. Er hat Araber gefoltert und Geständnisse erpreßt. Er hat Prozeßberichte gefälscht. Bé eri wird verurteilt – er erhält »wegen seiner großen Verdienste um die Sicherheit Israels« nur die symbolische Strafe von einem Tag Gefängnis. Aber seine Karriere ist beendet.

Vom Sturz »Issers des Großen« profitiert »Isser der Kleine«. Er kann Ministerpräsident Ben Gurion 1953 davon überzeugen, daß sämtliche Sicherheitsaufgaben Israels am besten in der Hand *eines* Geheimdienstes liegen, der von *einem* Mann geleitet wird: Es entsteht der Mossad, Isser Harel wird sein erster »Memune« (hebräisch: Chef). Zehn Jahre lang drückt er dem israelischen Geheimdienst seinen Stempel auf. Es sind die Jahre, in denen sich der israelische Geheimdienst weltweit Respekt verschafft.

Der Mossad benutzt auf den Rat des Physik-Professors Youval Neeman als erster »Secret Service« der Welt Elektronengehirne und speichert darin jede Information, die Israels Spione aus den arabischen Ländern heranschaffen. Auch durch diesen Informationsvorsprung gewinnen die Israelis den Sinai-Feldzug von 1956 und später den Sechstagekrieg von 1967. Der Mossad führt spektakuläre und hervorragend geplante Kommando-Unternehmen im Ausland durch, so beispielsweise 1961, als der Nazi-Mörder Adolf Eichmann von Argentinien nach Israel entführt wird. Der Mossad »pflanzt« in Syrien den Super-Spion Eli Cohen, der es fast bis zum syrischen Verteidigungsminister bringt, bis er schließlich 1965 entdeckt und im Mai des gleichen Jahres erhängt wird.

Isser Harel konnte bei allen seinen Aktionen auf eine hochmotivierte Gruppe von Agenten zurückgreifen: die Männer des »Mossad Aliyah Beth« und der »Shay«, die gelernt hatten, in einem von Fremden regierten Land zu operieren, die Männer der »Irgun« und der »Stern-Bande«, von denen die meisten jetzt bereit waren, ihre »terroristischen Erfahrungen« in den Dienst des neuen Staates zu stellen. Zu dem Grundstock ausgebildeter, erfahrener und skrupelloser Untergrundkämpfer kam eine junge Truppe einsatzfreudiger »Sabres«: Männer, die im Land geboren wurden und dieses Land verteidigen wollten – mit welchen Mitteln auch immer.

Isser Harel denkt gern an diese Gründerjahre zurück. Aber er sagte mir bei einem Besuch in seinem Haus in Tel Aviv im Frühjahr 1980 auch: »Man sollte aufhören, um den Mossad von damals Legenden zu spinnen. Ich glaube, wir haben nur härter gearbeitet als andere Dienste und mehr Informationen gesammelt. Kein Land der Welt brauchte so nötig einen funktionierenden Geheimdienst wie wir: Israel war eingekreist von Feinden, deren Agenten uns mit Terroraktionen überzogen – der Mossad war für uns eine Überlebensfrage.«

Mit dem Erfolg kommt auch ein neues Selbstbewußtsein. Am deutlichsten wird das im Verhältnis des israelischen Geheimdienstes gegenüber der amerikanischen »Central Intelligence Agency« (CIA), lange Zeit eine Art befreundeter Lehrmeister des Mossad und neben den Franzosen der einzige ausländische Dienst, mit dem die Israelis eng zusammenarbeiten. Im Jahre 1956 gründen die Amerikaner eine CIA-Abteilung mit höchster Geheimhaltungsstufe. Ihre einzige Aufgabe: die Koordinierung gemeinsamer Operationen von CIA und Mossad. Chef der Abteilung: James Jesus Angleton.

Die Israelis zeigen zunächst Goodwill gegenüber dem »großen Bruder«: Der Mossad liefert im April 1956 der CIA einen Knüller – den Wortlaut von Chruschtschows Geheimrede vor dem XX. Parteitag der KPdSU, in der der Kreml-Chef mit Stalin abrechnet und vor Aufständen in Osteuropa warnt. Angleton, ein Geheimdienst-Original, der in seiner Freizeit Gedichte schreibt und Orchideen züchtet, hält sich zu dieser Zeit in Bad Tölz in der Bundesrepublik auf. Er überwacht das Training einer geheimen Spezialeinheit. Mehrere hundert Ungarn, Tschechen, Rumänen und Polen werden von Experten der CIA und des Bundesnachrichtendienstes (BND) dafür ausgebildet, Widerstandsgruppen im Ostblock zu organisieren.

Angleton beschleunigt nach dem Mossad-Bericht die Ausbildung der Agenten, die Osteuropa infiltrieren sollen. Entgegen seinem Rat läßt der damalige US-Präsident Eisenhower die Geheimrede Chruschtschows publizieren. Die Veröffentlichung schlägt wie eine Bombe ein – vor allem in den Ländern des Ostblocks. Im Oktober 1956 kommt es in Ungarn zum Aufstand – zu früh für Angleton, der seine Agenten noch nicht in die richtigen Positionen plaziert hat, um etwas gegen den sowjetischen Einmarsch ausrichten zu können.

Die Zusammenarbeit zwischen Mossad und CIA geht weiter – und meist sind es die Israelis, die den Amerikanern nützen. Der Mossad hilft auf amerikanischen Vorschlag beim Aufbau des berüchtigten persischen Geheimdienstes Savak mit, der später Tausende von Schah-Gegnern foltern und töten läßt. Amerikaner und Israelis unterstützen – um dem sowjetfreundlichen Regime in Bagdad zu schaden – gemeinsam den Unabhängigkeitskampf der Kurden im Irak. Mossad-Agenten stellen im Sinai-Feldzug von 1956 erbeutete T-54-Panzer sowjetischer Bauart Washington zur Verfügung und liefern ihnen 1966 auch Details über die sowjetische »MIG 21«.

Auch in den Amtszeiten der Mossad-Chefs Meir Amit (1963–1968) und Zwi Zamir (1968–1974) geht die intensive amerikanisch-israelische Geheimdienst-Kooperation weiter. Ihr Niedergang fällt zusammen mit dem Amtsantritt des jetzigen Mossad-Chefs Jitzak Hofi im Frühjahr 1974. Doch die Gründe dafür liegen weniger in Israel als in Washington, und sie haben viel mehr mit dem Zerfall der CIA zu tun als mit dem Mossad.

Amerika ist dabei, den Vietnamkrieg und die Watergate-Affäre zu bewältigen. Die Amerikaner haben die »schmutzigen Tricks« ihres Geheimdienstes satt, der jahrelang im Ausland Politiker stürzte, die ihm zu nationalistisch oder kommunistisch waren. Diesen Selbstreinigungsprozeß übersteht auch James Jesus Angleton nicht. Der CIA-Rechtsaußen, ein überzeugter Anhänger des Präsidenten Richard Nixon, wird von der amerikanischen Presse beschuldigt, am Sturz des chilenischen Präsidenten Allende mitgewirkt zu haben. Ein zweiter Skandal, den die *New York Times* Ende 1974 aufdeckt, bringt Angleton dann zu Fall: Er hat während des Vietnamkrieges widerrechtlich Zehntausende amerikanischer Bürger überwachen lassen, die er »subversiver Tätigkeiten« verdächtigte: Bürgerrechtler wie Martin Luther King und angesehene Künstler wie Eartha Kidd und Jane Fonda.

Nach Angletons Sturz geht die CIA gegenüber dem Mossad auf Distanz und arbeitet sogar mit arabischen Staaten zusammen. Der israelische Journalist und Geheimdienst-Experte Hési Carmel sagte mir: »Die Amerikaner haben, um unsere Waffenwünsche zu torpedieren, den Eindruck erweckt, wir seien den Arabern militärisch überlegen. Ja, sie haben sogar Informationen über unsere Atombombe an die Öffentlichkeit gespielt.«

Die selbstbewußten Israelis schlagen zurück. Sie wickeln Geheimdienstgeschäfte ab, ohne die Amerikaner zu fragen, oft sogar ohne sie zu informieren. Der Mossad organisiert 1978 Waffenlieferungen an Staaten wie Chile oder Nicaragua, die Washington wegen ihrer faschistischen Regierungen boykottiert. Der Mossad verschweigt den Amerikanern die Geheimtreffen israelischer Politiker mit Ägyptern, so daß Washington von der Aussöhnung zwischen den nahöstlichen Erzrivalen völlig überrascht wird.

Ex-Mossad-Chef Meir Amit begründete das mir gegenüber so: »Nach Watergate wurde der gesamte US-Geheimdienst an die Öffentlichkeit gezerrt. Sie können aber in unserem Geschäft nur mit Leuten arbeiten, die in der Lage sind, eine gewisse Geheimhaltung zu garantieren. Hätten wir 1977 die CIA informiert, hätten wir gleich einen öffentlichen Anschlag im Central Park von New York machen können.«

1979 kommt es dann sogar zu einer Mossad-Aktion gegen einen amerikanischen Politiker – und das auf amerikanischem Boden. Die PLO, für Premierminister Menachem Begin und die Mossad-Spitze eine »Mörder-Bande«, wird in den USA hoffähig. Senatoren und vereinzelt auch Kabinetts-Minister verlangen ein Ende der offiziellen Carter-Politik gegenüber der »Palästinensischen Befreiungsorganisation« (»keine offiziellen Kontakte zur PLO«). Sie plädieren für einen Dialog mit den Palästinensern.

Mossad-Chef Jitzak Hofi verlangt grünes Licht für eine »Strafaktion«. Begin stimmt zu: Amerikas UN-Botschafter Andrew Young, wegen seiner palästinenserfreundlichen Erklärungen den Israelis schon seit langem ein Dorn im Auge, sollte, wie man im Geheimdienst-Jargon sagt, »über die Klinge springen«.

Young wird in New York seit Anfang des Jahres 1979 vom Mossad abgehört, der UN-Repräsentant der Palästinenser, Zehdi Labib Terzi, steht ebenfalls seit einiger Zeit auf der Liste der von den Israelis »angezapften« Politiker. So erfährt der israelische Geheimdienst gleich aus zwei Quellen, daß sich der Amerikaner und der Palästinenser bei einer Party des kuwaitischen UN-Botschafters zum

Meinungsaustausch treffen wollen. Der Mossad wartet das Treffen ab – und spielt Informationen darüber dem US-Nachrichtenmagazin *Newsweek* zu. Young leugnet zunächst die Zusammenkunft, muß sich der Lüge überführen lassen und dann seinen Hut nehmen.

Die Israelis haben damit einen PLO-Kontakt »bestraft« und den vorsichtigen Flirt amerikanischer Regierungsstellen mit den Palästinensern vorläufig unterbrochen. Doch der Preis dafür ist hoch: In der amerikanischen Presse wird offen darüber spekuliert, welche amerikanischen Politiker denn noch auf einer Mossad-Abhörliste stehen könnte. Das Nachrichtenmagazin *Time* zitiert einen CIA-Experten mit dem Satz: »Die Israelis haben die ganze Regierung in Washington unterwandert. Die gehen weiter als der KGB.« Da tut der Mossad etwas, was er sonst nie tut: Wütend dementieren die Israelis jede Beteiligung an der Young-Affäre.

Inzwischen haben die Israelis sich wieder beruhigt und warten ab, wie der amerikanische Geheimdienst die neuen Freiheiten nutzt, die ihm der Kongreß im Sommer 1980 als Reaktion auf den Einmarsch der Russen in Afghanistan eingeräumt hat. Die Mossad-Chefs wissen, daß ihr Netz von Nahost-Agenten besser ist als das jedes anderen Geheimdienstes. In der Mossad-Zentrale von Tel Aviv gibt man sich selbstbewußt. Bei einem Hintergrundgespräch sagte mir ein Mossad-Mitarbeiter: »Die Amerikaner brauchen uns mehr als wir sie.«

Menachem Begin wollte US-Präsident Carter beweisen, daß die CIA in den zwanzig Jahren der Zusammenarbeit mehr vom Mossad profitiert hatte, als umgekehrt. Er ließ sich eine Aufstellung der Mossad-Lieferungen an die CIA machen. Bei einem Besuch in den USA präsentierte er Jimmy Carter als Gastgeschenk die Mappe mit den Geheimdienst-Akten. Der Israeli riet dem Amerikaner, über Nacht einmal einen Blick in die Papiere zu werfen, dann könne er sehen, was das kleine Israel den großen USA schon für Gefallen getan habe.

Am nächsten Tag stürzte Carter auf Begin zu und sagte nur immer wieder: »Unglaublich! Unglaublich! Ich hatte ja keinen blassen Schimmer davon.« Und wieder einmal hatte der israelische Geheimdienst seinem Premierminister die politischen Verhandlungen erleichtert.

Training in 100 Arten des Tötens oder Wie kriegt man eine Mossad-Pension?

Den Israelis ist Lob für ihren Geheimdienst eher lästig – wie überhaupt jede Erwähnung des Mossad, der in offiziellen Verlautbarungen ja gar nicht existiert.

In letzter Zeit kam Lob freilich knüppeldick. Das amerikanische Nachrichtenmagazin *Time* stellte den Geheimdienst des kleinen Israel auf eine Stufe mit dem sowjetischen KGB, mit der amerikanischen CIA und dem britischen MI 6 – gleichrangig mit den »Großen« als »bester Geheimdienst der Welt«. Der englische Spionage-Fachmann Richard Deacon ging noch weiter. Er schrieb über Israels »Secret Service«: »Die Israelis haben es geschafft, die auffallendsten Eigenschaften der großen Dienste miteinander zu verbinden: das skrupellose Durchsetzungsvermögen der Russen, das Flair und den Corps-Geist der altmodischen britischen Amateure (aus der Zeit vor 1945, nicht von heute) und die Intelligenz und den Einfallsreichtum der Franzosen. Dazu kommt noch die Begeisterungsfähigkeit einer jungen Nation, die sich auf den festen Zusammenhalt einer uralten religiösen Gemeinschaft stützen kann.«

Außer der Motivation seiner Agenten hat die Effizienz des Mossad noch ein Geheimnis: Der israelische Geheimdienst hat von Anfang an aus den Fehlern anderer Dienste gelernt und sie möglichst vermieden. Es gibt keinen aufgeblähten Verwaltungsapparat und keinen sturen Kommißton, es wird diskutiert und koordiniert. So hat der Mossad aus seiner Finanz- und Personalnot fast schon eine Tugend gemacht – er kommt mit weltweit knapp 900 vollbeschäftigten Mitarbeitern aus (zum Vergleich Bundesnachrichtendienst: 6 500, CIA 20 000). Israels Geheimdienst setzt im Ausland weniger auf Spionageringe als auf Einzelkämpfer.

Jeden Mittwoch um 16 Uhr treffen sich in einem Bürohaus am Stadtrand von Tel Aviv die fünf wichtigsten Männer des israelischen Geheimdienstes. Nichts weist darauf hin, daß hier die Mossad-Zentrale ist: In dem unauffälligen Neubau hat ein großes Investment-Unternehmen sein Zweigbüro, mehrere Versicherungsagenturen und Anwaltsbüros arbeiten in den mittleren Stockwerken. Die »Import-Export-Firma« in der obersten Etage hat einen gesonderten Zugang durch einen Aufzug von der Tiefgarage aus, über Treppen ist sie nicht zu erreichen – ungebetene Besucher können kaum bis hierher vordringen. Von den weltweit knapp 900 Beschäftigten des Mossad sitzen hier etwa 100.

Die fünf Top-Leute kommen aus verschiedenen Richtungen, und sie kommen nie gleichzeitig ins Haus. Der derzeitige »Memune«, Jitzak Hofi, wechselt täglich seinen Wagen, meist »Volvo« mit Panzerglasscheiben und auswechselbarem Nummernschild. Er führt den Vorsitz bei dem Wochentreff, den die Mossad-Mitarbeiter spöttisch »Kaffeekränzchen« nennen. Rechts vom Chef sitzt der Boss des »Aman«, des Nachrichtendienstes der Armee, der über die Absichten der feindlichen Militärs referiert. Links vom Chef: der Vorsitzende des »Shin Beth«, einer Organisation, die für die Spionageabwehr im Inneren und die Bekämpfung des Terrorismus zuständig ist. Nummer vier am »Kaffeetisch« leitet eine »Forschungsabteilung im Außenministerium«, Nummer fünf ist der Chef der israelischen Polizei.

Zwar werden hier bei Kaffee und Kuchen nur selten weitreichende Entscheidungen gefällt. Aber die wöchentlichen Treffs sind eine wichtige Informations-Börse für sämtliche Stellen, die mit streng geheimem Material zu tun haben. Die perfekte Zusammenarbeit der verschiedenen Ressorts ist ein weiterer Grund dafür, daß der israelische Geheimdienst anderen oft überlegen ist.

Der Chef des Mossad ist dem Regierungschef direkt unterstellt und nur ihm allein verantwortlich. Selbst der Verteidigungsminister ist für den Geheimdienst-Boss nur ein »Geschäftspartner«, der ihm keine Weisungen erteilen darf. Meist fallen die Entscheidungen über spektakuläre Aktionen des Mossad in einem Kabinettsausschuß, dem neben dem Premier und dem Geheimdienstchef noch die Minister der klassischen Ressorts (Außen, Verteidigung, Finanzen) angehören.

Seit Menachem Begin 1977 Ministerpräsident geworden ist, hat sich der Einfluß des »Memunen« auf die Politik noch verstärkt: Der ehemalige Untergrundkämpfer Begin ist für Geheimdienst-Aktionen besonders zu haben. Jede Woche trifft sich Mossad-Chef Jitzak Hofi zum Gedankenaustausch mit dem Premier. Er hat als einziger ständig unangemeldet Zugang zu Begin.

Der israelische Geheimdienst ist ein ausgesprochen unattraktiver Arbeitgeber: Er verlangt viel und zahlt schlecht. Mossad-Agenten müssen Abitur gemacht und während ihrer Militärzeit überdurchschnittlich gut beurteilt worden sein. Sie sind Beamte, ihre Bezüge liegen in den ersten Jahren unter 1500 Mark. Sie haben einen Pensionsanspruch auf 70 Prozent ihres letzten Gehalts. Ein Spion wird normalerweise mit 52 Jahren pensioniert, er kann sich allerdings bei besonders waghalsigen Aktionen Sonderpunkte holen, die ihm auf seine Amtszeit angerechnet werden: Wer mehr riskiert, kann sich früher zur Ruhe setzen.

Für die Anwerbung der Agenten gibt es keine festen Gesetze. Die größten Chancen hat, wer nicht wie James Bond aussieht und sich auch nicht so benimmt: Die Anwerber suchen den Durchschnittstyp. Wer ins Auge gefaßt ist und sich bereit erklärt hat, »einen besonderen Dienst für sein Land zu tun«. wird erst mal durchgecheckt: auf Kontakte mit Arabern, auf Schwächen wie Spielsucht oder Angeberei, auf dunkle Punkte in seiner Vergangenheit. Nur wer durch diese Mangel kommt, wird zum eigentlichen Training zugelassen, das ein Jahr dauert.

Während der ersten Monate steht ein Agenten-Abc auf dem Programm, wie es sicher in Moskau und Washington auch nicht anders gelehrt wird: der Gebrauch von Codes, der Umgang mit Handfeuerwaffen, Selbstverteidigung in Judo und Karate. Dazu kommen einige technische Finessen, die der Mossad ausgeheckt hat: die Arbeit mit Brieftauben, die einen elektronischen Sender im Gefieder tragen und zur Luftaufklärung eingesetzt werden, und die Bedienung von Modellflugzeugen mit eingebautem TV-Auge im Rumpf, das zum Aufstöbern von palästinensischen Ausbildungslagern benutzt wird.

»Am entnervendsten sind die ständigen Gedächtnisübungen«, erzählte mir einer, der den Kurs absolviert hat. Den Kursteilnehmern wird ein Kino-Film vorgeführt, und plötzlich wird das Bild gestoppt und ausgeschaltet. Sie müssen dann genau beschreiben, was sie zuletzt gesehen haben. »Nennen Sie mir zehn Gegenstände, die auf dem Tisch oben links lagen«, sagt dann beispielsweise der Ausbilder. Wieder und wieder müssen die Schüler Bilder, Dokumente, Karten repetieren und sich ins Gedächtnis einprägen.

Sie müssen auch lernen, einen Mann zu verfolgen, ohne daß dieser Wind davon kriegt. Meist schickt man alte Agenten-Hasen los, die die Jungen abzuschütteln versuchen – und dazu noch einen zweiten erfahrenen Mann, der den Anfänger dabei beobachtet.

Nach den ersten sechs Monaten wird die Spreu vom Weizen getrennt: Zwischen 30 und 40 Prozent der Schüler geben entweder freiwillig auf oder werden von ihren Instrukteuren dazu überredet.

Im letzten halben Jahr werden die übriggebliebenen Absolventen sytematisch auf ihren Einsatz in einem bestimmten Land vorbereitet. Wichtig dabei ist, daß sie die Sprache ihres zukünftigen »Gastlandes« beherrschen und dort von ihrem Äußeren her nicht auffallen.

Ein großer Vorteil des Mossad ist dabei die Vielfalt der israelischen Bevölkerung: Es fällt kaum schwer, einen perfekten Deutschsprachigen vom Typ »Nazi-Offizier« zu finden. Genausowenig mangelt es an arabischsprachigen »Orientalen«, an »echten Russen« oder an Männern, die den Slang der amerikanischen Großstadt-Gettos »draufhaben«.

Wichtige Unterrichtsthemen sind: Wie kleidet man sich im Einsatzgebiet? Worüber unterhält man sich im »Gastland«? Wieviel Trinkgeld gibt man?

Die für die Bundesrepublik ausgesuchten Agenten müssen jeden Montag die Bundesliga-Ergebnisse auswendig lernen. Es kommt sogar vor, daß die Instrukteure die Mannschaftsaufstellung der deutschen Fußball-Nationalelf wissen wollen.

In der letzten Phase der Ausbildung beginnt der Ernst des Agentenlebens. Die Jung-Spione erhalten für ihren ersten Auftrag eine neue Identität. Der gefälschte Paß, den sie bekommen, weist sie, um komplizierte Familienlegenden zu vermeiden, meist als Waise aus – und natürlich als Staatsbürger ihres Einsatz-Landes.

Ein ehemaliger Mossad-Mann erzählt: »Sie schickten mich nach Manchester in England. Ein Verbindungsmann holte mich am Flughafen ab und machte für den Abend einen Treffpunkt mit mir aus. Dort sollte ich Geld bekommen und meinen Auftrag erfahren. Ich war beim Treff – kein Mensch da. Ich versuchte es später dann noch mal. Da wurde mir klar: Der Mossad hat dir eine Falle gestellt! Die ließen mich ohne einen Pfennig in England sitzen – die wollten sehen, wie ich reagiere.«

Agent X hätte nun zur Polizei gehen können oder zum israelischen Konsulat. Aber in beiden Fällen hätte er seine Identität verraten. Agent X brach nachts die Kasse eines Supermarktes in Manchester auf, kaufte sich ein Flugticket nach Tel Aviv und meldete sich bei seinen Ausbildern zurück. Er hatte seine Prüfung bestanden.

Andere, erzählt der Mann, mußten noch weitaus schwierigere »Reaktions-Tests« bestehen: Einer wurde von einem »feindlichen Geheimdienst« – in Wirklichkeit Mossad-Leuten – in Frankreich aufgegriffen, zusammengeschlagen und stundenlang verhört. Hätte er dabei seine Identität verraten, wäre er durchgefallen.

Am Ende der Ausbildung erhält jeder Absolvent eine Punktwertung. Wer mittelmäßig abgeschnitten hat, bekommt einen Bürojob in der Zentrale: in der Auswertungsabteilung, die Nachrichten sammelt und analysiert, in der Verbindungsabteilung, die die Beziehungen zu den befreundeten Diensten pflegt, oder im »heimlichen Außenministerium«, wo nicht-diplomatische Aktivitäten mit den Ländern zusammenlaufen, zu denen Israel offiziell keine Beziehungen unterhält.

Wer Spitzenwerte erreicht – etwa jeder achte –, wird dem Referat für »Sonderaufgaben« zugeteilt, jenem Referat, das Einsatz-Kommandos, auch Killer-Kommandos, ins Ausland schickt. Bei einem Drei-Monats-Kurs – in einer idyllischen Villa mit Swimmingpool in der Nähe des Seebads Herzlya – wird der Agent in allen Heimtücken des Tötens ausgebildet.

In Herzlya sind gelegentlich auch CIA-Instrukteure zu Gast. Und dort hat auch der einst grausamste und skrupelloseste Geheimdienst der Welt Foltern und Töten gelernt: der Savak, einst der lange Arm des Schahs von Persien. Viele der mittleren und höheren Chargen des Savak sind von Mossad-Leuten geschult worden.

Israels Geheimdienst wendet heute angeblich keine körperlichen Foltermethoden mehr an, um von gefaßten Gegen-Agenten oder Terroristen Informationen zu erpressen. Ausschlaggebend dafür sind weniger humanitäre Gründe – »die kennen uns gegenüber ja auch keine Skrupel«, sagte mir ein Geheimdienstmann – als praktische: Die körperliche Folter bringt nach Mossad-Meinung nicht so gute Ergebnisse wie psychologische Tricks.

Das Training der Foltertricks und der verschiedenen Arten zu töten hat Israels Geheimdienst allerdings erst einmal beibehalten.

KAPITEL III

Die großen Erfolge

Ein Nazi-Mörder wird eingekreist

»Operation Tiger«
Endlich, Jossele ist wieder da!

Aktion Atombombe –
Wie Israel zur Atommacht
wurde

»Arche Noah«
Die Legende von den
entführten Schnellbooten

Der Triumph von
Entebbe – und fast wäre
alles schiefgegangen

»Operation Big Lift«:
Um drei Uhr
morgens wird gesprengt

Gefaßt: Der Judenmörder Eichmann

Ein Gefängnis bei Tel Aviv 1961.
Adolf Eichmann beim bewachten Hofgang.

Nach jahrelanger Jagd wurde Eichmann vom Mossad gestellt. Als Landvermesser und Mercedes-Mitarbeiter getarnt, lebte er in einem unauffälligen Haus in Olivos, einem Vorort von Buenos Aires

Jossele ist wieder da

Zwei Jahre dauerte es, bis der Mossad den Jungen gefunden und der Mutter zurückgebracht hatte. Großvater Nahman Schtarkes, ein ultraorthodoxer Jude, hatte ihn gekidnappt, um ihn »modernen Einflüssen« zu entziehen

Eine Textilfabrik in der Wüste

Nicht einmal der amerikanische Geheimdienst CIA wußte, daß die Israelis in ihrem Atom-Meiler »Dioma«-Atombomben bauten

Das »Geisterschiff« des Mossad
– es transportierte illegal Uran nach Israel –
hieß einmal »Scheersberg A.«.
Heute fährt es unter griechischer
Flagge und heißt »Kerkyra«

Ein Weihnachtsgeschenk vom Mossad

Fünf Raketenschnellboote »organisierte« Israels Geheimdienst mit Hilfe französischer Regierungsmitglieder trotz eines französischen Waffenembargos

Beteiligt an dem Mossad-Geschäft mit Frankreich:
Ex-Verteidigungsminister Michel Debré,
Ex-Premier und Bürgermeister von Bordeaux
Jacques Chaban-Delmas
Die Helden des Geheimdienst-Coups:
Fregattenkapitän Ezra genannt »der Haifisch« und
der Mossad-Mann in Frankreich, Admiral Limon

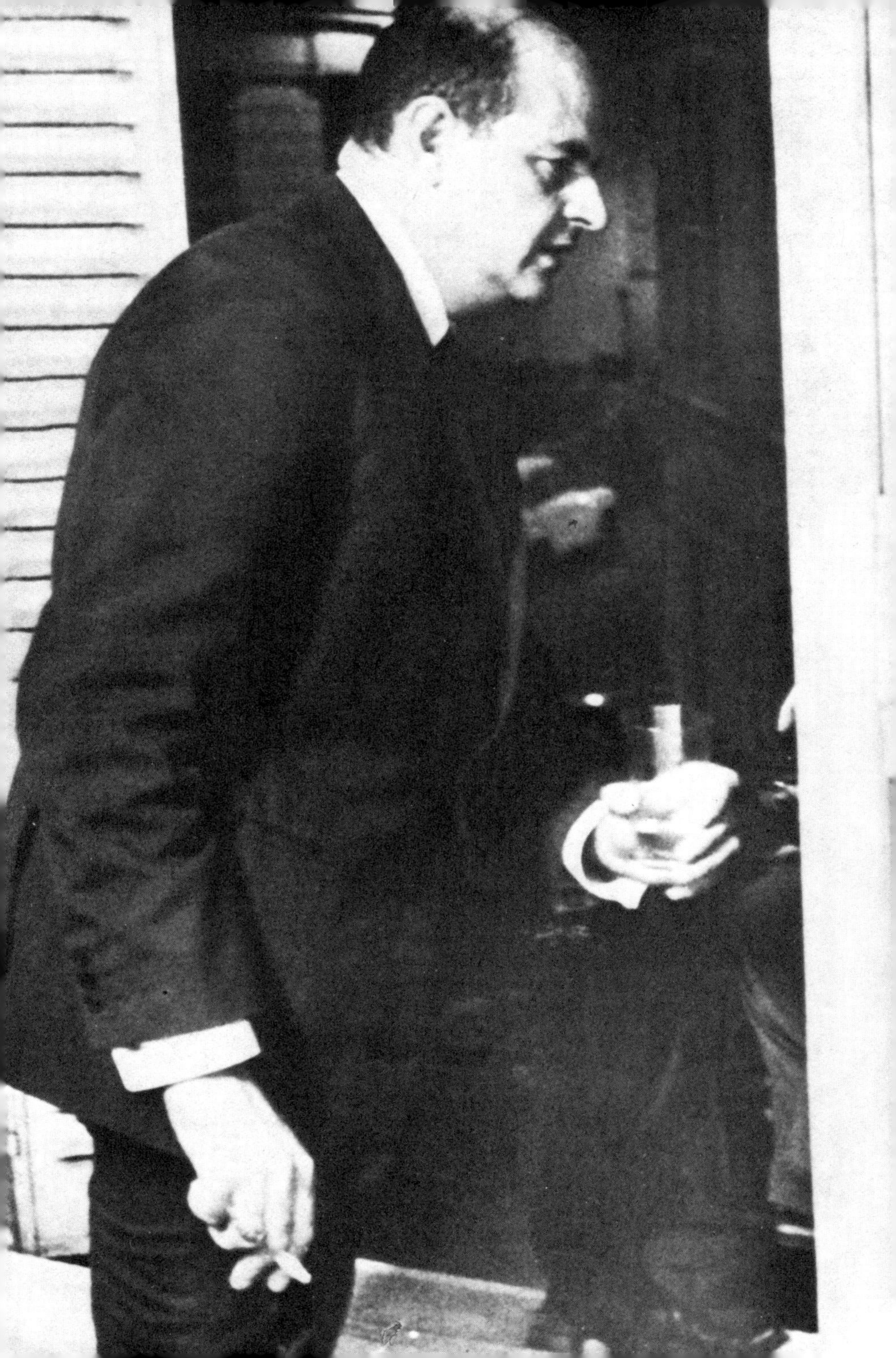

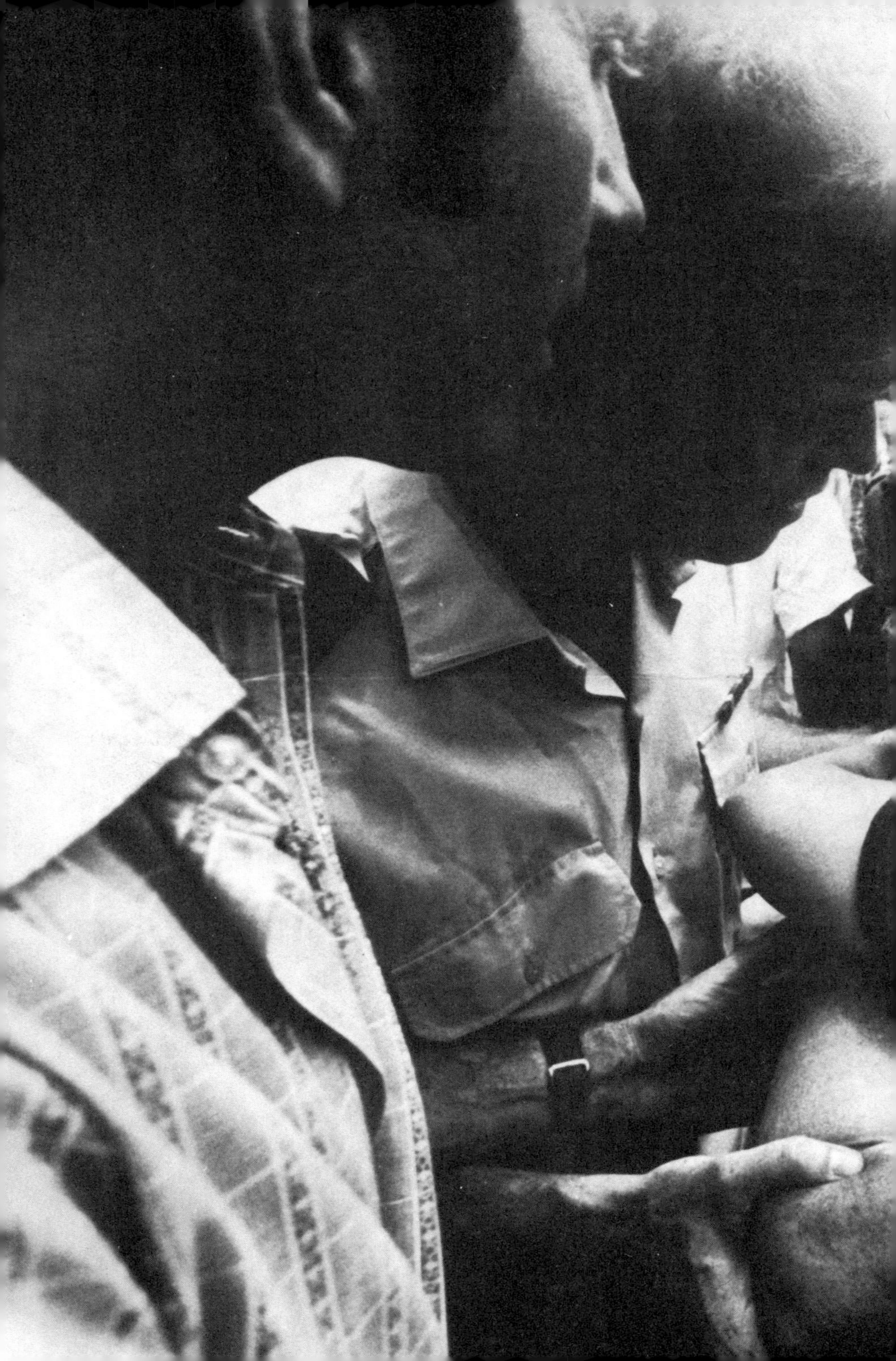

Der Triumph von Entebbe

Eine Mutter schließt auf dem Flughafen von Tel Aviv weinend ihre Tochter in die Arme, die mit 99 Leidensgefährten in Entebbe befreit wurde

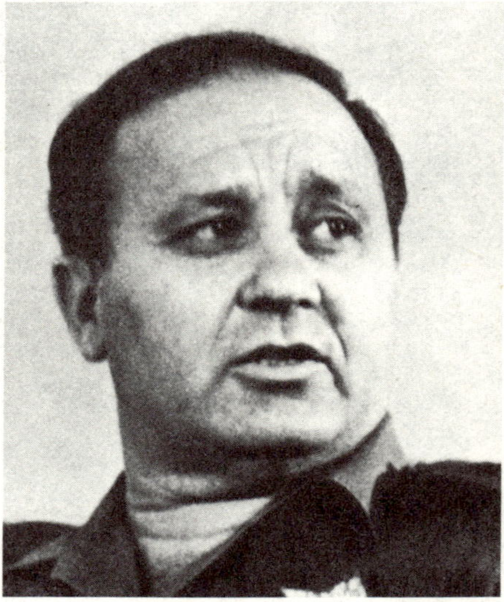

Mossad-Agenten drangen im April 1979 in die französische CNIM-Werft von La Seyne ein und sprengten die für den Irak bestimmten Atomanlagen in die Luft. Mossad-Chef Jitzak Hofi gab den Einsatzbefehl

›Operation Big Lift‹

OSIRIS

Ein Nazi-Mörder wird eingekreist

Die Sonne ist noch nicht aufgegangen an diesem Morgen des 1. Juni 1962, das Meer ist spiegelglatt und tiefblau, als ein schnelles Boot der israelischen Marine in See sticht und rasch die Küste bei Tel Aviv hinter sich läßt. Die Männer fahren eine halbe Stunde, bis sie außerhalb der Dreimeilenzone sind, drehen dann bei und stellen den Motor ab. Ein Offizier nimmt wortlos eine Blechbüchse, die vor ihm steht und schüttet den Inhalt ins Meer. Dann werden die Motoren wieder gestartet, und das Boot fährt zurück in Richtung Tel Aviv.[3])

So endet ein Kommando-Unternehmen, das den Mossad in aller Welt berühmt machte und das bis heute als einer der spektakulärsten Erfolge der Israelis gilt.

Die Männer auf dem Boot haben die Asche des Nazi-Mörders Adolf Eichmann ins Meer geschüttet. Eichmann war vom Mossad in Südamerika gejagt und schließlich gestellt worden. Eine Spezialeinheit der Israelis entführte ihn nach Israel, wo ihm der Prozeß gemacht wurde. Eichmann wurde zum Tode verurteilt und erhängt. Seine sterblichen Überreste wurden weit genug von Israels Küste ins Meer gestreut, um sicherzustellen, daß nichts von diesem Adolf Eichmann die Erde des jüdischen Staates berühre, nichts von diesem Mann, der einmal angetreten war, die »Endlösung«, die Ausrottung aller Juden zu betreiben.

* * *

Es war Isser Harel zu verdanken, daß Eichmann gefaßt wurde. Der Mossad-Chef selbst hatte die Aktion in Argentinien überwacht. Er heckte all die Tricks aus, die nötig waren, Eichmann zu stellen und ihn zu entführen. Ich bin zu Gast beim ersten »Memunen«, in dessen Haus in Tel Avivs Vorort Zahala.

Ein fester Händedruck zur Begrüßung. »Isser der Kleine«, wie man ihn in Israel nennt, ist noch kleiner, als ich ihn mir vorgestellt habe. Mit seinen breiten Schultern und den sehr kurzen muskulösen Armen wirkt er kompakt, auf eine seltsame Weise wohlproportioniert: ein Baseballspieler in Miniaturausgabe. Er ist tiefbraun, körperlich fit und wippt ständig mit seinen Sandalen. Er mustert mich aus seinen tiefblauen Augen, kalt, abschätzend. Seine Agenten haben gesagt, nur Hunde oder Kinder hätten keine Angst vor diesen Augen. Isser Harel, das glaubt man aufs Wort, muß Autorität und Durchsetzungsvermögen ausgestrahlt haben. Ein Mann, ständig aufgeladen mit Spannung, stets unternehmungslustig und einfallsreich, gegen Feinde unerbittlich. Isser Harel wirkt noch heute wie ein Panther auf dem Sprung.

»Die Eichmann-Affäre«, sagt Isser Harel und macht nach dem langgezogenen Wort eine Pause, läßt die Augen einmal vom Gegenüber abschweifen, über die Bilder und Skulpturen aus Afrika, hinaus in den Garten. »Das war mehr als ein technisches Problem, viel mehr. Es war ein psychologisches. Sehen Sie, wir Juden brauchten Eichmann. Wir brauchten diesen Mann lebendig vor Gericht, vor einem jüdischen Gericht. Wir mußten ein Urteil sprechen über ihn, der Unzählige von uns abgeschlachtet hat. Deshalb hatte dieses Kommando-Unternehmen eine moralische und psychologische Bedeutung für den Staat Israel wie keine andere Aktion, die der Mossad unternahm.«[4])

* * *

Herbst 1957 in Olivos, einem Vorort von Buenos Aires, der Hauptstadt Argentiniens. Rose Hermann ist ein hübsches achtzehnjähriges Mädchen, der Schwarm aller Jungen in der Nachbarschaft. Einer ihrer Verehrer ist ein Deutscher um die zwanzig mit dem Namen Nick.

Offensichtlich um dem Mädchen zu imponieren, erzählt Nick, sein Vater sei im deutschen Heer ein hohes Tier gewesen, ein Offizier, der in verschiedenen Gebieten des Reiches Dienst getan habe. Als das Gespräch der beiden Verliebten einmal auf das Schicksal der Juden im Dritten Reich kommt, sagt Nick, seiner Meinung nach wäre es besser gewesen, wenn die Deutschen alle Juden ausgerottet hätten und nicht auf halbem Wege stehengeblieben wären.

Nick weiß nicht, daß in den Adern seiner Angebeteten jüdisches Blut fließt. Rose erzählt zu Hause von ihrem seltsamen Freund, der sie nie zu seinen Eltern einlädt und sie bittet, ihm über die Adresse eines anderen Freundes Briefe zu schicken. Lothar Hermann, der das Konzentrationslager von Dachau überlebt hat, hört aufmerksam zu, wenn seine Tochter von ihrem Freund berichtet.

Dann liest er in einer argentinischen Zeitung, daß der Frankfurter Staatsanwalt Dr. Fritz Bauer den SS-Obersturmbannführer Adolf Eichmann sucht, der sich in Argentinien aufhalten soll. Hermann stutzt – und kombiniert. Seine Tochter führt ihn zu Freunden, die Nicks Adresse kennen: 4261 Chacabuca. Sie fahren hin, finden zwei Namensschilder: Dagouto und Clement, das Haus gehört einem gewissen Franzisco Schmidt.' Hermann ist sich sicher, daß er Eichmann auf der Spur ist. Er geht nach Hause und läßt seine Frau einen Brief an den deutschen Staatsanwalt schreiben. Hermann kann den Brief nicht selber schreiben – er ist seit den Tagen im KZ blind.

Dr. Fritz Bauer hat als deutscher Jude selbst unter den Nazis gelitten. Er will den deutschen Behörden die heiße Spur nicht anvertrauen, sondern wendet sich an die Israelis. Bald erfährt Mossad-Chef Isser Harel, daß Eichmann in Argentinien gesichtet worden sein soll.

Nicht daß Harel vor Begeisterung an die Decke gesprungen wäre. Der Mossad erhielt bald jeden Monat einen Tip, wo ein berüchtigter Nazi angeblich wiederaufgetaucht sei. Meistens waren es Fehlinformationen. Doch das Gespür des Geheimdienstmanns sagt Harel, daß an dem neuen Hinweis was dran ist. Über Nacht besorgt er sich die Akte Eichmann und liest noch einmal alles über das Leben und die Greueltaten des SS-Obersturmbannführers nach. Am Morgen nach einer durchlesenen Nacht weiß er: diesen Mann muß der Mossad kriegen. Und Harel nimmt die Fährte auf.

Von seiner Ernennung zum Leiter der »jüdischen Abteilung« der SS im Jahre 1934 an war Eichmann der Nazi-Experte in Sachen Zionismus. Er spielte eine Schlüsselrolle bei der Formulierung und Ausführung der sogenannten »Endlösungs«-Idee. Er verfocht die »forcierte Emigration« der Juden, die in ihrem Endstadium nichts anderes meinte, als die Juden zusammenzuholen und sie in Konzentrationslagern umzubringen. Er war der kaltblütige Administrator einer mörderischen Politik, der in Ungarn 650 000 Juden deportieren ließ. Er gehörte zu den Hauptverantwortlichen von Auschwitz, wo zwei Millionen Menschen starben.

Eichmann entkam den »Nürnberger Prozessen«. Er floh, als Holzfäller getarnt, in ein abgelegenes Dorf in der Lüneburger Heide. Im Frühjahr 1950 machte er sich mit Hilfe der ODESSA, der Fluchtorganisation ehemaliger SS-Männer, auf den Weg in den Süden. Er kam ins Franziskanerkloster von Genua, wo ihm ein Pater einen Flüchtlingspaß des Vatikans besorgte. An Bord des Dampfers »Giovanna« ging er im Juni 1950 auf die Reise nach Südamerika – und entkam damit auch den »Hankemin« (Rächer), einer jüdischen Gruppe innerhalb der britischen Armee, die Ende der vierziger Jahre Rache auf eigene Faust übte und hochrangige Nazis niederschoß, wo immer sie welche fand.

Mossad-Chef Isser Harel schickt einen seiner Agenten nach Buenos Aires, um die Geschichte des blinden Informanten zu überprüfen. Es wird eine große Enttäuschung. Der Hauswirt Franzisco Schmidt, von dem Hermann behauptet hat, er sei »zu hundert Prozent mit Eichmann identisch«, hat nie mit den Nazis zu tun gehabt. Ein Eichmann ist in der ganzen Straße nicht bekannt. Die beiden Untermieter Dagouto und Clement, nach Hermanns Meinung ohnehin nur Strohmänner, sind »unbekannt verzogen«. Der Mossad-Agent gibt auf – er glaubt nicht mehr daran, daß die Spur heiß ist. Auch Harel stellt die Sache Eichmann vorläufig zurück. Im Geheimdienst ist Kritik laut geworden, daß sich der »Memune« mit Phantasie-Spuren alter Nazis herumschlägt, statt wichtige aktuelle Probleme anzupacken und seine Agenten in die umliegenden arabischen Länder zum Spionieren zu schicken.

Auch der zweite, entscheidende Tip kommt von Dr. Fritz Bauer aus Deutschland. Er hat eine neue Informationsquelle aufgetan, einen ehemaligen Nazi, der sein Gewissen erleichtern will. Eichmann, sagt der Informant, lebe in Buenos Aires – unter dem Decknamen Ricardo Clement.

Diesmal ist Isser Harel wie elektrisiert, als er das Dossier aus Frankfurt erhält. Ricardo Clement – das war doch der Name eines der Mieter in der Calle Chacabuca. Eichmann war also nicht mit dem Hauseigentümer Schmidt identisch, sondern mit dem Mieter Clement! Harel ist sich seiner Sache sicher. Aber er braucht Beweise. Der Mossad-Chef schickt ein neues Agenten-Team nach Buenos Aires.

Clement alias Eichmann ist mit unbekannter Adresse verzogen. Die Agenten wollen sich nicht zu auffällig benehmen und jeden in der Nachbarschaft aushorchen, ob er Clements neuen Verbleib kennt. Schließlich greift eine Mossad-Mitarbeiterin zu einem Trick. Sie mietet sich in ein vornehmes Hotel der argentinischen Hauptstadt ein, sucht sich einen cleveren Pagen aus – und gibt ihm einen heiklen Auftrag. »Gib dieses Päckchen einem Mann. Aber er darf nicht wissen, von wem es ist«, flüstert sie ihm zu. »Es soll eine Überraschung sein.« Der Page schreibt sich die Adresse des Mannes auf: Ricardo Clement, Calle Chacabucd, Olivos. Falls der Adressat verzogen sei, solle der Page überall nach der neuen Adresse fragen, schärft die Agentin dem Boten ein. Sie hat ein goldenes Feuerzeug eingepackt.

Der Junge erweist sich für den Mossad als großer Fang. Als keiner in der Straße die neue Adresse weiß, läßt er sich zu einem der

Söhne des Deutschen schicken und notiert sich an dessen Arbeitsplatz die Nummer des Motorrollers, mit dem der Clement-Sohn zur Arbeit und nach Hause fährt.

Der Rest ist Agenten-Einmaleins, wenngleich ein besonders mühsames. Tagelang verfolgen die Israelis Clements Sohn, bis sie schließlich das Haus finden. Es liegt im Stadtteil San Fernando, ein einstöckiges, alleinstehendes Haus ohne Zaun. Als Tür dient eine Holzfaserplatte, die Mauern sind unverputzt, das Gebäude ist noch nicht einmal ans örtliche Stromnetz angeschlossen. Die ganze Gegend wirkt verkommen: Abgesehen von einem kleinen Haus gegenüber und einem Kiosk steht im Umkreis von mehreren hundert Metern kein Gebäude. Wohnt so eine ehemalige Nazi-Größe?

Der Hausherr läßt sich nicht blicken. Bei ihren vorsichtigen Recherchen finden die Israelis schließlich heraus, daß Clement bei den Mercedes-Werken arbeitet und zur Zeit in Tucuman in der Provinz ist. Wann er zurückkommt, weiß keiner. Harel will ein Foto als Beweis – und sagt den Agenten vor Ort, sie sollten nicht nervös werden. Seiner Meinung nach werde Clement-Eichmann am 21. März in Buenos Aires sein. Woher der »Chef« das wissen will? – Am 21. März 1960, sagt Harel, feiern die Eichmanns silberne Hochzeit. Das wisse er aus den Akten.

Am 21. März gegen 11 Uhr 45 schlendert ein gepflegt aussehender Mann mit hellbraunen Hosen, einem grauen Mantel und grüner Krawatte zu dem Haus in der Garibaldi-Straße im Stadtteil San Fernando. Sein Kopf ist fast kahl, nur noch wenige blonde Haarsträhnen. Der Mann trägt eine Brille – und hat einen Blumenstrauß in der Hand. Das muß Adolf Eichmann sein, auf dem Weg, seiner Frau zum 25. Hochzeitstag zu gratulieren. Die Agenten fotografieren ihn aus ihrem Versteck.

Das ist der Beweis, den Harel wollte. Er läßt die Bilder von Fachleuten mit alten Eichmann-Fotos vergleichen: kein Zweifel, der Nazi-Schlächter ist aufgespürt. Jetzt ist das organisatorische Talent des Mossad-Chefs gefordert.

Isser Harel geht zu seinem Freund, Staatschef Ben Gurion, und erklärt ihm den Stand der Dinge. Der Premierminister hört aufmerksam zu. Harel schlägt vor, Eichmann nach Israel zu entführen und erbittet grünes Licht für eine solche Aktion. »Bring ihn her, tot oder lebendig«, sagt Ben Gurion. Dann setzt er nachdenklich hinzu: »Wenn's geht lebendig. Das wäre eine große Sache für alle, die unter Hitler gelitten haben. Und auch eine Ermutigung für unsere junge Generation.«

Harel hat freie Hand für das Kommando-Unternehmen. Er sucht sich ein Team von elf Freiwilligen. Die meisten von ihnen muß er erst gar nicht motivieren. Sie haben Eltern oder Brüder, Onkel oder Tanten in Konzentrationslagern verloren und wissen, wer dieser Adolf Eichmann ist. Harel beschließt, selbst nach Argentinien zu reisen und das Kidnapping zu überwachen.

Wie aber soll man Eichmann von Argentinien in den 16000 Kilometer entfernten Judenstaat schaffen? Die israelische Luftfahrtgesellschaft hat keine Linienflüge nach Südamerika. Eine Schiffspassage dauert lange und birgt wegen der vielen Zwischenstopps hohe Risiken. Eine israelische Charter-Maschine könnte in Buenos Aires allzuleicht auffallen.

Der Zufall kommt Harel zu Hilfe. In Argentinien laufen die Vorbereitungen zur Feier des 150. Jahrestages der Unabhängigkeit. Auch israelische Politiker sind eingeladen. Warum sollten sie nicht mit einem Sonderflug der »El Al« an Ort und Stelle gebracht werden? Und warum sollte dieser Sonderflug auf dem Rückweg nicht den entführten Adolf Eichmann mit nach Israel mitnehmen? Nach Harels Ansicht muß der Nazi-Verbrecher festgenommen sein, ehe das Flugzeug eintrifft – allerdings nicht allzulange vorher, damit er nur so lange versteckt werden muß, wie dies, ohne bemerkt zu werden, möglich ist. Und: Niemand darf von dem Entführungsplan erfahren. Nicht einmal die hohen Politiker, die mit dem Sonderflug nach Argentinien reisen. Der Rückflug der Maschine wird auf den 11. Mai festgelegt, die Entführung auf den 10. Mai.

Harels Einsatztruppe erörtert drei Möglichkeiten, Eichmann festzunehmen. Erstens: Einbruch in Clements Haus in San Fernando, nachdem man sich vergewissert hat, daß er zu Hause ist. Zweitens: Eine »mobile Verhaftung« irgendwo auf der Straße. Drittens: Kidnapping an einem vorher festgelegten Ort seines Heimwegs, der genau überprüft werden soll. Der Mossad-Chef mag sich nicht auf einen genauen Plan festlegen, bevor das Vorauskommando mehr Details aus dem Leben des Ricardo Clement herausgefunden hat.

Die Mossad-Agenten mieten sich in kleineren Hotels am Stadtrand von Buenos Aires ein – jeder in ein anderes. Sie wollen nicht zu oft zusammen gesehen werden und verabreden deshalb nur einen festen Treffpunkt: eine angemietete Wohnung, für die sie Monate im voraus bezahlen und wo sie sich für den Notfall einen Lebensmittelvorrat anlegen. Die Wohnung der Einsatztruppe erhält den Decknamen »Maoz« (Festung).

Clement alias Eichmann wird jetzt jeden Tag beschattet. Die israelischen Agenten machen eine wichtige Feststellung: Er kommt jeden Abend etwa um dieselbe Zeit (19 Uhr 40) mit einem Bus (Nr. 203) in der Nähe seines Hauses an. Die Personenbeschreibung mit seinen persönlichen Daten und besonderen Kennzeichen, die jeder von ihnen bei sich trägt, läßt nicht mehr den geringsten Zweifel daran, daß sie den »richtigen« gefunden haben.

Isser Harel kommt am 1. Mai 1960 in Buenos Aires an – und erhält gleich eine Hiobsbotschaft. Argentinische Protokollbeamte hatten in Tel Aviv mitteilen lassen, sie erwarteten die Delegation aus dem Judenstaat aus organisatorischen Gründen erst am 19. Mai, nicht vor 17 Uhr. Nur so sei ein würdiger Empfang für die Gäste gewährleistet. Harel ist in der Zwickmühle. Die Vorbereitungen für die Eichmann-Entführung laufen auf Hochtouren (Tag X: 10. Mai) – auf der anderen Seite kann er die argentinischen Gastgeber nicht brüskieren. Der Mossad-Chef beschließt, die Verhaftung des Adolf Eichmann wie geplant stattfinden zu lassen und ihn dann eine Woche »aus dem Verkehr zu ziehen«. Aber wo hält man einen Mann eine Woche lang versteckt, und wie kann man sichergehen, daß seine Entführung keine Spuren hinterläßt? Jetzt wird es noch wichtiger, daß am Tag X keiner einen Fehler macht.

Die Agenten mieten konspirative Wohnungen an. Zunächst eine Villa, die mitten im Grünen steht. Sie liegt fast drei Stunden von Eichmanns Haus entfernt und erhält den Decknamen »Doron« (Geschenk). Zur Absicherung mietet Harel in der Innenstadt noch ein zweistöckiges Haus, in dessen ersten Stock er ein Agenten-Paar einziehen läßt, das für die Nachbarn ein ganz normales Familienleben vorspielen soll und sich sogar neue Möbel anschafft. Den zweiten Stock läßt Harel frei. Das ganze Haus soll nur im äußersten Notfall benutzt werden, als Absicherung. Es erhält den Decknamen »Ramin« (Höhle).

Inzwischen sind zum Team auch ein junger Maler mit Spezialkenntnissen im Fälschen von Pässen und ein Arzt gestoßen. Eigentlich kann es jetzt losgehen. Doch Harel verschiebt das Entführungsdatum noch mal auf den 11. Mai, mietet weitere Unterkünfte an – insgesamt sind es jetzt sieben – und läßt ein zweites Fluchtauto kaufen, einen alten Buick.

Am Tag X gibt der Mossad-Chef die letzten Instruktionen aus: Wenn irgendetwas schiefgeht, sollen die Agenten sagen, sie hätten in eigener Regie gehandelt. Wenn sie noch fliehen können, sollen sie versuchen, sich per Eisenbahn in ein Nachbarland abzusetzen.

Aber auch wenn die Argentinier die Aktion entdecken, bleibt die Ausschaltung Eichmanns Thema Nummer eins. Der Mossad-Chef spricht nicht darüber, aber eins ist klar: Wenn die Gefahr besteht, daß die Argentinier den Nazi-Mörder laufenlassen, sollen die Agenten ihn lieber an Ort und Stelle töten.

Die Autos der Kommando-Gruppe erreichen das Zielgebiet um 19 Uhr 25. Der Fahrer des Wagens Nummer eins täuscht eine Panne vor, Wagen zwei parkt auf dem Seitenstreifen der Landstraße. Doch Clement-Eichmann kommt nicht. Weder mit dem Bus 19 Uhr 40 noch mit dem nächsten. Auch nicht mit dem übernächsten. Um 20 Uhr 05 schließlich – eigentlich wollen die Männer das Unternehmen abbrechen, wenn sich bis acht nichts getan hat – da steigt ein einzelner Fahrgast an der Haltestelle bei dem Kiosk aus. »Er ist es«, flüstert ein Mossad-Agent seinem Kollegen zu.

Es geht blitzschnell. Wagen eins macht die Scheinwerfer an. Eichmann bleibt für einen Augenblick geblendet stehen. Ein Mossad-Agent stürzt sich auf ihn, ein zweiter folgt. Eichmann fällt auf den Boden, schreit. Keiner hört es. Kräftige Fäuste packen ihn, verfrachten ihn in den Wagen. Fluchtauto zwei fährt vorbei. »Alles o.k.?« – »Ja, fahrt los!« Eichmann kauert auf dem Rücksitz. Er sagt kein Wort.

Die Israelis bringen ihren Gefangenen zu einer der konspirativen Wohnungen. Sie ziehen ihn aus, stecken ihn in einen eigens gekauften Schlafanzug und fesseln ihn an ein Eisenbett. Dann befragen sie ihn. »Welche Nummer hatte ihre Mitgliedskarte in der NSDAP?« Die Antwort kommt prompt: »889895.« »Dann sagen Sie uns, wie ihr richtiger Name ist.« Der Mann zittert am ganzen Leib, sagt leise, fast verschüchtert: »Adolf Eichmann.«

Die israelischen Agenten wechseln sich in den nächsten Tagen in der Bewachung ihres Gefangenen ab. Eichmann ist ein vorbildlicher Gefangener. Er verhält sich wie ein verängstigter, unterwürfiger Sklave, der nur den Wunsch hat, nicht den Unmut seiner neuen Herren zu erregen. Er sagt, er habe sofort nach der Entführung gewußt, in den Händen der Israelis zu sein. Und dann biedert er sich bei seinen Wächtern an – mit einem hebräischen Gebet: »Ich habe bei Rabbi Leo Baeck Hebräisch gelernt«, sagt er, und rezitiert: »Shma Yisrael... Am Anfang schuf Gott Himmel und Erde.«

Neun Tage bleibt Eichmann in der abgelegenen Villa. Doch Harel macht sich wenig Sorgen, daß sein Verschwinden zu größeren Nachforschungen führt. Er spekuliert darauf, daß Eichmanns Familie zunächst stillhält – sie wohnt in Argentinien ja unter falschem

Namen und muß mit Strafverfolgung durch die örtlichen Behörden rechnen. Und Eichmanns Nazi-Freunde, sofern er welche hatte, würden an ihre eigene Haut denken und sich schnell selbst in Sicherheit bringen. Die Rechnung geht auf.

Inzwischen hat Isser Harel alle Vorbereitungen für Eichmanns Abtransport getroffen. Der Gefangene soll in eine »El Al«-Uniform gesteckt und als Angehöriger der israelischen Fluggesellschaft im Mannschaftsbus zum Flugzeug gebracht werden. So weit, so gut. Aber was macht man, wenn Eichmann bei der letzten Kontrolle durchdreht und einem argentinischen Wachhabenden seine wahre Identität verrät?

Jetzt ist der Mossad-Arzt dran. Er paukt einem der Agenten die Symptome ein, die auf eine Gehirnerschütterung deuten. Eine Legende wird ausgedacht. »Du sagst im Krankenhaus, du hättest einen Unfall gehabt. Das Auto sei mit einem Ruck zum Stehen gekommen, und du hättest das Bewußtsein verloren. Erst im Hotel seist du wieder zu dir gekommen. Seitdem fühlst du dich schwindlig und hundeelend.« Dann bringt der Arzt dem Agenten noch bei, wie er in den nächsten Tagen seine »Besserung« simuliert, wie er dafür kämpfen soll, spätestens am 20. Mai entlassen zu werden, um sich in Israel gänzlich »zu erholen.« Dazu, so solle er sagen, habe er Gelegenheit, weil eine »El Al«-Sondermaschine gerade zufällig in die Heimat fliege.

Der Agent erfüllt seinen Auftrag. Er bleibt zwei Tage im Krankenhaus und läßt sich dann als bedingt geheilt – mit Ausweispapieren – entlassen. Der Mossad-»Fälscher« zaubert auf den Krankenhaus-Entlassungsschein das Bild und den Namen Ricardo Clements. Jetzt kann eigentlich nichts mehr schiefgehen – selbst wenn die Argentinier den Wagen mit den »El-Al-Angestellten« stoppen sollten und die Papiere kontrollierten, hätten sie für die Benommenheit des Crew-Mitglieds Clement eine plausible Erklärung – er hatte einen Unfall erlitten.

20. Mai 1960, 20 Uhr. Letzte Vorbereitungen in der konspirativen Wohnung. Eichmann wird in die »El Al«-Kluft gesteckt. Der Mossad-Arzt spritzt ihm ein starkes Beruhigungsmittel, das ihn die nächsten Stunden wie betäubt sein läßt. Drei Wagen fahren in Richtung Flughafen. Eichmann sitzt im mittleren.

Als die Wagenkolonne am Flughafen anhält, wirft einer der argentinischen Wachposten einen Blick in die Autos. Ein paar der Männer sind ausgelassen und laut, so, als sei ihnen das Nachtleben in Buenos Aires nicht bekommen. Andere scheinen müde und dösen vor sich hin. Der Wachposten grinst und öffnet die Schranke. Offensichtlich hat es den Israelis in Argentinien gefallen. Die drei Wagen dürfen passieren.

Sie fahren auf die hellerleuchtete »Britannia« der israelischen Luftfahrtgesellschaft zu. Noch einmal ein kritischer Moment. Ein argentinischer Zollinspektor passiert eben das Flugzeug, als die Männer aus dem Wagen springen. »Ich sah noch«, erzählt der Südamerikaner später, »wie sie einen ihrer Kollegen stützten. Der Kranke wollte mir etwas sagen. Aber er brachte keinen Ton über die Lippen.«

23 Uhr 50. Die Maschine erhält keine Starterlaubnis. Es stimmt etwas mit den Papieren nicht, sagt der Kontroll-Tower. Ein Vorwand? Sollten die Argentinier im letzten Moment etwas gemerkt haben? Nein, alles ein Mißverständnis. Am 21. Mai 1960, um 0 Uhr 05 hebt der Sonderflug 601 der »El Al« vom Flughafen Buenos Aires ab und nimmt Kurs ostwärts – in Richtung Israel.

24 Stunden später landet die Maschine auf dem Lydda-Flughafen in Israel. Isser Harel fährt direkt ins Büro des Ministerpräsidenten. »Ich habe dir ein kleines Präsent mitgebracht«, sagt er.

Ben Gurion ist sprachlos. Er wußte, daß sein Geheimdienst-Chef Eichmann aufgespürt und identifiziert hatte, aber er hatte keinen blassen Schimmer, daß der Nazi-Mördec schon in Israel war. Wenige Stunden später verliest der Premierminister vor der Knesset eine feierliche Erklärung: »Ich habe diesem Hohen Hause bekanntzugeben, daß vor kurzem einer der größten Nazi-Verbrecher von den israelischen Sicherheitsdiensten aufgespürt worden ist. Adolf Eichmann befindet sich bereits in Israel in Haft und wird in Kürze vor ein israelisches Gericht gestellt werden.« Die Abgeordneten sind völlig überrascht.

Adolf Eichmann erhält einen fairen Prozeß. Er wird am 15. Dezember 1961 wegen erwiesenen Mordes an Millionen von Juden zum Tod durch Erhängen verurteilt. Er trägt es gelassen – und nicht, ohne vorher dem Mossad noch seine Anerkennung ausgesprochen zu haben: »Die Sache ist sportlich gemacht worden«, sagt er. »Die Organisation und die Planung waren hervorragend.«

Und dann setzt er noch hinzu: »Ich bin so frei, meine Meinung zu sagen, weil ich in Polizei- und Geheimdienstdingen meine eigenen Erfahrungen habe.«

»Operation Tiger« – Endlich, Jossele ist wieder da

Wer durch Jerusalem geht, kann sie heute noch sehen: die alten Männer in ihren langen schwarzen Kaftanen mit ihren runden schwarzen Hüten und Pelzkappen, den langen weißen Bärten und den geringelten Haaren, die sie sich in Locken über die Ohren fallen lassen. Am Freitag nach Sonnenuntergang, zu Beginn des heiligen Sabbat, hasten sie durch die engen Gäßchen der Altstadt, vorbei an den palästinensischen Händlern und Pilgern aus aller Welt, vorbei an der Grabeskirche und einem Teil der Via Dolorosa, hin zum Gebet an ihren heiligsten Ort, die Klagemauer. In rhythmischen, vorwärtskreisenden Bewegungen neigen sie sich dort zum Ritual.

Ihr Leben ist durch die Thora bestimmt, durch das tägliche Studium des Talmud, des heiligen Buches der Juden. Sie leben in Mea Shearim, dem Viertel der Ultra-Orthodoxen in der Altstadt Jerusalems. Viele erkennen bis heute noch nicht den weltlichen Staat der Juden an, weil ihnen ihre Religions-Auslegung sagt, daß es diesen Staat auf Erden nie geben kann. Die Radikaleren unter ihnen zahlen keine Steuern und sind nicht bereit, ihre Kinder auf die »weltliche« Schule oder zum Militär zu schicken.

Die Ultra-Orthodoxen bilden bis heute einen Staat im Staate der Juden, eine geschlossene Gesellschaft. Die militantesten Gruppen unter ihnen würden alles tun, um eine jüdische Seele vor dem Verfall zu retten – oder vor dem, was sie dafür halten. Sie würden auch ein Kind entführen, wenn sie wüßten, daß es sonst dem rechten Glauben verlorenginge – so wie es damals geschah, im Januar 1960.

* * *

David Ben Gurion, Israels langjähriger Ministerpräsident, und Isser Harel, Israels langjähriger Geheimdienstchef, kamen glänzend miteinander aus. Sie schätzten sich, weil sie wußten, daß sie einander brauchten: Der ehrgeizige Mossad-»Memune« den Politiker, um bei seinen oft eigenwilligen Kommando-Unternehmen politisch abgedeckt zu sein, und der erfolgreiche Premierminister den Spionage-Fachmann, um Informationen über die feindlichen arabischen Nachbarn zu erhalten und geheime »Affären« nationaler Tragweite zu lösen.

Freundschaft mit Ben Gurion bedeutete nicht unbedingt Herzlichkeit. Nur zweimal in seinem Leben, erzählt Isser Harel lächelnd, sei er vom Premier umarmt worden. Das erste Mal nach der geglückten Eichmann-Entführung im Mai 1960 und das zweite Mal im Juni 1962, als Harel einen entführten jüdischen Jungen aufspürte und zu seinen Eltern zurückbrachte. »Und wenn Sie mich jetzt fragen, was schwieriger war«, sagt der Mossad-Chef bei einem unserer Treffs in seinem Haus in Zahala, »dann antworte ich ohne zu zögern: Es war schwieriger, den kleinen Jossele zu finden. Denn Jossele war von orthodoxen Juden entführt worden. Und es gibt keine verschworenere Gemeinschaft auf der Welt als orthodoxe strenggläubige Juden. Da beißen sich selbst die besten Agenten die Zähne aus.«

* * *

Ida und Arthur Schumacher fanden das Leben im Gelobten Land alles andere als rosig. Sie waren enttäuscht von diesem Israel, in dem die Lebensmittel knapp waren und in dem man kaum Geld verdienen konnte. Arthur Schumacher fand keine Anstellung in seinem Beruf als Schneider, Ida mußte putzen gehen, um die Familie über Wasser zu halten. Das hatten sich die Schumachers anders vorgestellt, als sie 1952 aus der Sowjetunion in den Judenstaat ausgewandert waren.

Nahman Shtarkes, Idas Vater, hatte sie zur Auswanderung getrieben. Er haßte die Russen für das, was sie ihm angetan hatten. Er war nach Sibirien verbannt worden, wo er ein Auge verlor und sich drei Zehen abfror – nur weil er seinen jüdischen Glauben praktiziert hatte. Einer seiner Söhne wurde von einer antisemitischen Straßenbande in der Sowjetunion umgebracht, seine anderen Kinder hatte er mitgenommen nach Israel. Nahman Shtarkes ließ sich in Mea Shearim nieder, inmitten seiner strenggläubigen Glaubensbrüder, die Schumachers versuchten sich in Tel Aviv durchzuschlagen, wo man noch eher einen Job finden konnte.

1953 wurde Schumachers zweites Kind geboren, ein Sohn, den sie Joseph tauften und »Jossele« nannten. Das Geld reichte vorne und hinten nicht. Deshalb brachten sie Jossele zu seinem Großvater nach Jerusalem, wo er aufwuchs. Die Mutter war unglücklich, daß sie ihr Kind nicht bei sich haben konnte. »Vielleicht gehen wir eines Tages nach Rußland zurück«, sagte sie weinend zu ihrem Vater. »Dort könnten wir wenigstens alle zusammen sein.« Doch Nahman Shtarkes mochte so etwas nicht hören. »Nie im Leben«, rief er im Brustton der Überzeugung, und es lag etwas Beschwörendes in seiner Stimme, »nie im Leben werde ich zulassen, daß Jossele Israel wieder verläßt.«

Die finanzielle Situation der Schumachers besserte sich im Lauf der Zeit. 1959 konnten sie sogar eine kleine Wohnung in Tel Aviv kaufen und entschlossen sich, ihren Sohn zu sich zu holen. Großvater Shtarkes redete mit Engelszungen auf sie ein, Jossele doch bei ihm zu lassen. Er hatte sich an den Kleinen gewöhnt und hing an ihm. Aber da war noch etwas: Shtarkes verstand seine Tochter und seinen Schwiegersohn nicht mehr. Sie waren in seinen Augen keine »richtigen« Juden mehr, vernachlässigten die Gebete, die alten Sitten und lebten nur noch »weltlichen« Genüssen.

Als Ida Schumacher nicht nachgab und ihren Sohn zurückverlangte, sagte der Alte zu, ihn nach Tel Aviv zu schicken. Doch er dachte gar nicht daran, sich an sein Versprechen zu halten. Denn in Nahman Shtarkes war die Erkenntnis gewachsen und zur festen Überzeugung gereift, daß der kleine Jossele nur in der Gesellschaft der Rabbis und Strenggläubigen zu einem »echten« Juden heranwachsen könnte. Er verstand es als einen göttlichen Auftrag, Jossele bei seinen Brüdern der »Neturei Karta«-Sekte zu verstecken.

Die »Neturei Karta« (Hüter der heiligen Stadtmauern) ist eine fanatisch-orthodoxe jüdische Sekte mit einem strikten Zusammengehörigkeitsgefühl, eine bedingungslos verschworene Gemeinschaft. Als Ida Schumacher bei ihrem Vater nachfragt, wo denn ihr Sohn bleibe, entgegnet der nur · »Jossele ist nicht mehr bei mir. Er ist in guten Händen – und du wirst ihn nicht mehr zu sehen bekommen.«

Die verzweifelte Mutter geht erst zur Polizei und dann vor Gericht. Am 15. Januar 1960 fordert das Gericht den alten Mann auf, das Kind herauszugeben. Nahman Shtarkes hüllt sich in Schweigen. Die Sache geht bis vor den Obersten Gerichtshof und vor die Knesset. Die Polizei findet Jossele nicht und sperrt seinen Großvater ein. Aber das ändert nichts an der Situation.

Frühjahr 1961. Noch immer keine Spur von dem kleinen Jungen. Der Fall schlägt jetzt politische Wellen. Es stehen Wahlen an. Eine Parteiengruppierung gründet ein »Nationales Komitee zur Befreiung von Jossele«, in Israel bricht ein »Kulturkampf« aus, der die junge Nation in zwei Lager spaltet und in dem es um viel mehr geht als um das Schicksal des Jungen: Es geht um die Definition des jüdischen Staates. Wieviel Freiheit dürfen die religiösen Gruppierungen genießen? Ist Israel ein säkularer, nur weltlich ausgerichteter Staat? Regiert die Thora das Land oder das Gesetzbuch? Junge Leute in Jeans und Rollkragenpullover beschimpfen die alten Gläubigen an der Klagemauer als »Faschisten«. In Mea Shearim steht an den Wänden: »Die israelische Regierung bekämpft unseren Glauben. Sie ist nicht besser als die Nazis.«

Im März 1962 – die Wahlen sind vorbei, Ben Gurions Mapai-Arbeiterpartei hat als Regierungspartei überlebt, ist aber nach wie vor auf die Unterstützung religiöser Gruppierungen angewiesen – sieht der Premierminister nur noch eine Möglichkeit: Was die Polizei nicht schafft, muß der Geheimdienst schaffen. Mossad-Chef Isser Harel erhält den Auftrag, seine besten Leute aus der Feind-Spionage abzuziehen und sich ganz auf eine Aufgabe zu konzentrieren: die Suche nach Joseph »Jossele« Schumacher.

Isser Harel vertieft sich ins Polizeidossier 720-60. Kein Hinweis auf den Verbleib des Knaben – nicht der geringste. Harel gibt dem Kommando-Unternehmen den Decknamen »Operation Tiger« und schickt seine fähigsten Agenten in die Höhle des Löwen – zu den Radikal-Religiösen in Alt-Jerusalem.

Die Agenten, trainiert, harte Fragen zu stellen und Verborgenes aufzuspüren, scheitern, bevor sie ihre eigentliche Arbeit beginnen. Sie laufen, wie zuvor die Polizei, gegen eine Mauer des Schweigens. Einer der Agenten sagt später: »Es war, wie wenn ich auf dem Mars gelandet wäre und mich unter die kleinen grünen Männchen mischen sollte, um sie auszufragen.« Harels Männer sind Spionage-Profis, aber sie sind keine Thora-Gelehrten, sie kommen nicht einmal ins Gespräch mit ihren »Gegnern«.

Monatelang geht nichts voran. Harel hat den Verdacht, daß Jossele gar nicht mehr in Israel ist. Er läßt sich von der Militärzensur eine Ausnahmegenehmigung geben, alle Post öffnen zu dürfen, die in das Land kommt oder ins Ausland geht. Besonders aufmerksam lesen die Spione die Post der religiösen Organisationen. Und doch kommt der erste entscheidende Tip aus einer ganz anderen Ecke. Einem der Zensoren ist ein Satz in dem Brief eines Soldaten aufgefallen, den er aus seinem Ausbildungslager in der Negev an seine Mutter nach Brüssel geschrieben hat. Ohne erkennbaren Zusammenhang steht in dem Text: »Wie geht es dem Jungen?«

Isser Harel sieht den Brief und sagt sofort: »Wir müssen diese Frau finden. Und zwar schnell!« Ein Agenten-Team reist nach Brüssel. Die Empfängerin des Briefes wohnt nicht mehr da, aber die Mossad-Leute finden schnell ihre Spur – sie führt nach Paris.

Als Isser Harel das Dossier der Agenten über die Frau in Händen hält, fliegt er sofort nach Paris: Kein Zweifel, sie ist der Schlüssel zum Schicksal des Jossele Schumacher.

Madeleine Féraille ist die Tochter eines französischen Aristokraten. Sie studierte an der Sorbonne und an der Universität von Toulouse. Sie galt als Schönheit unter den Studentinnen und hatte zahlreiche Affären in den Kreisen der oberen Zehntausend. Im Zweiten Weltkrieg entdeckte die leichtlebige Madeleine ihr politisches Bewußtsein. Sie arbeitete für den »Maquis« , den französischen Widerstand gegen den Faschismus im Untergrund, und half vor allem, jüdische Kinder außer Landes zu schmuggeln, bevor die Nazis sie in Konzentrationslager stecken konnten. Nach dem Krieg heiratete sie einen französischen Katholiken und bekam einen Sohn.

Aber die Jahre des Widerstands und die engen Kontakte zu der gläubigen Gemeinde der Juden wirkten in ihr nach. Sie ließ sich scheiden – und trat zum jüdischen Glauben über. Ihre besten Freunde wurden streng orthodoxe Rabbis in London und Paris.

Der Mossad-Chef geht auf Nummer Sicher. Er verteilt 40 seiner fähigsten Leute über ganz Paris, um Madame nicht aus den Augen zu verlieren. Dann schickt er seinen besten Verhör-Spezialisten zu Madeleine Féraille. Und ein paar von den »harten« Männern, die die Türe zur Wohnung der Frau eintreten und ihr mit brutalen Methoden Angst einflößen sollen.

Doch bei der Dame beißen selbst Profis auf Granit. Nach sechsstündigem Dauerverhör, währenddessen Madeleine nicht einmal mit der Wimper zuckt, geschweige denn, sich in Widersprüche verwickeln läßt, gibt der Mossad-Mann mit dem Spitznamen »Spanischer Inquisitor« auf. Er hat Eichmann ausgehorcht und »geknackt«. Die Frau in Paris, da ist er sich sicher, sagt die Wahrheit: Sie hat nichts mit dem Entführungsfall Jossele Schumacher zu tun.

Doch Isser Harel fühlt sich immer noch kurz vor dem Ziel. Er geht selbst in die Wohnung der Madeleine Féraille. Er stellt selbst Fragen. Er blättert ziellos in den persönlichen Papieren der Frau, schlägt den Paß noch mal auf – und stutzt. Da ist das Bild eines Mädchens, das als Madame Férailles Tochter ausgewiesen ist. Hat sie auch eine Tochter? Irgend etwas an diesem Bild irritiert den Mossad-Chef.

»Gebt mir mal schnell ein Bild von Jossele!«, schreit er einen seiner Agenten an. Er hält es neben die Fotografie der Tochter. Dann huscht ein triumphierendes Lächeln über das Gesicht Isser Harels. »Schaut euch das an«, sagt er und ruft seine Mitarbeiter zu sich. »Vergeßt mal einen Augenblick die blonden langen Locken des Mädchens... Und was seht ihr?« Kein Zweifel, die beiden Bilder zeigten ein und dasselbe Kind.

Madeleine wird bleich, als die Männer sie mit ihrer Entdeckung konfrontieren. Doch dann faßt sie sich wieder und sagt ruhig: O. k.

Tut, was ihr wollt. Ihr werdet niemals erfahren, wo Jossele ist, und wenn ihr mich tötet.«

Jetzt spielen die Mossad-Agenten ihren letzten Trumpf aus – es ist ein schmutziger Trick, den sie versuchen. Einer zieht die Akte Féraille aus der Tasche und beginnt zu lesen. Geschichten aus Madeleines Jugend, von ihren Liebhabern, von ihrem lockeren Leben. »Ich persönlich halte das für Ihre Privatsache«, sagt der Mossad-Mann. »Aber ich glaube nicht, daß Ihre strenggläubigen Freunde von der Neturei Karta so denken. Ich bin sicher, das würde Sie für alle Zeiten in ihren Augen entehren.«

Da lassen Madeleine Féraille ihre sonst so guten Nerven im Stich: »Ihr verdammten Schweine«, brüllt sie, »ihr dreckigen Erpresser!« Sie bricht zusammen – und erzählt die Geschichte von Jossele Entführung.

Die religiöse Sekte hatte Madeleine um Hilfe angerufen. Sie war mit dem Schiff nach Haifa gefahren, hatte sich während der Passage mit einem zehnjährigen Mädchen angefreundet und war mit ihm Hand in Hand zum Einreiseschalter gegangen. »Frau Féraille mit Tochter«, notierte der Beamte in die Papiere und bemerkte überhaupt nicht, wie Madeleine die Kleine schnell zu ihren wahren Eltern zurückschmuggelte. Der Rest war einfach. Madeleine führte sich bei Josseles Großvater als neue »Tante« ein, freundete sich mit dem Kind an – und versprach ihm eine schöne Reise, wenn es bei einem Streich mitspielte. Jossele war Feuer und Flamme, ließ sich die Haare blond färben und in Locken legen. Dann reiste er als Frau Férailles Tochter aus Israel aus.

Jossele blieb zunächst unter Obhut der Ultra-Orthodoxen in der Schweiz, ging dann nach Paris. Als die ersten Mossad-Fahnder in der französischen Hauptstadt auftauchten, verfrachtete Madeleine den Kleinen in das Viertel der streng-religiösen Juden von New York, nach Brooklyn.

Als Isser Harel dies hört, greift er sofort zum Telefon und ruft den israelischen Botschafter in Washington an. Er schickt Mossad-Agenten nach New York, die Jossele mit Hilfe des FBI leicht aufspüren und zu seiner Mutter nach Tel Aviv zurückbringen. Am 4. Juli 1962, nach über drei Jahren, ist die Familie der Schumachers wieder vereint.

Der Mossad-Chef verhindert, daß Madeleine Féraille von der israelischen Justiz verfolgt wird. Ihm imponiert die Frau – er bietet ihr an, im israelischen Geheimdienst mitzuarbeiten. Madeleine lehnt ab. Sie läßt sich später in Mea Shearim nieder und heiratet einen Rabbi. Jossele wächst heran wie die meisten jüdischen Jungen, zum Glauben erzogen, aber nicht zum Glauben gezwungen. Er fühlt sich nicht zu den streng Orthodoxen hingezogen. Er wird Artillerie-Offizier im israelischen Heer, studiert an der Hebräischen Universität Sozialwissenschaften und leitet heute in einem Vorort von Tel Aviv ein Erziehungsprogramm für unterprivilegierte israelische Jugendliche.

»Aktion Atombombe« – Wie Israel zur Atommacht wurde

AKT EINS: DAS GEHEIMNIS DER TEXTILFABRIK

Über alles, hatten mir meine Freunde gesagt, könne man mit israelischen Geheimdienstlern und Militärs reden – außer über ein Thema: Israel und die Atombombe. Sie hatten recht.

»Das ist kein Gesprächsgegenstand«, »Wie kommen Sie nur darauf?«, »Dazu kann ich nichts sagen«, das sind die gängigsten Dementis, die ich mir als Antworten holte. Das Dementi wird meist begleitet von einem Satz, den Premierminister David Ben Gurion vor etwa zwanzig Jahren geprägt hat, und der so etwas wie eine offizielle Abwehrstrategie gegenüber lästigen Fragern geworden ist: »Israel hat die Bombe nicht und wird sie auch nicht als erstes Land im Nahen Osten einsetzen.«

Der schlaue alte Fuchs hatte sich mit dieser Formulierung ein Hintertürchen offengelassen: Denn auch wer als zweites Land im Nahen Osten Atomwaffen einsetzt – beispielweise zu einem taktischen Gegenschlag –, muß sich ja erst, durch jahrelange Vorarbeit, in die Lage dazu versetzen: Er braucht ein Potential, das er sich nicht über Nacht verschaffen kann. Er braucht Wissenschaftler, die sich jahrelang mit Atomfragen beschäftigen. Er braucht einen Atomreaktor. Und er braucht den Grundstoff, aus dem er das spaltbare Material gewinnt – hochwertiges Uran.*

Israel hat die Bombe. Der amerikanische Geheimdienst CIA, von den Israelis über ihre wahren Absichten im Nuklearbereich nicht nur im unklaren gelassen, sondern jahrelang regelrecht getäuscht, weiß seit 1968, daß Israel Atommacht ist. CIA-Direktor Richard Helms muß US-Präsident Lyndon B. Johnson in die Hand versprechen, daß der erste Geheimdienstreport darüber nicht ein-

*Um eine militärisch wirksame Waffe zu produzieren, gibt es zwei technische Wege. Beide beginnen mit Uran. Die größten Vorkommen liegen in den USA, in Kanada, der Sowjetunion und Südafrika. Doch auch Australien, Schweden, Frankreich, Indien und einige afrikanische Staaten haben erhebliche Mengen des begehrten Kernbrennstoffes.

Der erste Weg: Zwei Tonnen Uran bergen 15 Kilogramm des spaltbaren Isotops U 235. Durch verschiedene Methoden – zum Beispiel die Zentrifuge – wird es vom etwas schwereren, nicht spaltbaren U 238 getrennt. Den Prozeß nennt man Urananreicherung. Für die Stromerzeugung genügt es, das Uran bis auf drei Prozent U 235 anzureichern. Die Bombe braucht mindestens 40, meist um die 90 Prozent.

Der zweite Weg: Das U 235 wird in einem Reaktor mit Neutronen geschleudert. Dabei verwandelt es Teile des U 238, mit dem es vermischt ist, in das neue Element Plutonium. Dieser Stoff, hoch radioaktiv und spaltbar, wird den verbrauchten Brennstäben eines Reaktors entnommen. Kleine Mengen können schon in Labors gewonnen werden. Für große Mengen braucht man Wiederaufbereitungsanlagen.

mal an Außenminister Dean Rusk und an Verteidigungsminister Robert McNamara weitergegeben wird – so schockiert ist er über die CIA-Analyse. Der Report bleibt geheim.

Im September 1974 fertigt die CIA eine neue Analyse über die Verbreitung von Atomwaffen an. Zu Israel konstatiert der Geheimbericht: »Es sind drei Dinge, die uns zu der Überzeugung bringen, daß Israel die Atombombe hat. Erstens haben die Israelis sich mit Kommando-Unternehmen im Ausland unter hohem Risiko Uran verschafft, das sie nur für die Bombe brauchen konnten. Zweitens: Israels wissenschaftliche Forschung im Bereich der Uran-Anreicherung ist sehr weit fortgeschritten. Drittens: Israel investiert in ein aufwendiges Raketensystem, das nur dazu dasein kann, eines Tages nukleare Sprengköpfe aufzunehmen.« Auch dieser Bericht soll nicht an die Öffentlichkeit dringen. Er bekommt das Siegel »Top/top secret« – selbst die Existenz eines solchen Papiers ist geheim.

Doch wie so oft in der Geheimdienstwelt Washingtons – das Bestgehütete wird zuerst bekannt: Im Februar 1976 gibt die CIA eine Party – ein Teil ihres neuen Programms, den Geheimdienst »durchlässiger« zu machen. In der Zentrale in Langley, Virginia, sind neben CIA-Leuten auch etwa 150 amerikanische Wissenschaftler anwesend. Carl Duckett, stellvertretender CIA-Direktor für Wissenschaft und Technologie, muß sich in diesem Kreis so wohlgefühlt haben – und so sicher –, daß er einem der Professoren von dem Bericht über Israels Nuklearprogramm erzählt. Duckett: »Die haben zwanzig Atombomben, bereit zum Soforteinsatz.«

Am nächsten Tag erschüttert die CIA-Zentrale eine nichtnukleare Explosion. George Bush, der neuberufene CIA-Direktor, schäumt vor Wut, und Senator Frank Church, einer der wenigen Eingeweihten, nennt Ducketts Bemerkung »das größte Leck in der Geschichte unseres Geheimdiensts«. Die Geschichte war nicht mehr zu stoppen.

Dabei wußten die Amerikaner längst nicht alles. Israels Entscheidung, alle Voraussetzungen für den Bau einer Atombombe zu schaffen, fiel wesentlich früher, als die Amerikaner dachten, nämlich schon Mitte der fünfziger Jahre. Sie forderte große wirtschaftliche Opfer und den Einsatz der besten Köpfe des Landes – und sie forderte die wagemutigsten Kommando-Unternehmen, die Israels Geheimdienst je durchführte.

Ein Aufwand, der auf Anhieb nicht einleuchtet. Wozu das alles? Warum mußte denn Israel unbedingt zum Club der Nuklearmächte gehören? Hatte das Land nicht von seiner Gründung an genug Freunde im Westen, die seine Existenz garantierten – allen voran die Großmacht USA, deren Politik von der jüdischen Lobby Amerikas stark beeinflußt wird? Haben denn die Nahost-Kriege nicht gezeigt, daß Israel auch als »konventionelle« Militärmacht überleben kann?

Sicher, da war zumindest in den fünfziger Jahren die ständig zunehmende Gefahr eines Angriffs der arabischen Nachbarn, deren Bevölkerung schneller wächst als die israelische und die sich deshalb nach Ben Gurions Meinung leisten konnten, »fünf, ja zehn Nahost-Kriege« zu verlieren, und die »doch am längeren Hebel sitzen«. Da ist das ausgeprägte israelische Bestreben, sich von der Schutzmacht Amerika zu lösen, so unabhängig wie möglich zu werden von einem Kurswechsel der westlichen Politik. (Eine Furcht, die sich vergrößerte, als Israels Politiker sahen, wie Frankreichs Präsident de Gaulle, lange Zeit glühender Israel-Freund, sich aus wirtschaftlichen Gründen den Arabern zuwandte, und als sie – noch einige Jahre später – beobachteten, wie die arabische Ölwaffe die westliche Politik gegenüber Israel beeinflußte.)

Und da ist das tiefe israelische Mißtrauen gegenüber irgendwelchen Garantien internationaler Art, das bei dem Entschluß, die Bombe nun tatsächlich zu bauen, eine wesentliche Rolle spielte: 1957 hatten zwanzig Länder, darunter die Vereinigten Staaten, Israel garantiert, die Straße von Eilat für israelische Schiffe offenzuhalten. Als Nasser sie sperrte, erwies sich, daß die Garantien nicht das Papier wert waren, auf das sie gedruckt waren: Keine der Garantie-Mächte rührte einen Finger.

Alle diese Gründe sind wichtig. Der entscheidende Grund für Israels Wunsch nach der Bombe liegt aber im psychologischen Bereich. Er ist Ausdruck einer Angst-Psychose, die man »Holocaust-Syndrom« nennen könnte – erklärbar aus der jüngeren jüdischen Geschichte.

Viele Juden haben nie begriffen, wie es zu den Ausrottungsszenen im Dritten Reich kommen konnte, mit welcher lammfrommen Passivität sich viele der Opfer auf die Schlachtbank führen ließen. Sie haben eine besondere Empfindlichkeit für Widerstand entwikkelt – und für Mittel des Widerstands. Sie wollen für die Existenz Israels kämpfen, koste es, was es wolle, und haben dabei den Satz im Ohr, den radikale Palästinenserführer geprägt haben: »Wir zerstören die Juden. Wir werfen sie ins Meer.«

Was das »Holocaust-Syndrom« so gefährlich macht – und somit

auch die Existenz der israelischen Atombombe –, ist die Tatsache, daß es kein rational kontrollierbares Phänomen ist. Es gibt radikale Palästinenserführer, die auch heute noch die Ausrottung des Judenstaats fordern, aber es gibt andere, wie den Führer der größten Palästinenser-Organisation PLO, Jassir Arafat, die Kompromißbereitschaft erkennen lassen – ebenso wie die »gemäßigten« arabischen Führer, allen voran Präsident Sadat von Ägypten und König Hussein von Jordanien. Das »Holocaust-Syndrom«, die fast krankhafte Angst vieler Israelis vor einem erneuten Vernichtungsfeldzug gegen die Juden, hat verhindert, daß Zeichen des Wechsels in den Positionen des Gegners gesehen oder gewürdigt wurden.

Und so wurden – und werden – im Nahen Osten von israelischer Seite aus Friedenshoffnungen zerschlagen. Denn die Männer, die heute Israel regieren, sind Falken mit einem besonders ausgeprägten »Holocaust-Syndrom«: Premierminister Menachem Begin, Außenminister Itzchak Shamir und Landwirtschaftsminister Arik Scharon. Die Vorstellung, daß sie über Atomwaffen verfügen, jagt nicht nur ihren arabischen Nachbarn Schrecken ein.

* * *

1953 gibt es drei Atommächte auf der Welt: die Vereinigten Staaten, die Sowjetunion und Großbritannien. In allen drei Ländern arbeiten jüdische Wissenschaftler an Atom-Programmen, sind wesentlich an der wissenschaftlichen Entwicklung der Bombe beteiligt. Auch Chaim Weizmann, Israels erster Präsident, ist ein Chemiker von Weltrang. Eines Tages im Spätherbst 1953 kommt er in das Büro des Premierministers David Ben Gurion und fragt ihn: »Weißt du, wieviel Prozent Israels Bevölkerung von der Weltbevölkerung ausmacht?« Ben Gurion, von der ungewöhnlichen Frage überrascht, zögert einen Moment. Dann zuckt er die Schultern. »Nicht mal ein halbes Prozent«, sagt Weizman.

»Und jetzt rat mal, wieviel Prozent der Nobelpreisträger in den Naturwissenschaften Juden sind. Du weißt es nicht? Ich will es dir sagen: 20 Prozent.« In den folgenden zwei Stunden erhält der Premier vom Präsidenten eine Lektion in Sachen Nuklear-Wissenschaft.

»Und warum muß ich das alles wissen?«, fragt Ben Gurion. «Das überlaß ich deiner Phantasie«, sagt Weizmann und verläßt grußlos das Büro.

Die Begegnung im Spätherbst 1953, von einem Mitarbeiter Ben

Gurions später im Freundeskreis weitererzählt, wird zur Geburtsstunde des israelischen Atomprogramms. Im kleinen Kreise äußert der Premier seine politischen Ängste. Er traut den Amerikanern nicht, Präsident Eisenhower nicht, und noch weniger diesem John Foster Dulles, der Amerikas Außenpolitik macht und dessen Stimme im Weißen Haus immer mehr Gewicht bekommt. »Wir sollten unsere eigene Atombombe bauen«, sagt Israels Premier. »Auch wenn es Jahre dauert, bis es soweit ist. Und noch eins: Wir werden die Amerikaner nicht in unsere Pläne einweihen.«

Ben Gurions engste Mitarbeiter haben bald herausgefunden, welche ausländische Macht Israel bei seinem Atomprogramm helfen kann: Frankreich. Die Franzosen sind auf dem Weg zur Atommacht, erhalten aber keine Unterstützung von den Amerikanern und Engländern für ihr Projekt. Israelische Wissenschaftler können den Franzosen interessante Forschungsergebnisse liefern, beispielsweise eine Formel für die Produktion von Uran aus Phosphaten, die die Israelis aus der Negev-Wüste gewinnen. Oder eine Formel für die Produktion von schwerem Wasser ohne Elektrizität. Beides ist für ein Atomprogramm sehr wichtig.

Paris ist überrascht über den hohen Stand der israelischen Forschung und erklärt sich im Gegenzug gerne bereit, Israel als »stillen Zuschauer« bei der Entwicklung seines Nuklearprogramms zu dulden. Die Franzosen glauben, Israels Interesse sei lediglich theoretischer Natur.

Im Juni 1955 kommt der amerikanische Präsident Eisenhower Israels Atomplänen unbewußt entgegen. Er unterzeichnet ein Abkommen mit Jerusalem, das den Israelis im Zuge der friedlichen Nutzung der Kernkraft einen kleinen Atomreaktor für Forschungszwecke zusichert. Der Reaktor ist für die Israelis auch aus Tarnungsgründen wichtig: Sie können so ihre Wissenschaftler und Techniker ohne großes Aufsehen mit radioaktiven Stoffen experimentieren lassen. »Nahal Sorek« wird im November 1958 südlich von Tel Aviv gebaut und beginnt am 16. Juni 1960 zu arbeiten. Die Israelis nennen ihn »den kleinen Reaktor«. Denn sie haben damals längst mit dem Bau eines größeren begonnen – mit französischer Hilfe.

Der Sinai-Krieg von 1956, in dem die Israelis an der Seite der Franzosen und Briten kämpfen, verbessert die Beziehungen zwischen Paris und Jerusalem weiter. Die Franzosen bewundern ihren »kleinen Alliierten«, mit dessen Hilfe sie Ägyptens nationalbewußten Präsidenten Nasser in die Defensive zwingen. Und sie bedauern die Israelis, weil die auf amerikanischen Druck hin die eroberten Gebiete in der Sinai-Wüste wieder zurückgeben müssen.

Frankreichs Premier Guy Mollet richtet am 1. Januar 1957 eine außergewöhnlich herzliche Neujahrsbotschaft an die Israelis: »Frankreichs Bewunderung für das tapfere Volk Israels wird niemals enden«, sagt er. Und: »Israel hat das Recht, Frankreichs Unterstützung für seine Friedensbemühungen zu erwarten.«

Ben Gurion bittet um Unterstützung – er fragt in Paris an, ob die Franzosen nicht in der Negev-Wüste bei Dimona einen Atomreaktor für die Israelis bauen könnten. Aus der Kapazität, die die Israelis vorschlagen – schon in der ersten Stufe 24 000 Kilowatt, später das Doppelte – ist klar ersichtlich, daß dieser Reaktor nur eine Funktion haben kann: Israel will Atommacht werden. Frankreichs Regierung stimmt nach längerem Zögern dem Projekt zu. Die französischen Wissenschaftler der Atombehörde hatten sich für die Kooperation stark gemacht – die meisten von ihnen hatten jüdische Vorfahren und waren prozionistisch eingestellt.

Drei Dutzend französische Experten lassen sich in Beersheba nieder, der Hauptstadt der Negev-Wüstenprovinz. Sie fallen in der Stadt, in der viele französischsprachige Berber leben, kaum auf. Bei Dimona entsteht ein runder Kuppelbau, der von weitem an einen riesigen Fußball erinnert. Wenn Touristen fragen, was denn das für eine Anlage werde, sagen die Israelis: »Eine Textilfabrik.« Als Ben Gurion später von ausländischen Journalisten nach dem Reaktor gefragt wurde, bleibt er bei der Geschichte von der Textilfabrik.

Aufmerksamen Besuchern in Beersheba fällt allerdings auf, daß diese »Textilfabrik« besser bewacht wird als manches israelische Waffenlager. Bewaffnete Wachen patrouillieren zu jeder Tages- und Nachtzeit, das Gelände ist noch kilometerweit von dem Kuppelbau entfernt mit Stacheldraht abgesichert.

Am 13. Februar 1960 wird Frankreich viertes Mitglied im Club der Nuklearmächte. Die Franzosen zünden in der Nähe der Beduinen-Stadt Reggane inmitten der Sahara-Wüste ihre erste Bombe. Israelische Wissenschaftler sind dabei. Auch ihr Projekt nähert sich dem Endstadium – zwei Jahre, schätzen die Israelis, wird es noch dauern, bis in Dimona alle Voraussetzungen geschaffen sind, um mit dem Bau der Bombe zu beginnen. Eigentlich kann nur noch etwas schiefgehen, wenn die Amerikaner die »Textilfabrik« vorzeitig entdecken und auf ihre Schließung drängen – oder wenn die Franzosen jetzt, nachdem sie es geschafft haben, ihre Atompolitik gegenüber dem »kleineren« Partner ändern.

Die CIA-Agenten in Tel Aviv und Jerusalem schlafen weiter. Keine Gefahr einer Entdeckung. Aber die Franzosen machen Ärger. Sie kündigen Mitte 1960 die Kooperation mit den Israelis auf, die schließlich gerade noch erreichen können, daß die französischen Partnerfirmen wenigstens bis 1962 unter der Hand ihr Material weiterliefern. Doch das schiebt das eigentliche Problem der Israelis nur auf: Sie brauchen große Mengen Uran-Oxyd und hochangereichertes Uran. Und beides ist auf dem Weltmarkt schlecht zu kaufen – man muß es sich unter der Hand besorgen.

AKT ZWEI: »WENN WIR DAS ZEUG NICHT KRIEGEN, DANN MÜSSEN WIR ES EBEN KLAUEN«

Krisenstimmung im Büro des Mossad-Chefs in Tel Aviv, Oktober 1962. »Woher haben wir denn bis jetzt das Uran bekommen?«, fragt der damalige Landwirtschaftsminister Moshe Dajan, einer der wenigen israelischen Politiker, der in das Atomprogramm eingeweiht ist. »Hauptsächlich aus Frankreich, aus Gabun und dem Tschad«, sagt der Atomexperte des Gremiums. »Die Franzosen wollen nicht mehr«, fährt er fort. »Und mit Lieferungen aus Ländern der Dritten Welt wird es immer schwieriger, seit die Amerikaner die internationalen Bestimmungen verschärft haben.«

Dajan stellt nur eine Frage: »Heißt das, unser Atomprogramm ist ohne das Uran gefährdet?« Der Professor antwortet: »Wir brauchen in Dimona 25 Tonnen pro Jahr. Und wir brauchen hochangereichertes Uran. Wenn wir das nicht kriegen, ist das Projekt nicht nur gefährdet – es ist am Ende.« Da steht Dajan auf, blickt in die Runde und sagt ohne Umschweife: »Wenn wir das Zeug nicht kriegen, dann müssen wir es eben klauen.«

Die Mossad-Mitarbeiter seufzen. Wo zum Teufel, soll man Uran klauen? Der Geheimdienst gründet erst mal eine Spezialeinheit, die sich mit dem Thema beschäftigen soll.

Nach drei Monaten liegen die Vorschläge auf dem Tisch. Plan eins: Einbruch in eines der Speziallaboratorien in den USA, die hochangereichertes Uran herstellen. Sehr hohes Risiko, aber möglich. Plan zwei: Überfall auf Lastwagen, die das Uran transportieren. Hohes Risiko, da Wagen gut geschützt, aber möglich. Am besten ebenfalls in den USA. Plan drei: Den Direktor eines Speziallaboratoriums »umdrehen« und ihn dazu überreden, Uran für Israel »abzuzweigen«. Zusatzbemerkung: geringes Risiko, da Transportwege einfach. Hohes persönliches Risiko für den »Abzweiger«.

Inzwischen ist Meir Amit als Nachfolger Harels Chef des israelischen Geheimdienstes geworden. Der hemdsärmlige Mossad-Boß besieht sich die Vorschläge und macht eine Aktennotiz: »Bitte Plan drei. Alles daran setzen, den Mann zu finden.«

* * *

Zalman Mordechai Shapiro wurde 1922 in Canton, im US-Bundesstaat Ohio, als Sohn eines orthodoxen Rabbi aus Litauen geboren. Als er 21 Jahre alt ist, erfährt er, daß die Nazis den Teil der Familie, der in Deutschland lebte, ausgerottet haben. Shapiro wird zum glühenden Zionisten, überzeugt davon, daß es einen freien jüdischen Staat geben muß.

Nach dem Abitur geht er mit einem Stipendium für Hochbegabte an die John Hopkins-Universität und macht seinen »Master Degree«. Die »Standard Oil of Indiana« setzt den begabten jungen Naturwissenschaftler auf ihre Förderungsliste; 1948 schließt Shapiro sein Chemie-Studium erfolgreich ab. Der junge Student arbeitet hart – aber dabei vergißt er nicht seinen Kampf für die jüdische Sache. Er wird aktives Mitglied der »Zionistischen Organisation von Amerika« und der »American Technion Society«, die eng mit dem Technischen Institut von Haifa zusammenarbeitet.

1949 geht der gutaussehende, schwarzhaarige junge Mann als technischer Mitarbeiter zu der amerikanischen Großfirma »Westinghouse Electric. Corp.« und erhält dort den Spezialauftrag für die Entwicklung eines Reaktors, der in das atomgetriebene amerikanische Unterseeboot »Nautilus« eingebaut werden soll. Für seine erfolgreiche Arbeit gewinnt er einen Preis seines Arbeitgebers. Aber Shapiro verläßt bald die Gesellschaft. Er ist jung. Er ist ehrgeizig. Er will selbst eine Firma gründen. Im Dezember 1957 entsteht die »Nuclear Materials and Equipment Corp.«, kurz NUMEC genannt. Sie will Uran-Oxyd an die ständig größer werdende Zahl von kommerziellen Atomreaktoren in den USA liefern.

Der Firma mit Sitz in Apollo, Pennsylvania, geht es zunächst glänzend. Sie erhält lukrative Aufträge von privaten Unternehmen und liegt auch bald gut im Rennen bei Regierungsgeschäften. Shapiros NUMEC, ein Außenseiter in der Branche, wird bald eine der zwar kleineren, aber extrem erfolgreichen Zulieferfirmen.

Das Geschäftsgebaren der NUMEC erregt von Anfang an die Kritik der Atomenergie-Kontrollbehörde AEC. Ein geheimes Dokument der AEC beweist, daß die Firma von den Kontrolleuren schon 1961 für ein »potentielles Sicherheitsrisiko« gehalten wird, weil das Management die Vorschriften über den Umgang mit dem hochgefährlichen Material »nicht ernst genug nimmt«. Was der AEC aber noch viel größere Sorgen macht: Die Firma hat begonnen, auch Geschäfte mit dem Ausland zu machen, mit Frankreich, Italien und Japan. Und sie geht dabei nicht gerade sorgfältig mit dem U 235 um, dem Material, das auch Grundstoff für die Atombombe sein kann.

Trotz eines ausdrücklichen Verbots hat Shapiro begonnen, das hochangereicherte Uran, das aus Regierungsaufträgen im Werk lagert, mit anderem Uran zu »mischen«. Das macht es für die Kontrolleure schwer festzustellen, ob U 235 abhanden kommt. Ein Gramm dieses Materials kostet damals auf dem Weltmarkt etwa 25 Mark. 22 Pfund, eine Menge, die man in eine Einkaufstasche stecken kann, reichen, um eine Atombombe herzustellen.

1963 dehnt der Zionist Shapiro sein Auslandsgeschäft aus – auf Israel. NUMEC arbeitet künftig als »technischer Berater« eines israelischen Regierungskonzerns. Zwei Jahre später gründet Shapiro ISORAD, eine Tochtergesellschaft der NUMEC, die zu 50 Prozent im Besitz der Israelis ist. Sie soll laut Geschäftsbericht »Maschinen entwickeln, die Erdbeeren und Zitrusfrüchte durch Bestrahlung haltbar machen«. Shapiro hat jetzt häufiger israelische Gäste in der Firma und bei sich zu Hause. Unter ihnen sind Baruch Cinai, ein Atomwissenschaftler, und Ephraim Lahav, der Wissenschafts-Attaché an der israelischen Botschaft in Washington. Beide haben noch einen zweiten Job – sie sind Agenten des Mossad.

* * *

»Wie kriegen wir das Material eigentlich aus den USA raus?« fragt Mossad-Chef Zwi Zamir beim »Kaffeekränzchen«, einem der regelmäßigen wöchentlichen »Geheimdienst-Treffs«.

»Kein Problem«, sagt der Agent der Atom-Spezialeinheit. »Wir haben einen Angestellten der »EL AL« überredet. Übermorgen kommt die erste Probe: 42 Pfund hochangereichertes Uran.« »Und wieviel kriegen wir aus unserer Quelle?«

»Ich schätze, so an die 400 Pfund. Wenn wir jetzt schon anfangen könnten, die Bombe zu bauen, wär' das genug für achtzehn dieser kleinen Dinger.«

* * *

Es ist eine Routine-Untersuchung, bei der alles herauskommt. Am 30. April 1965 machen AEC-Kontrolleure die Entdeckung, daß 134 Pfund des hochangereicherten Urans, das die Firma »Westinghouse« an die NUMEC für eine Rakete des »Apollo«-Programms geliefert hat, verschwunden sind.

Shapiro windet sich. Er sagt, das Uran sei bei den speziellen Produktionweisen der NUMEC als Abfallprodukt ausgelagert worden. Es sei keinesfalls ungewöhnlich, daß Uran bei der Arbeit vergraben werde. Den Kontrolleuren kommt das alles reichlich unglaubwürdig vor. Sie bestehen darauf, daß die Behälter, in denen das Metall vergraben worden sein soll, geöffnet werden. Am 21. Oktober 1965 steht Shapiro vor dem Offenbarungseid: Die Ausgrabungen ergeben, daß nicht einmal zehn Prozent des »verlorenen« Urans vergraben sind. Eine genaue, zweiwöchige Untersuchung der AEC ergibt, daß die Menge des verschwundenen Atombomben-Grundstoffs noch viel größer ist als angenommen. Es fehlen 391 Pfund hochangereichertes Uran. In ihrem Report halten die Kontrolleure fest, daß nie zuvor eine Firma solche Mengen Uran »verloren« hat.

Ein Blick in die NUMEC-Papiere zeigt, daß nur ein Teil der angelieferten U 235-Mengen korrekt erfaßt ist. Shapiro entschuldigt sich damit, daß ein Teil der Geschäftsunterlagen bei einer Kampagne »Haltet die Fabrik sauber!« im Vorjahr verschwunden sei. In dem Report der Atomenergie-Kontrolleure steht, typisch für die aus rechtlichen Gründen besonders vorsichtige Behördensprache: »Obwohl nicht mit Sicherheit festgestellt werden kann, daß kein Diebstahl oder keine Weiterleitung des Materials stattgefunden hat, fand das Überwachungsteam keinen konkreten Hinweis, der eine solche Theorie unterstützt.« Mit anderen Worten: Shapiro ist nichts zu beweisen. Nur bezahlen muß er den Verlust: Die AEC schickt eine Rechnung über 929000 US-Dollar.

Howard Brown, damals der Generalmanager der AEC und heute Rechtsanwalt in Washington, läßt nicht locker. Es gelingt ihm, das FBI einzuschalten. Die amerikanische Bundespolizei kommt zu dem Ergebnis, daß Shapiro »nicht unbedingt Mossad-Agent sein muß, nur weil er ein glühender Verfechter des Zionismus ist«. Die NUMEC erhält sogar wieder größere Regierungsaufträge und wird von der gleichen AEC in eine Liste von vier Firmen eingereiht, »die mit hochangereichertem Uran am besten umgehen können«. Dennoch schließt Shapiro Ende 1966 die NUMEC und läßt sie aus dem Handelsregister streichen.[5)]

Erst 1968, als die CIA zum erstenmal dem amerikanischen Präsidenten meldet, daß Israel die Atomwaffe hat, kommt wieder Bewegung in die Affäre. Die CIA hat festgestellt, daß in Dimona hochangereichertes Uran verwendet wird, das höchstwahrscheinlich aus den USA stammt. Die Spur zu Shapiro wird wieder heiß. CIA-Direktor Helms bittet seinen FBI-Kollegen Hoover, Shapiro überwachen zu lassen und sein Telefon anzuzapfen.

Das FBI stellt fest, daß Shapiro seit Monaten durch die Vereinigten Staaten reist und mit amerikanischen Wissenschaftlern – allesamt jüdischen Ursprungs – wissenschaftliche Probleme diskutiert, die für Israels Verteidigung wesentlich werden könnten: chemische Waffen, Atomreaktoren, Neuentwicklungen auf dem konventionellen Waffensektor. Shapiro trifft sich öfters mit Avraham Hermoni, der Lahav als Wissenschafts-Attaché der israelischen Botschaft in Washington abgelöst hat. Die FBI-Agenten wissen, daß Hermoni ein Mossad-Mann ist und in Amerika spioniert. Doch sie tun sich schwer, Beweise für eine geheimdienstliche Tätigkeit Shapiros zu finden. Er ist am Telefon äußerst vorsichtig und benutzt für wichtigere Gespräche offensichtlich den Apparat eines Botschaftsfreundes in New York. Dessen Telefon ist durch einen Spezial-Zerhacker unabhörbar gemacht, und dem FBI gelingt es nicht, die Shapiro-Gespräche zu entschlüsseln.

Bis heute fehlt den Amerikanern der letzte Beweis, daß die Israelis hochangereichertes Uran aus den Vereinigten Staaten gestohlen haben. »Viele von uns wollen es einfach nicht glauben«, sagt ein Geheimdienstmann dem *Washington Star*-Reporter John J. Fialka. »Sie wollen es nicht wahrhaben. Es ist, als ob der beste Freund die eigene Schwester vergewaltigt hat. Wir verdrängen das Problem.«

Nicht so ganz. Auf Antrag des Kongreß-Abgeordneten Morris K. Udall entstand im März 1980 ein offizieller Report über die Vorkommnisse in der NUMEC-Fabrik von Apollo. Auch er liefert keine Beweise. Aber in den Ergebnissen der Kommission heißt es: »Es ist möglich, daß bedeutende Mengen hochangereichertes Uran von der NUMEC Mitte der sechziger Jahre weggeschafft worden sind – durch die aktive Mithilfe eines Mannes in der Fabrik oder durch eine Gruppe, die sich eines solchen Mannes bediente.«

Zalman Mordechai Shapiro, gegen den die Untersuchungen wegen »Mangels an Beweisen für eine illegale Handlung« eingestellt worden sind, arbeitet heute als leitender Angestellter für »Westinghouse« – die Firma, deren hochangereichertes Uran auf so wundersame Weise verschwunden ist.

AKT DREI: EIN URANSCHIFF VERSCHWINDET IM MITTELMEER

Der Reaktor von Dimona nimmt im Juni 1964 seine Arbeit auf. Doch der Befehl, die Bombe zu bauen, läßt auf sich warten – im kleinen Kreis der Eingeweihten hat es erhitzte Gegenstimmen gegeben. Premierminister Levi Eshkol, der Ben Gurion abgelöst hat, hält das ganze Atomprogramm für »ausgemachten Schwachsinn« und möchte es lieber heute als morgen stoppen. Yigal Allon, damals Außenminister, hält ebenfalls nicht viel von dem Projekt. Die Fürsprecher sind Moshe Dajan und der stellvertretende Verteidigungsminister Shimon Peres.

Dajan hat in einem Gespräch mit dem amerikanischen Magazin *Time* begründet, warum er glaubt, daß Israel Atomwaffen besitzen sollte (wenngleich er natürlich auf leugnete, daß Israel schon die Voraussetzungen geschaffen hatte, sie zu bauen): »Wir haben keine Wahl«, sagte er. »Mit unserer Bevölkerungszahl können wir weder physisch noch finanziell noch wirtschaftlich immer mehr Panzer, immer mehr Flugzeuge aufbieten. Es wird nicht mehr lange dauern und wir werden alle damit beschäftigt sein, Flugzeuge zu warten und Panzer und ölen.«

Eine Umfrage im März 1966 bestätigt Dajan, daß die Mehrzahl der Bürger so denkt wie er: 77 von 100 Israelis halten eine Atombombe für wünschenswert. Und jeder sechste Israeli glaubt schon damals, daß die eigenen Streitkräfte mit der Nuklearwaffe ausgerüstet sind.

Sie sind es nicht. Denn die endgültige Entscheidung über den Bau der Bombe fällt erst im Spätsommer 1967. Die Menschen auf den Straßen in Israel sind immer noch begeistert vom triumphalen Sieg im Sechstagekrieg. Doch im Kabinett ist die Stimmung gedrückt.

Der Judenstaat ist international isolierter denn je. Die Franzosen, jahrelang ein zuverlässiger Partner und Waffenlieferant, verhängen aus Rücksicht auf die arabische Welt wegen des israelischen »Angriffskriegs« ein Waffen-Embargo. Auf Befehl General de Gaulles dürfen nicht einmal mehr die 50 bestellten »Mirage«-Bomber an Israel ausgeliefert werden. Den Uran-Export in den Judenstaat hatte Frankreich schon 1962 endgültig gestoppt. In dieser Situation setzt sich Verteidigungsminister Dajan im Kabinett durch: »Jetzt oder nie«, sagt er im kleinen Kreis der eingeweihten Ministerrunde. »Bauen wir das Ding.«

Doch in Dimona gibt es Schwierigkeiten. Zunächst Sicherheitsprobleme: Mossad-Agenten müssen einen französischen Wissenschaftler ausschalten, der für den sowjetischen KGB spioniert hat – er fällt einem »Verkehrsunfall« zum Opfer. Die Israelis erfahren nie genau, wieviel er nach Moskau gemeldet hat, aber sie müssen davon ausgehen, daß die Russen jetzt über die »Textilfabrik« in der Negev-Wüste Bescheid wissen. Und dann gab es da noch ein Sicherheitsproblem in eigener Sache. Der Pilot eines israelischen Kampfflugzeuges verirrte sich über den gesperrten Luftraum von Dimona und mußte von seinen Kameraden abgeschossen werden. Alles nicht gerade Dinge, die die Stimmung in der Atom-Fabrik verbessern.

Zu allem Übel kommt der Beschluß zur Produktion der Waffe zu einem denkbar ungünstigen Zeitpunkt: Die Wissenschaftler brauchen dringend hochwertiges Uran-Oxyd, das auf dem Weltmarkt nicht zu erhalten ist. Wie schon 1962 geht der Notruf an den israelischen Geheimdienst: Beschafft uns 200 Tonnen Uran-Oxyd – so schnell wie möglich! Mossad-Chef Meir Amit übernimmt den Auftrag. Er weiß, daß er ein neues, gefährliches Kommando-Unternehmen starten muß. Er weiß auch, daß er offiziell mit keinerlei Rückendeckung für seine Agenten rechnen kann, wenn etwas schiefgeht. Die Uran-Beschaffung muß »top secret« bleiben. Sie erhält ihren Mossad-Codenamen nach einer bleihaltigen chemischen Verbindung: »Operation Plumbat[6])«.

Der israelische Geheimdienst findet heraus, daß die »Société Générale des Minérals« (SGM) in Brüssel über riesige Mengen Uran verfügt, das sie von einer im früheren Belgisch-Kongo tätigen Schwesterfirma übernommen hat. Das Zeug lagert in einem Dorf östlich von Antwerpen. Der Mossad hält Ausschau nach einem unverdächtigen Geschäftspartner, der das Uran im Geheimauftrag der Israelis kaufen kann.

Der entscheidende Tip kommt schließlich von dem 27jährigen Mossad-Agenten Daniel Aerbel (alias Daniel Ert). Er erinnert sich an einen deutschen Geschäftsmann namens Herbert Schulzen, der ihm 1964 bei einem Besuch auf der US-Militärbasis in Wiesbaden von CIA-Leuten als »interessanter Mann« empfohlen wurde. Schulzen ist Teilhaber der in Wiesbaden ansässigen »Asmara Chemie GmbH«, die Chemikalien zur Entgiftung bei chemischen und radioaktiven Verseuchungen vertreibt.

Zur Asmara-Kundschaft gehört neben der US-Armee auch die deutsche Bundeswehr. Schulzen hat sehr gute Kontakte in Bonn. In seinem Aufsatz »Chemische Sabotagegifte«, erschienen als Sonderdruck (Heft 7/8, 1965) der vom Bund bezuschußten Zeitschrift *Zivilschutz*, dankt er »besonders Herrn Ministerialrat Ludwig Scheichl vom Bundesministerium für Verteidigung, Bonn, für die zahlreichen Ratschläge und Unterstützungen«. Schulzens weitere Arbeiten über Strahlenschutzstoffe machen ihn für alle Stellen interessant, die sich mit geheimer Feind-Abwehr beschäftigen.

Der gutaussehende, unternehmungslustige Wissenschaftler hat in den Augen der Israelis allerdings einen großen Nachteil: Er ist für Mossad-Leute, die im Hitler-Deutschland Verwandte verloren haben, schnell als »Nazi« abgestempelt, weil er als Luftwaffenpilot für das Dritte Reich gekämpft hat. Doch die Zentrale in Tel Aviv setzt sich über solche »moralische« Bedenken hinweg, wenn der Auftrag es erfordert. Oberst Elijahu Sacharow nimmt Kontakt zu Schulzen auf. Der Mossad-Offizier arbeitet im »Zivilberuf« als Manager der »Taal«-Sperrholzfabrik in Tel Aviv und bekundet zunächst Interesse an Farbstoffen aus der Wiesbadener Fabrik. Es entsteht eine Geschäftsbeziehung zwischen dem Mossad-Mann und dem Deutschen.

Die britischen Autoren Elaine Davenport, Paul Eddy und Peter Gillman behaupten in der Sunday Times, *der Israeli habe Schulzen nach Israel eingeladen, um seine im Zweiten Weltkrieg erlittenen Kopfverletzungen auszukurieren. Schulzen sei tatsächlich nach Israel gefahren – und habe künftig auffällig viele Dinge getan, die zu einem ausgeklügelten Mossad-Plan gehörten. Schulzen bestreitet, jemals in Israel gewesen zu sein.*

Das amerikanische Magazin Time *will Hinweise darauf haben, daß die bundesdeutsche Regierung, die Große Koalition unter Kurt-Georg Kiesinger, den Israelis bei der nachfolgenden Uran-Beschaffung geholfen habe. Im Gegenzug habe Bonn von den Israelis die Einsicht in das wissenschaftliche Forschungsprogramm von Dimona zugesagt bekommen. Das hieße, Schulzen habe mit Einwilligung der Kiesinger-Regierung und womöglich als bundesdeutscher Geheimdienstoffizier den Israelis bei der »Uran-Transaktion« geholfen – nicht sehr wahrscheinlich.*

Am naheliegendsten ist, was Herbert Schulzen Stern-*Reportern bei einem Besuch in seiner jetzigen Firma im Taunus anvertraute: Er könne nicht, »noch nicht«, über die Affäre sprechen, in die Geheimdienste verwickelt seien. Er sei aber selbst »mißbraucht« worden – soll heißen, Herbert Schulzen war nie über die Tragweite des Uran-Geschäfts informiert, das mit seiner Hilfe ablief. Vielleicht wußte er nicht einmal, daß es Israels Geheimdienst Mossad war, der ihn für eines seiner abenteuerlichsten Kommando-Unternehmen benutzte. Eines jedenfalls steht fest: Ohne die tätige Mithilfe des deutschen Ingenieurs wäre Israel nie in den Besitz von 200 Tonnen Uran gekommen.*

Am 21. März 1968 schickt Schulzens »Asmara Chemie« aus Wiesbaden einen Kaufvertrag über 200 Tonnen Uran an die SGM nach Brüssel. Die »Asmara«, heißt es in dem Schreiben, wolle in die Massenherstellung von petrochemischen Produkten einsteigen und benötige das Uran als Katalysator. Um als »Katalysator« benutzt werden zu können, müsse das Erz allerdings noch »behandelt« werden. Zu diesem Zweck wolle es »Asmara« an seinen Geschäftspartner »Chinagar« nach Casablanca in Marokko verschiffen und nach der Bearbeitung zurücktransportieren.

Dieser Brief gehört zum Mossad-Plan: Geheimdienst-Agenten sollen das Schiff mit dem kostbaren Uran auf hoher See kapern und den Atom-Stoff nach Israel entführen.

Die Auftragsbegründung der »Asmara« erscheint Denis Dewez, dem stellvertretenden Chef der belgischen Firma SGM, schlüssig, und Geldprobleme mit dem deutschen Kunden gibt es offensichtlich auch nicht.

Die »Asmara« hat den gesamten Kaufpreis, rund 8,5 Millionen Mark, auf eine Schweizer Bank eingezahlt. Direktor Dewez, der zu den Vertragsverhandlungen nach Wiesbaden fährt, aber das eher bescheidene Gelände der »Asmara« nie zu Gesicht bekommt, macht Schulzen allerdings auf eine kleine Schwierigkeit aufmerksam: Marokko gehört nicht zum Bereich des Gemeinsamen Markts. Wer Uran in Länder außerhalb der EG verschifft, braucht zu der normalen Genehmigung der »Euratom«-Kontrollbehörde noch eine Sondergenehmigung, die schwer zu erhalten ist.

»Chinagar« ist keine gute Deckadresse für das Geschäft. Die Firma stellt Produkte aus Seegras her und kann mit Uran herzlich wenig anfangen – nun gut, das wäre vielleicht niemals herausgekommen.

Aber die Sache mit der Sondergenehmigung, das darf einer Planungstruppe im Geheimdienst nicht passieren. In der Mossad-Zentrale in Tel Aviv gibt es ein Donnerwetter. Der Chef des Planungsstabs wird strafversetzt.

Weil es mit der Marokko-Transaktion nicht geklappt hat, wird ein neuer Geschäftspartner innerhalb der EG gesucht – und gefunden: die »Saica«, eine Mailänder Firma für Färbemittel. Francesco Sertorio, der Eigentümer der Saica, ist verblüfft, als ihm sein alter Freund Schulzen das Uran-Bearbeitungsgeschäft vorschlägt – auch die Saica hat bisher nie mit Uran zu tun gehabt. Aber als Francesco Sertorio eine Vorauszahlung von 40 000 Mark aus Wiesbaden bekommt, »um nach Erhalt weiterer Instruktionen Uran-Bearbeitungsgeräte zu kaufen«, willigt er ein. Seiner Firma geht es nicht gut, sie kann jeden Pfennig brauchen.

Der Mossad hat also eine neue Deckadresse für das Geschäft gefunden. Nun benötigt er noch ein Schiff unter einer möglichst unverdächtigen Flagge für den Transport des Urans, vorgesehen auf der Route von Antwerpen via Genua nach Mailand. Und Israels Geheimdienst läßt sich nicht lumpen: Er gründet gleich eine Reederei.

Durch die Vermittlung eines Anwalts in Zürich entsteht innerhalb von 24 Stunden die liberianische Schiffahrtsgesellschaft »Biscayne Traders Shipping Corp.«. Das kostet den Mossad nur eine einmalige Anmeldegebühr von 1500 Mark. Präsidenten der Reederei sind der Mossad-Agent Daniel Ert, der den entscheidenden Tip für die ganze Aktion gegeben hatte, und der türkische Schiffsmakler Burham Yarisal.

Im August 1968 beauftragt Yarisal einen Hamburger Kollegen, den Makler Uwe Möller, ein Frachtschiff für ihn zu suchen. Nach drei Wochen bietet der ahnungslose Möller die »Scheersberg A« an, einen 1062 Tonnen-Frachter der Hamburger Reederei August Bolten. Yarisal handelt nicht lange und zahlt am 27. September 1968 die stolze Summe von 1,2 Millionen Mark für das 78 Meter lange Schiff.

Jetzt ist Israels Geheimdienst fast am Ziel. Doch es fehlt noch die Unbedenklichkeits-Erklärung der Brüsseler »Euratom«-Behörde. Der Mossad läßt einstweilen eine eigene Mannschaft auf die »Scheersberg A« einfliegen. Neuer Kapitän wird ein gewisser Percey Barrow, ein 35 Jahre alter Israeli, der aus London kommt. Er macht mit seiner Crew erst mal eine Probefahrt Richtung Mittelmeer – die »Euratom« läßt sich mit ihrer Genehmigung Zeit.

Israels Geheimdienst setzt darauf, daß die Behörde in Brüssel das Geschäft nicht allzu genau überprüft und keine Rückfragen stellt. Sie weiß, die Beamten sind überlastet und oft auch nicht ihren Fähigkeiten entsprechend eingesetzt. Die Rechnung geht auf. Mit der Prüfung des »Asmara«-Geschäfts wird Felix Oboussier betraut, ein Verwaltungsjurist ohne atomtechnische Vorbildung. Der Euratom-Beamte erkundigt sich bei dem Uran-Lieferantn Dewez, ob Uran tatsächlich – wie als Geschäftsbegründung angegeben – als Katalysator verwendet werden kann. Dewez ist nicht nur in der Lage, dies zu bestätigen, er kann auch auf ein ähnliches Geschäft verweisen; Hollands Regierung hat eben zu demselben Zweck Uran erworben.

Am 30. Oktober 1968 erhält der Vertrag, der Israel endgültig zur Atombombe verhilft, von Europas oberster Energie-Schutzbehörde den Stempel »gefahrlos«. »Operation Plumbat« kann jetzt in die entscheidende Phase treten.

15. November 1968. Über dem Hafen von Antwerpen liegt dichter Nebel. Es ist ein unfreundlicher Tag. Die Hafenarbeiter fluchen, als sie, sieben Stunden lang, 560 Fässer verladen müssen. Auf den Fässern steht das Wort »Plumbat«, das auf Schulzens Anweisung daraufgepinselt worden war. Die Fässer enthalten 200 Tonnen hochwertiges Uran-Erz.

Kein Problem mit den Frachtpapieren. 90 Minuten nach Mitternacht sticht die »Scheersberg A« in See – laut Logbuch Richtung Genua. Dort aber kommt das Schiff nie an.

Am 24. November sollte die »Scheersberg A« im Mittelmeer auf der Höhe der Balearen Kurs Nordosten einschlagen. Ein ehemaliger Mossad-Mitarbeiter erzählte mir in Tel Aviv, wie es wirklich weiterging: Das Schiff hält seinen Kurs Richtung Osten. Am 29. November erreicht es kurz vor Mitternacht den verabredeten Mossad-Treffpunkt nahe Zypern. Auf hoher See wartet ein von den Israelis organisierter Tanker, an dem die »Scheersberg A« längsseits festgezurrt wird. Dann packen kräftige Hände zu – in vier Stunden sind die Uran-Fässer umgeladen.

Der Tanker transportiert das Uran nach Haifa, wo Lastwagen warten und den kostbaren Stoff zum israelischen Atomzentrum Dimona in der Negev-Wüste weiterschaffen. Vierzehn Monate nach dem Kabinettsbeschluß ist damit die »Operation Plumbat« erfolgreich abgeschlossen. Israel verfügt jetzt über alle Voraussetzungen, eine »betriebsfertige« Bombe zu bauen – und sie wird gebaut.

Im März 1969 wird Verteidigungsminister Dajan Erfolg gemeldet: Israels Atombombe ist betriebsbereit. Er holt seine engsten Freunde zusammen, schenkt schottischen Whisky aus und sagt: »Ich darf euch mitteilen, daß es seit heute eine neue Atommacht auf der Welt gibt. Sie heißt Israel.«

* * *

Am 2. Dezember 1968 entdecken die Hafenbehörden von Iskenderum im Süden der Türkei ein Schiff namens »Scheersberg A«. Von der Besatzung fehlt jede Spur. Im Logbuch fehlen die Aufzeichnungen über den Kurs des Schiffes in den letzten beiden Wochen. Kapitän »Barrow« hat sie fein säuberlich heraustrennen lassen.

Es dauert volle sieben Monate, bis die Euratom das Verschwinden der 200 Tonnen Uran bemerkt. Die Mailänder Firma Saica, an die das Uran offiziell verschifft worden ist, erhält von der »Asmara« Lagergebühren über die Ware, über die, wie die Firma mitteilt, »kurzfristig anderweitig verfügt« worden sei. Die Saica-Leute sind zufrieden – die Italiener wußten sowieso nicht, was sie mit dem Uran hätten anfangen sollen. Einem Brüsseler Euratom-Beamten fällt erst nach einiger Zeit auf, daß die Mailänder Firma den Empfang des Urans nicht bestätigt hat, wie es ihre Pflicht gewesen wäre. Saica beantwortet den Brüsseler Mahnbrief nicht. »Aber bei Euratom macht man sich keine großen Sorgen«, schreiben die *Sunday Times*-Autoren in ihrem Bericht über die »Plumbat«-Affäre. »Denn jedermann weiß schließlich, daß die italienische Post nicht die schnellste ist.«

Als Enrico Jacchia, der italienische Direktor der Euratom-Sicherheitsabteilung, schließlich bei »Asmara« in Wiesbaden nach dem Verbleib der Ware fragt, antwortet Schulzen, er habe das Uran »auf Anweisung eines Kunden« gekauft. Nachdem der »Kunde« sich kurzfristig gegen die italienische Saica als Geschäftspartner entschieden habe, sei er, Schulzen, nicht mehr in der Lage festzustellen, wo das Uran abgeblieben ist.

Jacchia gerät nun doch in Panik. Er will wissen, wer der »Asmara«-Kunde ist. Schulzen läßt über einen Anwalt mitteilen, daß die Identität dieses Kunden Geschäftsgeheimnis sei und daß die Euratom-Behörde nach ihren Satzungen eine Offenlegung nicht erzwingen könne.

Im Dezember 1969 bittet der Euratom-Sicherheitschef hohe Vertreter der (damals) sechs EWG-Länder und ihrer Geheimdienste zu sich und leistet den Offenbarungseid. Seine Nachforschungen stecken fest. Jacchia findet in kleinem Kreis sogar bewundernde Worte für die Uran-»Piraten«, von denen er ahnt, daß sie Israelis sind. »Das war ein Coup von architektonischer Schönheit«, sagt er.

Die Recherchen der europäischen Geheimdienste führen zu nichts. Es gelingt ihnen nicht einmal, eine Crew-Liste der »Scheersberg A« zu finden – sie war verschwunden. Doch selbst diese Liste, die im Auftrag des *Stern* schließlich von dem Reporter Jürgen Fischer aufgetrieben wurde, hätte nicht auf die Spur der Israelis geführt: Es gibt weder einen Kapitän Percey Barrow (Brite, Nummer des Seefahrtsbuches 881 035), noch den zweiten Ingenieur

Oscar Pilgord (Brite, Nr. 996 774) oder den Steward Alfred Göckler (Australier, Nr. 049 251) – die Seemanns-Papiere waren vom Mossad gefälscht. »Barrow«, »Pilgord« und »Göckler« arbeiten unter neuen Decknamen längst an anderen Projekten des israelischen Geheimdienstes.

Mossad-Agent Daniel Ert, Präsident der von den Israelis für den Coup gegründeten »Biscayne Traders Shipping Corp.«, läßt die Reederei aus den Handelsbüchern löschen. Er macht Karriere beim Geheimdienst und wird 1970 zum Mossad-Chef von Skandinavien bestimmt. Doch dann nimmt sein Schicksal eine scharfe Wende: Daniel Ert alias Aerbel wird 1973 in Norwegen verhaftet, als er ein Kommando-Team anführt, das Ali Hassan Salimeh, den mutmaßlichen Planer des Münchner Olympia-Massakers, erschießen soll. Getötet aber wird durch eine Verwechslung ein marokkanischer Kellner, der mit palästinensischen Terroranschlägen überhaupt nichts zu tun hat. Ert wird nach sieben Monaten Haft aus Norwegen abgeschoben und lebt heute als »Geschäftsmann« unter einem neuen Tarnnamen in Herzlya bei Tel Aviv von einer Mossad-Pension.

Die »Scheersberg A« schippert immer noch durchs Mittelmeer. Daniel Ert hat sie am 20. Januar 1970 für 850 000 Mark an die panamesische Reederei »Gregal Compania« verkauft. Das Schiff wechselte später noch einmal den Besitzer und transportiert heute unter dem Namen »Kerkyra« Fracht zwischen den griechischen Inseln. Doch bevor der Mossad das Schiff aus der Hand gab,. hatte es noch einen zweiten »Kommando-Einsatz« im Dienste des israelischen Geheimdienstes geleistet – am ersten Weihnachtsfeiertag im Jahre 1969, als die Israelis ihre aus Cherbourg in Frankreich entführten Schnellboote mit Hilfe der »Scheersberg A« im Golf von Biscaya auftankten.

* * *

Am 26. Februar 1969 stirbt Premierminister Levi Eshkol an einem Herzschlag. Golda Meir wird seine Nachfolgerin. Sie war immer eine Gegnerin des israelischen Atomprogramms. Doch als sie hört, daß die ersten Bomben so gut wie betriebsbereit sind, ändert sie ihren Standpunkt. »Wahrscheinlich habt ihr recht gehabt«, sagte sie einem ihrer engsten Mitarbeiter, der sie immer für das Nuklear-Programm begeistern wollte. Und als die große alte Dame Ende September 1969 zum Staatsbesuch in die Vereinigten Staaten fährt, bleibt sie gegenüber amerikanischem Druck hart: Israel wird das zwischen den USA und der UdSSR ausgehandelte Abkommen über die Nichtverbreitung von Atomwaffen nicht unterzeichnen – denn dieses Abkommen hätte es internationalen Gremien ermöglicht, den Reaktor von Dimona zu kontrollieren. Und das hätte bedeutet, daß alle Welt erfahren hätte, was damals nur wenige wußten: Israel besitzt Atombomben.

AKT VIER: DIE 48 STUNDEN, IN DENEN DIE WELT VOR EINEM ATOMKRIEG STEHT

Jerusalem, 8. Oktober 1973, 22 Uhr, im Büro der israelischen Regierungschefin Golda Meir. Eine Hiobsbotschaft nach der anderen. Während in Israel Yom Kippur, das jüdische Versöhnungsfest gefeiert wurde, haben Ägyptens Soldaten völlig überraschend den Suez-Kanal überquert und befinden sich auf dem Vormarsch; auf den Golan-Höhen greifen die Syrer mit starken Panzer-Verbänden an und nehmen im Handstreich wichtige israelische Positionen. General Jitzak Hofi, damals Kommandant an der Nordfront (und heutiger Chef des Mossad), sagt: »Ich weiß nicht, ob wir noch viel länger durchhalten können.« Verteidigungsminister Moshe Dajan sagt: »Der Punkt ist gekommen.« Golda Meir entscheidet: höchste Alarmstufe für Israels geheimste Spezialeinheit, die Männer, die die Atombombe werfen sollen.

Israel besitzt zu diesem Zeitpunkt dreizehn Atombomben. Sie sind in unterirdischen Tunneln in der Negev-Wüste gelagert. Jetzt werden die Bomben zu den für den Atomeinsatz umgerüsteten Kfir- und Phantom-Jägern gebracht. Innerhalb weniger Stunden melden die Piloten startklar zum Einsatz.

Einer ihrer engsten Berater beschwört die Regierungschefin: »Geben Sie das Zeichen! Werfen sie die Bombe über Ägypten ab! Wir Juden wollen kein zweites Holocaust erleben, vorher zerstören wir lieber den Nahen Osten!«

Doch Golda Meir wartet. Sie schaltet noch einmal ihren Geheimdienst ein. Zwi Zamir, der neue Mossad-Chef, soll bei seinen KGB-Kollegen klären, wie sich die sowjetische Führung im Nahostkrieg verhalten will. Golda Meir glaubt daran, daß die israelischen Streitkräfte das Kriegsglück noch wenden können – unter der Voraussetzung, daß die Russen nicht an der Seite der Araber eingreifen. Für diesen Fall soll der Mossad-Chef seinem sowjetischen Verbindungsmann drohen: Israel wird seine Atombomben einsetzen! Israels Nuklearwaffe kann auch über dem Süden der UdSSR abgeworfen werden!

Der KGB-Agent macht sofort Meldung nach Moskau. 48 Stunden lang steht die Welt am Rande eines Atomkriegs – ohne daß die Gefahr der Weltöffentlichkeit bekannt wird. Dann wendet sich das Kriegsgeschick am Golan und an der Suez-Front: Israels Soldaten bringen den Feind zum Stehen und schlagen zurück. Und aus Moskau trifft eine wichtige Meldung ein: Die Sowjets wollen nicht mit eigenen Truppen an der Seite Ägyptens und Syriens eingreifen.

Die Lage entspannt sich. US-Außenminister Kissinger handelt mit Moskau und Jerusalem einen Waffenstillstand aus, der es den Arabern ermöglicht, das Gesicht zu wahren. Die Gefahr eines Atomkriegs ist gebannt. Israels Atomwaffen kommen wieder dorthin, wo sie heute noch sind – in die unterirdischen Gänge der Negev-Wüste.

Israels Atomprogramm aber geht weiter bis zum heutigen Tag. Hauptgeschäftspartner der Israelis ist heute Südafrika. Die rassistische Regierung dieses Landes hat großes Interesse an dem Know-how der israelischen Wissenschaftler – Südafrika ist für den Judenstaat interessant durch seine riesigen Uran-Vorkommen und die Weite des Landes. Seit Jahren wickeln die beiden Länder Waffengeschäfte im großen Stil ab, südafrikanisches Uran kommt auf geheimen Wegen nach Israel, jüdische Wissenschaftler sind häufig zu Gast in Pretoria und Johannisburg. Die Südafrikaner haben den Israelis in der Kalahari-Wüste ein Testgelände für einen Atomversuch zur Verfügung gestellt.

Im Frühjahr 1980 gab es Gerüchte, die Israelis hätten vor Südafrikas Küste eine Bombe gezündet. Ezer Weizman, damals noch israelischer Verteidigungsminister, dementierte wütend. Die Geschichte stimmte wirklich nicht – noch nicht. Weizmann kann sich trotzdem nicht ganz wohl gefühlt haben, als er jegliche Zusammenarbeit auf nuklearem Gebiet zwischen Israel und Südafrika strikt leugnete: Der Minister war wenige Tage zuvor von einem Geschäftsbesuch aus dem Ausland wiedergekommen – aus Pretoria.

»Arche Noah« – Die Legende der entführten Schnellboote

Nachher, als es vorbei war, hatten alle etwas gemerkt.

Der Croupier eines Spielcasinos in der Nähe vor Cherbourg erinnerte sich an den Ausspruch eines israelischen Matrosen, der plötzlich viel mehr einsetzte als sonst: »Spielt keine Rolle. Wir hauen sowieso bald ab.« Seine Kameraden fuhren ihm über den Mund, und der Croupier registrierte: Das hätte der Mann nicht sagen dürfen. Aber natürlich hatte der Casino-Angestellte keine Ahnung, wie brisant die Äußerung des Gastes wirklich war.

Madeleine, die Frau eines Fabrikanten in Cherbourg, hatte sich in einen israelischen Matrosen verliebt, der in der Stadt arbeitete. »Du mußt dich jetzt entscheiden«, drängte er, »ob du dich von deinem Mann trennen willst. Komm doch nächste Woche nach Israel.« Madeleine war überrascht und fragte ihren Freund, warum er denn so plötzlich abreisen müßte. Der sagte nur: »Ich darf nicht darüber sprechen. Aber ich glaube, zu Weihnachten sind wir hier alle weg.«

Und auch dem französischen Geheimdienst war etwas aufgefallen. Eine Woche vor Weihnachten des Jahres 1969 schickte ein Agent des »Deuxième Bureau« von Cherbourg einen dringenden Bericht an die Zentrale nach Paris. Er warnte vor »äußerst verdächtigen Aktivitäten israelischer Agenten« in Cherbourg, die »offensichtlich mit den fünf Schnellbooten im Hafen zu tun haben«.

Was der Mann nicht wissen konnte: Seine Warnung kommt ungelegen. Denn höchste Kreise des französischen Geheimdienstes und der französischen Regierung haben sich gegen Staatspräsident Pompidou und Außenminister Schumann zusammengetan, um mit dem israelischen Geheimdienst zusammen einen Coup zu inszenieren, der um die Welt geht. In einer Nacht- und Nebelaktion entführen die Israelis am Weihnachtsabend 1969 fünf brandneue Kriegsschiffe aus dem Hafen von Cherbourg, deren Auslieferung Frankreichs Präsident Pompidou gesperrt hat. Die Raketen-Schnellboote verändern das Waffengleichgewicht im Nahen Osten entscheidend.

* * *

Die Geschichte beginnt im Jahre 1962, und sie beginnt mit einer Hiobsbotschaft für den Mossad. Ein israelischer Agent, der in die höchsten Ränge der ägyptischen Armee eingeschleust worden war, liefert einen detaillierten Bericht über neue Waffen, die Kairo aus der Sowjetunion erhält. Besonders besorgniserregend für die Israelis: Ägypten soll auch ein halbes Dutzend »Komar« und »Osa«-Raketen-Schnellboote erhalten. Jedes dieser sehr wendigen Kriegsschiffe hat eine Reichweite von 25 Meilen und könnte so israelische Städte wie Tel Aviv oder Haifa bedrohen. Der ägyptischen Marine, die damals schon aus zwölf modernen Unterseebooten, zehn Fregatten, sechs Zerstörern und über 50 Torpedo-Booten besteht, hat Israel nichts Gleichwertiges entgegenzusetzen.

Admiral Shlomo Erel, Stabschef der israelischen Marine, gibt Alarm bei Premierminister Ben Gurion. In einer Krisensitzung mit seinen Militärs klärt der Ministerpräsident zunächst einmal, welche Kriegsschiffe ins israelische Rüstungsprogramm passen könnten. Die Wahl der Fachleute ist einstimmig: Der »Jaguar«, ein starkes und wendiges Raketen-Schnellboot, das in Deutschland gebaut wird, ist ihr Favorit.

Die Wahl kommt Ben Gurions Absichten entgegen. Trotz heftiger Proteste und Warnungen der konservativen Opposition unter dem heutigen Premierminister Begin hatte er die Beziehungen zur Bundesrepublik ständig ausgebaut. Wiedergutmachungsgelder in der Höhe von Hunderten Millionen Mark flossen in den Judenstaat. Doch Ben Gurion will schon längst mehr: Er will von den Deutschen Waffen.

Ende 1962 schickt der Premierminister den damaligen stellvertretenden Verteidigungsminister Shimon Peres zu einem Geheimtreffen nach Bonn. Bundeskanzler Adenauer erklärt sich bereit, den Israelis auch mit Waffen zu helfen und unterzeichnet einen Vertrag über die Lieferung von zwölf »Jaguars«. Die Bremer Werft Luersen soll die Boote bauen und sie, über die kommenden Jahre verteilt, an die Israelis liefern. Adenauer besteht darauf, den Vertrag geheimzuhalten – er will keinen Ärger mit der arabischen Welt.

Bis Ende 1964 sind drei der Boote geliefert. Dann bringt die *New York Times* einen Artikel über die deutsch-israelische Zusammenarbeit auf dem Rüstungssektor, den Araber-Freunde in der Bonner Regierung dem Korrespondenten des Blattes in der Bundesrepublik zugespielt haben. Bundeskanzler Erhard, der inzwischen Adenauer abgelöst hat, ist äußerst unschlüssig, wie er reagieren soll. Als der Druck aus den arabischen Hauptstädten zunimmt, läßt er den Bau der Schiffe in Deutschland stoppen. Aber natürlich ist auch Erhard daran interessiert, die gerade eben erst angelaufenen Beziehungen zu Israel zu pflegen. Man findet eine salomonische Lösung: Die »Jaguar«-Kriegsschiffe werden in Frankreich weitergebaut – mit deutschem Geld und Maschinen von »Mannesmann«.

Frankreich ist die logische Wahl. Paris war damals noch größter Waffenlieferant Israels, Präsident de Gaulle unterhielt herzliche Beziehungen zu Jerusalem. Für Cherbourg und die »Constructions Mécaniques de Normandie« stellt der Auftrag aus Deutschland ein ausgezeichnetes Geschäft dar – der große Hafen im Norden des Landes steckt in einer wirtschaftlichen Krise. »Constructions«-Direktor Felix Amiot kann nun auf die schon geplanten Massenentlassungen verzichten.

Über zwei Jahre lang geht alles gut. Cherbourg wird zu einem Außenposten der israelischen Marine – und des israelischen Geheimdienstes. Über 200 jüdische Techniker, Ingenieure und Seeleute arbeiten in der Stadt mit französischen Experten zusammen. Die meisten dieser Männer sind marokkanischen oder algerischen Ursprungs und beherrschen Französisch wie ihre Muttersprache. Sie bringen ihre Familien mit nach Cherbourg, schicken ihre Kinder in örtliche Schulen und fallen in der Stadt gar nicht auf. Das erste Boot, ausgestattet mit einem 14 000 HP-Dieselmotor, 40 Knoten schnell, trifft im April 1967 in Israel ein. Die Israelis statten es mit »Gabriel«-Raketen aus eigener Produktion aus. Ein zweites Boot – Nummer fünf in der Gesamtproduktion – kommt im Mai in Tel Aviv an. Es sollte das letzte sein, das »regulär« den französischen Hafen verläßt.

»Macht keinen Krieg!« warnt General de Gaulle die Israelis Anfang Juni 1967, als sich die Lage im Nahen Osten zuspitzt und Ägyptens Präsident Nasser die für die Versorgung des Judenstaats wichtige Straße von Eilat durch seine Kriegsschiffe sperren läßt. Doch die Israelis greifen trotz der Warnung aus Paris an. Sie zerstören innerhalb von wenigen Stunden die gesamte ägyptische Luftwaffe – nicht zuletzt dank der vorher von Frankreich gelieferten »Mirage«-Bomber. In sechs Tagen ist der Krieg vorbei.

De Gaulle wertet den Angriff als »persönliche Beleidigung« und verhängt ein Waffen-Embargo gegen Israel, das zunächst nur für »Angriffswaffen« wie die »Mirage« gelten soll. Am 2. Januar 1969 dehnt der französische Staatschef das Embargo auch auf alle anderen Waffen aus: Eine Mossad-Kommandoeinheit hatte, als Rache für eine Attacke palästinensischer Freischärler, den internationalen Flughafen von Beirut überfallen und insgesamt dreizehn Verkehrsmaschinen arabischer Luftlinien zerstört.

Jetzt bewährt sich, daß die Israelis in Frankreich seit den Zeiten der »Résistance« so gute Beziehungen haben. Ein Teil des französischen Geheimdienstes, der in engem Kontakt mit dem Mossad steht, fühlt sich gegenüber Jerusalem zu mehr Loyalität verpflichtet als gegenüber einem Regierungschef, der eine solche politische Kehrtwendung macht. Zugute kommt den Israelis auch, daß sie für Geheimdienstaufgaben in Paris einen Spitzenmann ausgewählt haben: Mordechai Limon, Brigadegeneral, Mossad-Agent und als Chef der israelischen Kommission für Waffenankauf in Paris mit einem Diplomatenpaß ausgestattet.

Der 42 Jahre alte Limon, ein fast kahlköpfiger Pfeifenraucher, hat in der jüdischen Kolonie von Paris und in Regierungskreisen viele Freunde. Er gilt als witzig und umgänglich, als einer, den man gern auf Parties einlädt und in dessen gemütlicher Pariser Wohnung, die er mit seiner Frau und zwei Kindern teilt, man gern eingeladen wird. Er ist ein »Sabre«, einer der in Palästina geboren wurde. Schon mit fünfzehn Jahren schließt er sich der »Pal-Yam« an, der geheimen Marine-Einheit der jüdischen Untergrundarmee im britisch besetzten Palästina. Im Zweiten Weltkrieg meldet er sich zur britischen Marine, um gegen Hitler und die Deutschen zu kämpfen.

Limon ist gegen Ende des Krieges von den Briten enttäuscht, wie so viele junge Juden, die an der Seite der Engländer gekämpft haben: Sie halten ihre Versprechungen nicht, den Juden eine »nationale Heimstatt« einzurichten und verhindern eine Einwanderung jüdischer Flüchtlinge nach Palästina in größerer Zahl. Limon, damals gerade 21 Jahre alt, übernimmt das Kommando einiger Flüchtlingsschiffe, die von Marseille aus auf geheimen Wegen die britische Blockade umgehen und Juden in den Nahen Osten schmuggeln. Mehrmals werden seine Schiffe gestoppt, einmal wird sogar eines von den Briten aufgebracht. Limon kann überleben, weil er in letzter Minute von Bord springt und sich am Schiffsrumpf versteckt hält.[7])

Die »Mossad Aliyah Beth«, die Organisation für illegale Einwanderung, aus der später der israelische Geheimdienst entstand, schickt Limon 1948 zu einem Kommando-Unternehmen in den ägyptischen Hafen von Port Said, wo er nachts mit einem Schlauchboot an ein ägyptisches Kanonenboot heranpaddelt, schwimmend eine Mine befestigt und sich dann schnellstens davonmacht. Die Mine zündet zu früh – das ägyptische Schiff sinkt, aber fast erwischt es auch noch Limon, der sich mit Mühe retten kann.

Er ist einer, der immer davonkommt. Ende des Jahres 1948

schmuggelt er das erste Schiff mit tschechischen Waffen nach Palästina. Die Ladung trägt wesentlich zum Sieg der Israelis im Unabhängigkeitskrieg bei, der kurze Zeit später ausbricht. Limon wird, für Eingeweihte nicht überraschend, 1950 im Alter von 26 Jahren erster Chef der winzigen Marine des neuen Staates Israel. Mit 30 fühlt er sich für diesen Job »zu alt«, geht nach Amerika, um Wirtschaftswissenschaften zu studieren. Doch der Geheimdienst läßt seinen fähigen Mitstreiter nicht los. Ende der fünfziger Jahre betätigt sich Limon als Mossad-Verbindungsmann für den Waffeneinkauf in aller Welt, dann erhält er den wichtigen Außenposten in Paris.

Limon hat einen sehr guten Freund im Pariser Verteidigungsministerium. Jean Blancard, Rüstungsbeauftragter des Ministeriums, ruft seinen israelischen Kollegen am Morgen des 3. Januar 1969 an und erzählt ihm aufgeregt von dem Beschluß de Gaulles, den gesamten Waffenexport nach Israel einzufrieren. Nicht einmal der Ministerrat, erzählt Blancard, sei von der Maßnahme des Generals informiert worden. »Wer weiß denn dann davon?«, fragt Limon. Und: »Wann glauben Sie, werden die Zollbehörden informiert?« Blancard hat keine Ahnung, warum sein Freund das wissen will, hält es aber für unwahrscheinlich, daß vor dem Wochenende – der 3. Januar 1969 ist ein Freitag – die Maßnahmen noch offiziell verkündet werden.

Limon ist entschlossen, die Trägheit des französischen Verwaltungsapparates auszunützen und den Tip seines Bekannten zu verwerten. Er ruft seinen Verbindungsmann im »Hôtel Atlantic« von Cherbourg an. Am darauffolgenden Tag verlassen die von den Israelis bestellten Schnellboote Nummer sechs und Nummer sieben den Hafen von Cherbourg. Die Behörden und die Zollbeamten sind etwas überrascht über die Probefahrten auf hoher See – vor allem weil eines der Boote offensichtlich noch nicht ganz fertig ist – es fehlt ein Teil des Decks. Aber sie lassen die Schiffe passieren. Sie können nicht wissen, daß wenige Stunden später über Fernschreiber eine Anweisung aus Paris kommen sollte, die ein Auslaufen strikt untersagt.

Die beiden Raketen-Schnellboote nehmen Kurs auf das westliche Mittelmeer. Ein israelisches Tankschiff begleitet sie bis Haifa. Admiral Limon, von den französischen Behörden über die Ausreise befragt, erklärt, die Schiffe seien israelisches Eigentum, schon längst bezahlt – und würden dringend benötigt. Deshalb habe es sich die israelische Regierung kurzfristig anders überlegt und die

Boote während der Probefahrt zu ihrem endgültigen Bestimmungsort weitergeleitet. Frankreichs Regierung reagiert milde: Sie protestiert auf diplomatischem Wege und versetzt zwei leitende Beamte der Zollbehörde von Cherbourg nach Colmar. Doch internationales Aufsehen meidet Paris bewußt – die Regierung hat keine Lust zuzugeben, daß sie überlistet wurde. Frankreichs Kabinett macht aber gleichzeitig klar, daß die restlichen fünf Schnellboote auf keinen Fall an Israel geliefert werden sollen.

Als General de Gaulle im Frühjahr 1969 abtritt, gerät die Embargo-Frage wieder in Bewegung. Außenminister Maurice Schumann möchte unbedingt einen harten Kurs gegen die Israelis fahren – er denkt an die Beziehungen zu den arabischen Ländern. Große Geschäfte zwischen Frankreich und Libyen bahnen sich an. Verteidigungsminister Michel Debré gibt sich offiziell ebenfalls unbeugsam, ändert seine Haltung aber, als er von Benny Telem, dem stellvertretenden Marine-Chef der Israelis, bei dessen Geheimbesuch in Frankreich im September 1969 direkt angesprochen wird. Premierminister Chaban-Delmas möchte das Embargo am liebsten von einem Tag auf den anderen aufheben. Staatspräsident Georges Pompidou empfindet das Waffen-Exportverbot gegenüber Israel zwar auch als lästiges »Erbstück« der De Gaulle-Ära und deutet auf Pressekonferenzen eine wenigstens teilweise Aufhebung an, aber er will in der Sache nicht vorpreschen und seinen Außenminister brüskieren. Das französische Kabinett, in der Israel-Frage zutiefst zerstritten, beschließt, das Problem auszuklammern und zu vertagen – bis auf weiteres.

Und in den Docks von Cherbourg liegen die Schnellboote, zu 90 Prozent fertiggestellt. In Israel wächst die Ungeduld. Mordechai Limon wird im Oktober 1969 zum Rapport in die Heimat gebeten. Verteidigungsminister Dajan beauftragt ihn, Pläne auszuarbeiten, wie man an die dringend benötigten Kriegsschiffe herankommen könnte.

Limon zieht sich mit einem Mossad-Einsatzstab zurück und berät. Nach ein paar Tagen meldet er sich wieder bei Dajan und sagt: »Wir hätten da so eine Idee...«

Der Verteidigungsminister ist zunächst gar nicht angetan von den Mossad-»Rückführungsplänen«. Er fürchtet, ein Akt der »Piraterie« könnte international Wellen schlagen – Israel war selbst bei der Eichmann-Entführung 1962 angegriffen worden, weil es argentinische Hoheitsrechte verletzt hatte, und da war es um einen Nazi gegangen. »Keine Angst«, sagt Mordechai Limon in der entscheidenden Sitzung. »Die Franzosen werden keinen großen Ärger machen. Ein Teil des Kabinetts ist auf unserer Seite, darunter Verteidigungsminister Debré und Premierminister Chaban-Delmas.« Da erklärt sich General Dajan mit dem Plan des Geheimdienstes einverstanden. Die Rückführung der Schnellboote bekommt den Mossad-Codenamen »Operation Arche Noah«.

Admiral Limon kehrt nach Paris zurück – und verliert keine Zeit, den geheimen Mossad-Plan zu starten. Stufe eins: Der Israeli erklärt in einem Schreiben an Felix Amiot, den Direktor der Werft in Cherbourg, daß die Regierung in Jerusalem künftig keine Ansprüche mehr auf die Lieferung der Schnellboote erheben werde. Man wolle nur den entsprechenden Anteil des schon bezahlten Geldes zurück – und damit sei die Affäre beendet. Das Schreiben trifft am 12. Oktober 1969 ein.

Felix Amiot gibt die Nachricht pflichtgemäß nach Paris weiter, wo sie im Büro des Staatspräsidenten große Befriedigung auslöst. Bleibt nur die Frage, was man mit den fast fertigen Booten anfangen soll. Da kommt der Zufall zu Hilfe – in Wirklichkeit Stufe zwei des Mossad-Plans: Der norwegische Schiffsmakler und Generaldirektor des »Aker«-Konzerns, Ole Martin Siem, meldet sich in Cherbourg bei Felix Amiot und bekundet sein großes Interesse an den Schnellbooten. Und das am 13. Oktober, einen Tag nachdem die Nachricht vom israelischen Verzicht bekanntgeworden war.

Siem will die Schiffe nicht für seine Gesellschaft haben, sondern für eine panamesische Firma namens »Starboat and Weill«, an der er beteiligt ist. Die Panamesen, so erklärt Siem, bräuchten die Schiffe für Ölbohrungen vor der Küste von Alaska.

Amiot ist froh, daß er so einen potenten Kunden für die Schnellboote gefunden hat. Er wendet sich sofort an den Pariser Verteidigungsminister und erzählt von dem geplanten Deal. Am 18. November 1969 tritt das »Interministerielle Komitee zum Studium des Exports für Kriegsgerät« (CIEEMG) in Paris unter der Leitung General Bernard Cazelles' zusammen. Da es sich um »Schiffe ohne Kriegsausrüstung« handelt – die Raketen wollten die Israelis ja erst im eigenen Land dazubauen und von den Israelis ist jetzt keine Rede mehr –, sieht das Gremium keinen Grund, den Handel zu verbieten. Siem hat einen guten Ruf in der Branche, die panamesische Gesellschaft sogar eine Postadresse in Norwegen (Soli-Oslo 2, Nr. 25087). Die Käufer zahlen prompt: Am 20. November überweist eine Genfer Bank 55 Millionen Dollar an Amiot, der den Israelis 22 Millionen für ihre Anzahlung zurückerstattet.

Das Geld bleibt »in der Familie«. Denn die Gesellschaft in Panama ist eine Mossad-Deckadresse, und der Geschäftsmann Siem handelt im Auftrag des israelischen Geheimdienstes. Hätten die Franzosen wirklich ernsthaft nachgeprüft, ob der Bootsverkauf nicht ein Trick ist, sie hätten der Wahrheit auf die Spur kommen müssen – die Israelis machten sich auffallend wenig Gedanken um ihre Tarnung.

Die »Aker«-Werke, deren Generaldirektor der Norweger war, hatten einen Großteil ihrer früheren Geschäfte mit Israel abgewikkelt. Zum engsten Freundeskreis des Herrn Siem gehörte Mila Brenner, ein israelischer Zitrusfrucht-Exporteur, der in Panama die Mehrheitsanteile der Firma »Arias Fabrega y Fabrega« besaß. Die drei Anwälte dieser Firma gründeten – für jedermann überprüfbar – die angebliche Ölsuch-Kompanie »Starboat and Weill« erst am 5. November 1969, dreizehn Tage vor der Entscheidung des französischen Ausschusses. Fast einen Monat *vor* der Gründung der Firma war der norwegische Herr Siem schon mit dem Firmennamen in Cherbourg hausieren gegangen.

Daß das alles den Franzosen nicht auffällt, hat einen sehr plausiblen Grund: Frankreichs Premierminister und Frankreichs Verteidigungsminister sind darüber eingeweiht, daß die Israelis ihre Boote »stehlen« wollen. Sie kennen den genauen Mossad-Plan nicht, wissen aber, daß die Transaktion der Schiffe an den Norweger dazugehört. Die Pariser Stellen spielen mit den Israelis zusammen – um den Staatspräsidenten Pompidou und Außenminister Schumann zu täuschen. Und die Weltöffentlichkeit, die denken soll, Paris halte sich strikt an das Waffen-Embargo gegen Israel. Der ahnungslose Schumann begeistert sich sogar noch über die Transaktion: »Ausgezeichnet gemacht«, sagt er zu Freunden. »So bleibt das Geld in Frankreich. Eine beispielhafte Verkaufsaktion.«

Die »Operation Arche Noah« tritt jetzt in die entscheidende Phase. Zur großen Überraschung einiger Einwohner von Cherbourg bleiben etwa 70 der israelischen Schiffsbauingenieure und Matrosen in der Stadt, obwohl sie doch jetzt mit den Booten gar nichts mehr zu schaffen haben. Die Israelis erzählen, ihre Kontrakte liefen erst zu Weihnachten aus – Weihnachten, der 24. Dezember 1969, ist der Stichtag für die »Überführung« der Boote. Zu den Israelis gesellen sich eine Anzahl blonder und blauäugiger »Norweger«, die der Mossad geschickt hat, damit sie gesehen werden. Sie übermalen die hebräischen Buchstaben auf den Schnellbooten und geben ihnen neue Namen: »Starboat 1«, »Starboat 2« bis »Starboat 5«.

Da passieren zwei Dinge, die die Israelis nicht vorhersehen konnten. Felix Amiot, der Werftbesitzer, will es den neuen Käufern besonders recht machen und schreibt einen Brief an den französischen Verteidigungsminister, den der Präfekt des Départements, Jacques Bruneau, persönlich übergibt. In dem Schreiben fragt Amiot besorgt nach dem Liegeplatz der Schiffe. In dem offenen Teil des Hafens seien sie Unwettern ausgesetzt. Er rege deshalb eine Verlegung der Schnellboote in den Militärteil des Hafens an.

Verteidigungsminister Michel Debré hat den Brief nie beantwortet. Denn im militärischen Teil des Hafens wäre die Aufsicht über die Schiffe natürlich viel strenger gewesen. Da hätte es für die »norwegischen« Besitzer keine Chance gegeben, sie bei Nacht und Nebel aus Cherbourg wegzuschaffen.

Panne Nummer zwei: Am 20. Dezember wird Frankreichs Geheimdienst aktiv. Nach dem Bericht ihres Mitarbeiters aus Cherbourg verschickt ein mittlerer Beamter des »Deuxième Bureau« dringene Warnschreiben an den Premier- und an den Innenminister. Text-Auszug: »Nach den Erkenntnissen, die wir gewonnen haben, werden die Boote demnächst Cherbourg verlassen, und zwar absolut legal. Sie sind aber unserer Meinung nach nur auf dem Papier in ein nordeuropäisches Land verkauft worden und werden nach dem Start sofort in Richtung Israel fahren.« Die beiden Minister lassen die Warnungen ihres Geheimdienstes still und leise in den Akten verschwinden. Sie hoffen, es wird nie an die Öffentlichkeit kommen, daß sie so konkrete Informationen über den Coup der Israelis bekommen haben. Und sie wissen: Die Geheimdienst-Spitze, die von dem eifrigen Beamten ebenfalls informiert worden war, haben sie auf ihrer Seite.

24. Dezember 1969 in Cherbourg, 16 Uhr. Mordechai Limon ist nervös. Er ist eine Stunde zuvor mit seinem »Jaguar« aus Paris angekommen und hat im Hotel »Sofitel« ein Zimmer gebucht. Jetzt steht er am Fenster des Zimmers 214 und sieht, wie der Regen gegen die Ufermauern peitscht. Die See ist stürmisch und grau, die Gischt sprüht auf die Promenade. Der israelische Admiral ist unruhig, weil er die Abfahrt der fünf Schnellboote auf 16 Uhr festgelegt hat – und jetzt ist das Wetter zu schlecht für einen Aufbruch.

Colonel Ezra Koshinsky weigert sich, den Einsatzbefehl für seine Leute zu geben, und wenn er die Aktion bei diesem Sturm für zu riskant hält, dann will das schon etwas heißen. Ezra, der in seiner Heimatstadt Eilat wegen seines scharfgeschnittenen Gesichts nur »der Hai« genannt wird, gilt als besonders waghalsig.

Um 18 Uhr wird es schon dunkel. Überall in der Stadt flammen die Lichter auf, dringt Gesang auf die Straßen: Cherbourg feiert das Weihnachtsfest. Für 21 Uhr haben 88 Israelis im »Café du Théâtre« das Festmenü, Weihnachtsgans und Champagner, bestellt. Ursprünglich sollte es nur eine Finte sein, um jeden Verdacht von den israelischen Seeleuten abzulenken, aber jetzt sieht es so aus, als könnten die Israelis ihren Braten noch genießen.

Gegen 19 Uhr beschließt »der Hai«, es zu wagen. Die Mannschaft aus »norwegischen« und »marokkanischen« Seeleuten wird zusammengerufen. Die Boote werden aufgetankt, Lebensmittelvorräte an Bord gebracht.

Um 21 Uhr drehen die Israelis die Maschinen für einen letzten Test voll auf. Das Dröhnen ist überall in der Hafengegend zu hören. Doch niemand in Cherbourg schert sich darum – es ist Weihnachten, es gibt Besseres zu tun. Und außerdem: Die Israelis haben auf Limons Anweisung in den letzten Tagen immer gegen Abend die Motoren laufen lassen, so daß das Geräusch niemanden überrascht.

Gegen 21 Uhr 30 wundert sich der Besitzer des »Café du Théâtre«, wo seine Gäste stecken. Doch die 88 Stühle bleiben auch im weiteren Verlauf des Abends leer. Fünf Minuten nach Mitternacht, als überall in Cherbourg noch die Kirchenglocken klingen, verlassen die fünf Schnellboote den Hafen und nehmen volle Fahrt voraus – Kurs Richtung Süden.

Admiral Mordechai Limon ruft von seinem Hotel aus in Israel an. »Die Arche Noah schwimmt«, sagt er und legt dann schnell auf. Dann weckt er den Mann am Empfang des Hotels »Sofitel«, bezahlt den vollen Zimmerpreis und sagt, er müsse nun doch dringend nach Paris zurück. Um 4 Uhr morgens steuert der israelische Admiral seinen Diplomaten-»Jaguar« mit der Lizenznummer 59 CD 59 auf der Landstraße zurück in die französische Hauptstadt.

Das Wetter hat sich beruhigt. Der Geheimdienstmann weiß, daß jetzt nicht mehr viel schiefgehen kann. Auf den Booten sind zwar jeweils nur knapp zwanzig Mann statt der erforderlichen 55 – aber Limon ist sicher, daß der Mossad Profis geschickt hat. Limon hat ein Papier in der Tasche, das beweist, wie »legal« die Transaktion vor sich ging: die Kopie, in der Frankreichs interministerieller Ausschuß den Verkauf der Boote an die Norweger bestätigt und für vollzogen erklärt. Der Israeli hat mit dem, was in Cherbourg in der Weihnachtsnacht passiert ist, nichts zu tun – er hat es schwarz auf weiß.

Am 25. Dezember passiert gar nichts. Ein Reporter der Cherbourger Zeitung *La Phare de la Manche* hat zwar beobachtet, daß die Boote weg sind, erinnert sich aber gleichzeitig an die Worte seines Chefredakteurs, der Wochen zuvor angeregt hat, keine Berichte über die fünf Schiffe zu bringen. (Der norwegische »Käufer«, Ole Martin Siem, hatte den Chefredakteur darum gebeten, damit das Geschäft der Konkurrenz nicht bekannt würde.) Der Journalist beschließt, die Story vorläufig zu »vergessen«.

Erst am Abend des 26. Dezember bekommt ein Journalist des Konkurrenzblatts *Ouest France,* das nur eine kleine Redaktion in Cherbourg hat, Wind von der Sache. Die internationalen Agenturen greifen die Meldung des Lokalreporters auf. Die Geschichte wird brisant. Das französische Verteidigungsministerium fühlt sich zu einem ersten Dementi veranlaßt: »Es handelt sich um Zivilschiffe, die seitens der Werft ordnungsgemäß an eine norwegische Handelsgesellschaft abgetreten wurden.« Die Reporter bohren weiter. Sie treiben den norwegischen Besitzer der Schiffe auf. Siem erklärt, die Schiffe seien auf dem Weg nach Alaska.

Von wegen Alaska! Die fünf Schnellboote werden im Golf von Biscaya von einem Mossad-Schiff aufgetankt – der »Scheersberg A«, mit der die Israelis ihren spektakulären Uran-Diebstahl durchgeführt hatten. Gibraltar meldet am Abend des 27. Dezember, daß fünf Schnellboote gesichtet worden seien, die in hoher Fahrt die Meerenge Richtung Osten passiert hätten. Jetzt hat die Weltpresse ihre Sensation: Es ist offensichtlich, daß die Boote nur in Richtung Israel fahren können. Admiral Limon muß Reportern aus Paris Rede und Antwort stehen. Er sagt: »Ich wollte, ich könnte Licht in diese dunkle Affäre bringen. Aber soviel ich weiß, sind die Schiffe an Norwegen verkauft worden. Vielleicht fragen Sie mal dort an oder bei der Regierung in Paris. Ich habe keine Ahnung.«

Präsident Georges Pompidou, der die Weihnachtstage in seinem Landhaus verbracht hat, will die Nachricht über die israelische »Entführung« zunächst gar nicht glauben. Außenminister Schumann, der eben erst von einer Reise in die arabischen Länder Algerien und Ägypten zurückgekommen ist, spricht von einer »Demütigung für ganz Frankreich«. Auch Chaban-Delmas und Michel Debré, die Mitwisser der Affäre, geben sich empört. Der Verteidigungsminister schlägt während einer Krisensitzung des Kabinetts sogar vor, die Boote auf dem Weg nach Israel zu bombardieren. Er weiß, daß sich Frankreichs Regierung einen solchen kriegerischen Akt nicht leisten kann. Den informierten Ministern gelingt es, jene Nachrichten zu unterdrücken, die bewiesen hätten, daß sie am israelischen Coup durch stillschweigende Billigung beteiligt waren. Der Geheimdienst nimmt die erhaltene Warnung zu den unveröffentlichten »Top secret«-Akten.

Am 28. Dezember 1969 feiert Ministerpräsident Golda Meir einen glänzenden Auftritt vor dem israelischen Kabinett. Sie legt ein offizielles Antwortschreiben auf die französische Protestnote vor, das einstimmig gebilligt wird. Das Papier weicht nicht wesentlich von der ersten Stellungnahme Admiral Limons ab. Israels Regierung erklärt, sie wisse nur, daß eine französische Firma mit Billigung französischer Ministerausschüsse die Schnellboote an Norwegen weiterverkauft habe. Man könne natürlich nicht ausschließen, daß diese norwegische Firma ihrerseits Geschäftsverbindungen in Israel unterhalte und diese dorthin weitervermittelt habe. Ein solches Geschäft sei der Regierung in Jerusalem gegenüber nicht meldepflichtig.

Die Franzosen müssen die offizielle Antwort als Hohn empfinden. Denn General Moshe Dajan selbst ist am 31. Dezember 1969 am Uferkai von Haifa, um die Schnellboote zu empfangen und die Besatzung zur erfolgreich durchgeführten »Operation Arche Noah« zu beglückwünschen.

Admiral Mordechai Limon wird von der französischen Regierung zur »persona non grata« erklärt. Er muß das Land verlassen. In Israel wird er wochenlang als Held gefeiert und überall auf Parties herumgereicht. Doch der Ruhm verblaßt schnell und die beruflichen Wünsche Limons gehen nicht in Erfüllung. Verteidigungsminister Dajan macht nicht ihn, sondern Yeshayahu Lavi zum Generaldirektor des Verteidigungsministeriums.

Admiral Limon, der mit 46 Jahren kurz davor steht, die Altersgrenze beim Militär zu erreichen, ist enttäuscht und nimmt seinen Abschied. Er wird ein überaus erfolgreicher Geschäftsmann und übernimmt die israelische Generalvertretung der Interessen des Barons Rothschild, dessen Nichte sein Sohn heiratet. Limon lebt heute in einer Villa am Stadtrand von Tel Aviv. Seine Nummer steht nicht im Telefonbuch. Als ich ihn – mit der Hilfe einiger Freunde – schließlich telefonisch erreiche, ist er abweisend. Er hat noch nie über die »Operation Arche Noah« gesprochen, und so wie es jetzt aussieht, wird er es nie tun: »Sie verstehen – die Geschichte ist vom Mossad noch nicht freigegeben. Es gibt da so einige Aspekte, die das verhindern...«

Die Aspekte, die Limon meint, beziehen sich auf die französische

Mitwisserschaft an der Affäre. Erst vor einigen Monaten wurden einem ausgewählten Kreis von Journalisten einige Papiere des französischen Geheimdienstes zugespielt, die beweisen, wer von der »Überführungsaktion« der Israelis gewußt hat und wer nicht. Und dann brach ein Mann, genau zehn Jahre nach dem Coup, sein Schweigen: Jacques Bruneau, der ehemalige Präfekt des Départements »Manche«, in dem Cherbourg liegt. Bruneau sagte am 23. Dezember 1979: »Frankreich hat nichts unternommen, um die Schnellboote in Cherbourg zurückzuhalten, und das obwohl mehrere Ministerien voll über die Sache informiert waren.« Und er berichtete, wie er selbst zugegen war, als Verteidigungsminister Debré die warnenden Briefe las.

Die »Jaguar«-Boote bewiesen, daß sich der Aufwand gelohnt hatte, sie nach Israel zu schaffen. Sie wurden mit Lenkraketen vom Typ »Gabriel« bestückt, die über 30 Kilometer Reichweite besitzen. Die Schiffe waren mehr als ein Äquivalent gegenüber den russischen »Komar« und »Osa«. In den ersten Stunden des Yom Kippur-Krieges nach dem überraschenden Angriff der Ägypter im Jahre 1973 gaben sie den Israelis die Chance, wenigstens auf See zu kontern. Während des Kriegs verschafften sich die Israelis mit Hilfe dieser Schiffe eine permanente Überlegenheit auf dem Meer. Ohne die Leistungen der israelischen Marine in diesem Krieg hätten es die übrigen Streitkräfte noch wesentlich schwerer gehabt, den Angriff zurückzuschlagen.

Der Triumph von Entebbe – und fast wäre alles schiefgegangen

Durch die überraschende Attacke der Israelis auf den Flughafen von Entebbe sind in der Nacht vom 3. auf den 4. Juli 1976 mehr als 100 Geiseln aus Terroristen-Hand befreit worden, zwanzig ugandische Soldaten starben, ein Großteil der ugandischen Luftwaffe, darunter mehrere MIGs sowjetischer Bauart, wurde zerstört.

Aus dem Geheimprotokoll einer von Ugandas Präsident Idi Amin am 30. August 1976 eingesetzten Untersuchungskommission, die die Hintergründe des israelischen Kommando-Unternehmens aufdecken sollte:
Frage: Welche Befehle erhielten Sie nach dem Überfall von Seiner Exzellenz (Präsident Idi Amin)?
Antwort: Um sechs Uhr morgens, mehr als fünf Stunden nach dem Überfall, meldete sich Seine Exzellenz über Radio bei mir. Er fragte mich, wo denn Generalleutnant Sule abgeblieben sei. Ich hatte keine Ahnung und sagte, wahrscheinlich sei er während der Kämpfe getötet worden. Seine Exzellenz befahl, ich solle nach ihm suchen.
Frage: Was war denn Generalleutnant Sules Aufgabe auf dem Flughafen?
Antwort: Generalleutnant Sule ist Kommandant der Luftwaffe. Er war von Seiner Exellenz für die Zeit der Flugzeugentführung zum obersten Kommandanten auf dem Gelände ernannt worden.
Frage: Und haben Sie ihn gefunden?
Antwort: Ja. Ich hörte, daß Generalleutnant Sule sein Hauptquartier im neuen Airport-Hotel aufgeschlagen hatte. An der Hotel-Rezeption stand keiner. Da holte ich mein Feuerzeug heraus und guckte mir die Hotel-Papiere an, die herumlagen. Er war in Zimmer 14 gebucht. Ich ging hoch und klopfte an die Tür. Zuerst rührte sich nichts. Dann klopfte ich nochmals. Der Generalleutnant öffnete und fragte, was los sei. Er hatte nur ein Handtuch um die Hüften. Ich sagte, wir seien überfallen worden, zwanzig unserer Männer seien tot, die Geiseln weg. Er wollte es nicht glauben. Doch dann zog er sich an und kam mit.
Frage: Sie wollen damit sagen, der Kommandant hat die gesamte Aktion der Israelis verschlafen?
Antwort: So sagte er es mir. Er war um 23 Uhr ins Bett gegangen.
Frage: Wie weit ist das neue Airport-Hotel vom Flughafen entfernt?
Antwort: Etwa zwei Kilometer.
Frage: Hätte man denn da nichts von den schweren Kämpfen hören müssen?
Antwort: Die Hotelbediensteten haben die Schießerei alle gehört. Die meisten sind weggelaufen.
Frage: War der Kommandant betrunken, stand er unter Drogen oder wie erklären Sie sich seinen Tiefschlaf?

Antwort: Ich weiß es nicht. Das kann ich nicht beurteilen.
Frage: Wenn der Generalleutnant nicht betrunken war, hätte er den Lärm hören müssen – ja oder nein?
Antwort: Er hätte ihn hören müssen.
Frage: Und hatten Sie nicht eine Warnung, daß ein israelischer Angriff drohte?
Antwort: Wir hatten den Tip von Colonel Lumago, daß ein israelischer Angriff unmittelbar bevorsteht. Er bekam die Information von einem Verbindungsmann aus Nairobi.
Frage: Wußte Generalleutnant Sule davon?
Antwort: Ich nehme es an. Wir haben die Information jedenfalls weitergeleitet.
Gezeichnet: Col. Maliyamungu GSO I OPs/TRG
Geheimoffizier der
ugandischen Armee den 7.9.1976

* * *

Und so fing alles an

Aden, 10. Juni 1976, eine Hochhaus-Etage am Rande der südjeminitischen Hauptstadt. Einsatzbesprechung für einen Terror-Überfall. Anwesend: Dr. Wadia Haddad, Chef der radikalen »Volksfront für die Befreiung Palästinas« (PFLP), Fayez Jaaber, Chef der militärischen Operation der PFLP, Abd el-Razak, Haddads Verbindungsmann in der Bundesrepublik, Jael el-Ardja, stellvertretender PFLP-Chef für Außenbeziehungen. Ferner: der Deutsche Winfried Böse (Deckname »Mahmoud« – »Der Gepriesene«), einst Buchverleger in Frankfurt, jetzt als Baader-Meinhof-Mann im Untergrund, der Ecuadorianer Antonio Dagues Bouvier, südamerikanischer Verbindungsmann der PFLP – und der Venezolaner Ilitch Ramirez, besser bekannt unter seinem Decknamen »Carlos«, auf allen Fahndungslisten der Welt als »internationaler Terrorist Nr. 1« gesucht. Böse, Bouvier und Carlos sind von ihrem Stützpunkt Libyen nach Aden gekommen, die anderen sind im Südjemen stationiert.

Bei dem Treffen in dem marxistisch regierten Wüstenstaat, das Israels Geheimdienst später mit Hilfe eines Überläufers rekonstruieren konnte, beschwört Haddad seine Freunde zu handeln. Die Sache Palästinas ist seiner Meinung nach an einem dramatischen Wendepunkt angekommen. Die rechten Christen-Milizen im Libanon betreiben – von Israel mit Waffen unterstützt – die »Endlösung« der Palästinenserfrage. In den Lagern Dschisr el-Bascha und Tell Satar bei Beirut sterben Tausende palästinensischer

Männer, Frauen und Kinder. Syriens Armee greift ein – aber, wie Haddad sagt, nur, um die Nachschubwege der Palästinenser zu blockieren und den fanatischen Christen-Milizen die »Dreckarbeit« zu überlassen: Auch Syriens Präsident Assad möchte nur Lippenbekenntnisse für die palästinensische Sache leisten. Er fürchtet nach Haddads Analyse, daß die Palästinenser so mächtig werden und die Militärmacht Syrien in einen Angriff gegen Israel hineinzwingen könnten – einen Krieg, von dem Assad weiß, daß er ihn nicht gewinnen kann.

Wadia Haddad schlägt vor, in dieser für die Palästinenser so verzweifelten Situation ein Zeichen zu setzen: Fedajin sollen ein Flugzeug entführen. Die Passagiere sollten als Faustpfand in einem »befreundeten Land« festgehalten werden – und es sollte ein besonderes Faustpfand sein: Juden müßten die Geiseln sein.

Was für ein Mensch ist dieser Wadia Haddad, Chefplaner von Flugzeugentführungen, woher kommt sein Haß gegen Israel und die Juden?

Nicht erst seit diesem Tag predigt er den Terror gegen Israel – Terror gegenüber jedermann, Terror in jedem Winkel der Welt. Der damals 47jährige Haddad wurde als Sohn eines Lehrers in der Stadt Safed in Galiläa geboren. Nach dem Gymnasialabschluß ging er an die »American University« nach Beirut, wo er Medizin studierte. Haddad arbeitete nach dem Examen einige Jahre als Chirurg in Armenkrankenhäusern der palästinensischen Flüchtlingslager – dann entschloß er sich, das Unrecht an seinem Volk mit Gewalt zu rächen. Er tat sich mit dem Kinderarzt Dr. Georges Habbasch zusammen und gründete mit ihm – nachdem sie beide einige Jahre zur Tarnung ihrer Ziele weiter als Mediziner gearbeitet hatten – 1968 die »Volksfront für die Befreiung Palästinas«. Habbasch sorgte für die intellektuelle marxistische Linie der PFLP, Haddad übernahm den operativen Teil.

Die erste Flugzeugentführung, die Wadia Haddad inszenierte, wurde ein spektakulärer Erfolg – und das zu einer Zeit, als niemand mehr die Klagen der Palästinenser ernst nehmen wollte, am allerwenigsten ihre »arabischen Brüder«.

Am 23. Juli 1968 zwingt ein PFLP-Kommando eine Boeing der »El Al« auf der Route von Rom nach Tel Aviv zu einer Kursänderung nach Algier. Im Austausch für Passagiere und Crew läßt Israels Regierung zwanzig Fedajin frei, die in israelischen Gefängnissen eingesessen waren. Es war das erste Mal, daß die Israelis einer solchen Erpressung nachgaben – und das letzte Mal. Nun nahm sich der Mossad des Wadia Hassad an – der PFLP-Chef avancierte über Nacht zur Nummer eins auf den Fahndungslisten des israelischen Geheimdiensts.

Und fast hätte ihn der Mossad auch erwischt. Am 11. Juli 1970 feuerte ein Mossad-Einsatzkommando um zwei Uhr morgens sechs Katyusha-Raketen sowjetischer Bauart auf das Haus des PFLP-Führers in Beiruts Mukhi-Alkhayat-Straße. Das Schlafzimmer wurde völlig zerstört, die im Nebenzimmer schlafende Frau Samia Haddad und der achtjährige Sohn Hani erlitten leichte Verletzungen. Doch Wadia Haddad kam davon: Er hatte an seinem Schreibtisch gesessen und noch mitten in der Nacht neue Terrorpläne gegen Israel ausgearbeitet.

Haddad verlegte nach diesem Überfall sein Hauptquartier nach Bagdad und schlief keine Nacht mehr im selben Bett. Und wieder schlug er zu, als er die Sache der Palästinenser an einem Wendepunkt angekommen sah. Im September 1970 fingen König Husseins Beduinen-Truppen an, die für den Monarchen bedrohlichen Palästinenser-Stellungen in Jordanien aufzuräumen – die letzte Bastion radikaler Gruppen wie der PFLP. Schlimmer noch in den Augen Haddads: In mehreren arabischen Hauptstädten wurde ein Friedensplan des amerikanischen Außenministers Rogers erwogen, der einen Rückzug der Israelis aus den besetzten Gebieten mit der Anerkennung Israels durch die Araber verknüpfen wollte.

Innerhalb von drei Tagen griffen sich palästinensische Fedajin drei große Passagierflugzeuge, brachten dabei vorübergehend 700 Menschen in ihre Gewalt und sprengten die Jets in der jordanischen Wüste in die Luft. Die Tat sollte die Macht der Palästinenser demonstrieren, doch sie bewies eher ihre Ohnmacht – denn nun gab Jordaniens König Hussein erst recht auf die Palästinenser in seinem Land das Feuer frei.

Am 7. März 1972 sagte sich Haddad von der politischen Führung der PFLP los – er hatte das »Geschwätz« des Marxisten Habbasch satt, der nun plötzlich gegen Flugzeugentführungen argumentierte. Haddad wollte Aktion. Eines seiner Kommandos entführte 1972 einen Lufthansa-Jet nach Aden, und die PFLP kassierte für die Freilassung von Crew und Passagieren mehr als zehn Millionen Mark. Da erfüllte sich Haddad einen alten Traum: Er rief zwei Monate später Abgesandte radikaler Organisationen aus aller Welt nach El Badawi in die libysche Wüste und diskutierte mit ihnen gemeinsame Aktionen. Auf der »Terroristen-Börse« waren nach Mossad-Informationen neben der irischen IRA, der japanischen »Roten Armee« und amerikanischen »Black Panthers« auch Baader-Meinhof-Leute und Angehörige von Splittergruppen der deutschen Terrorszene vertreten. Damals brachte Haddad den Chef-Terroristen Carlos erstmals mit Böse und Bouvier zusammen.

Die enge internationale Zusammenarbeit der Terrororganisationen bestand erste »Bewährungsproben«. Weil PLO-Führer Arafat vor der Vollversammlung der Vereinten Nationen in New York eine in Haddads Augen »wachsweiche, kompromißlerische« Rede gehalten hatte und dem Terror, zumindest außerhalb Israels, abschwor, handelte der PFLP-Führer. Er ließ eine britische Verkehrsmaschine nach Tunis entführen. Als Arafat mit seinem gemäßigten Kurs auch in Kairo und Damaskus gut ankam und die friedensbereiten arabischen Regierungen ausführlich mit ihm konferierten, schlug der PFLP-Chef wieder zu: Unter Führung von Carlos nahm ein internationales Terroristen-Kommando in Wien OPEC-Minister als Geiseln.

Israels Geheimdienst Mossad behielt Haddad in all diesen Jahren immer im Auge. Doch der PFLP-Chef war geschickt – er wechselte seine Standorte von Beirut über Bagdad nach Tripolis und Aden. Er veränderte sein Aussehen fast für jeden Trip ins Ausland, und selbst seine besten Freunde wußten nie, welche Flüge er nahm.

Nur einmal – im August 1973 – erhielt der Mossad einen Tip von einem seiner Agenten, den er ins Palästinensernetz eingeschleust hatte. Haddad sei auf der Abendmaschine der »Middle East Airlines« von Athen nach Bagdad, Zwischenlandung in Beirut. Sofort nach dem Start in Beirut zwangen israelische Kampfflugzeuge die MEA-Boeing zur Kursänderung. Die Maschine landete in Israel – doch ohne Haddad. Der hatte sich in Athen eine Erkältung geholt und den MEA-Flug schon in Beirut verlassen, um einmal in aller Ruhe auszuschlafen.*

Und nun also Aden, 10. Juni 1976. Einsatzbesprechung für einen neuen Terrorüberfall. Haddad will Juden als Geiseln haben. Diskussion über die Fluglinien, die in Frage kommen. »El Al«, Israels Gesellschaft, wird verworfen – zu streng bewacht. Die Entscheidung fällt auf eine »Air France«-Maschine – die Kontrollen der Franzosen gelten als besonders lax. Die Flugzeugentführer sollen ihre Waffen und den Sprengstoff jedoch nicht im strengbewachten

*Haddad starb am 31. März 1978 in einem Ostberliner Krankenhaus an Krebs. Lange glaubte der Mossad, die Todesmeldung sei gefälscht, doch inzwischen wird Haddads Ableben nicht mehr angezweifelt.

Tel Aviv an Bord bringen, sondern bei einer Zwischenlandung – am besten in Athen, wo infolge der vielen Touristenflüge, der neugewonnenen griechischen Freiheit und der traditionellen griechischen Schlamperei am wenigsten Kontrollen zu erwarten waren. Die Fedajin sollen in Athen aus einer anderen Maschine in die »Air France« umsteigen – dann wird ihr Handgepäck, wie PFLP-Chefplaner Jaaber weiß, überhaupt nicht mehr geprüft.

Bleibt die Frage, in welches Land die »Air France« entführt werden soll. Haddad hat vorgesorgt: Entebbe, Uganda, ist seine erste Wahl. Zwar war Ugandas Diktator Idi Amin einst ein Israel-Freund – beim Staatsstreich im Januar 1971 halfen israelische Militärberater kräftig auf Amins Seite mit –, aber seit die Juden es ablehnten, dem größenwahnsinnigen Ugander Waffen für einen Angriffskrieg gegen den Nachbarstaat Tansania zu liefern, ist Amin umgeschwenkt. Er wurde zum Juden-Hasser und Gaddafi-Bewunderer.

Die Libyer lieferten die Waffen. Und mit den Libyern kamen 1972 auch die Palästinenser ins Land. Idi Amin brach die Beziehungen zu Israel ab und schenkte der Palästinensischen Befreiungsorganisation (PLO) die vormalige israelische Botschaft als Quartier. Neben der PLO durfte sich auch Haddads PFLP in Uganda einnisten und in der Hauptstadt ein offizielles Büro unterhalten.

Idi Amin nahm erprobte Palästinenser-Kämpfer in seine Leibwache auf. Palästinenser-Piloten flogen die MIGs der ugandischen Luftwaffe. Palästinenser kontrollierten den Waffenverkauf und die Schiebereien auf dem Waffenmarkt von Kampala: Kein Zweifel, Idi Amin würde sich palästinensischen Flugzeugentführern gegenüber kooperativ verhalten.

Haddad will die Flugzeugentführung von Somalia aus leiten – er hat in dem ostafrikanischen Staat gute Freunde. Der PFLP-Führer bestimmt Böse als Einsatzleiter des Kommandos. Sobald die Maschine in Entebbe gelandet ist, soll Bouvier das Kommando übernehmen, der mit seinem Team in die ugandische Hauptstadt fliegen wird. Falls irgend etwas schiefgeht, übernimmt Carlos, der ansonsten für die Zeit der Operation in Libyen kaltgestellt bleibt – Haddads Rache an dem geltungssüchtigen Venezolaner, der längst nicht immer so präzise und skrupellos arbeitet, wie das seinem Ruf als »Super-Terrorist« entspricht.

Der Rest an diesem 10. Juni 1976 in Aden ist Technik. Im ABC-Buch der internationalen Flugverbindungen, einem unentbehrlichen Requisit im PFLP-Hauptquartier, wird der genaue Flug nachgeschlagen: »Air France« 139, ein Airbus. Als Tag der Flugzeugentführung wird der 27. Juni 1976 festgelegt. Ein PFLP-Agent bucht zwei Flüge in der Touristenklasse von Bahrain nach Athen (Singapore Airways SQ 763A) – und weiter mit der Air France nach Paris. Winfried Böse fliegt mit der inzwischen zum Team gestoßenen deutschen Terroristin Ingrid Siepman und zwei jungen PFLP-Fedajin von Aden nach Kuwait und weiter nach Bahrain. Dort löst er für sich und seine Begleiterin zwei First Class-Tickets nach Athen und für den Anschlußflug nach Paris. Die vier tragen Revolver vom Kaliber 7,65 mm bei sich. Als Handgepäck haben sie zwei handliche Kisten bei sich, auf denen »Product of Iraq« geschrieben steht – sie enthalten Handgranaten und Sprengstoff für den Terrorüberfall.

* * *

Uri und Gabriela Rubenstein freuen sich schon auf ihren Urlaub in Paris. Julie Aquizerate, französische Staatsbürgerin, hat ihre Schwester in Jerusalem besucht und fliegt jetzt nach Paris zurück. Dora Bloch, eine 75 Jahre alte Dame, ist auf dem Weg nach New York, wo sie die Hochzeit ihres jüngsten Sohns feiern will. Ferner an Bord: ein Apotheker, ein Rechtsanwalt, ein Mikrobiologe, mehrere Studenten, Lehrer und Krankenschwestern, eine Menge Leute im Rentenalter.

Die Stimmung an Bord des »Air France«-Flugs 139 von Tel Aviv nach Paris mit Zwischenlandung in Athen ist ausgesprochen gut, »es war fast wie in einem Urlaubsjet«, erinnert sich eine der Stewardessen später. Nur der ältere Herr in Reihe 13 wischt sich mehrmals nervös mit dem Taschentuch über die Stirn und hält aufgeregt die Hand seiner jungen, hübschen Begleiterin: Der Herr in Reihe 13 hat seiner Frau gesagt, er müsse zu einer »Geschäftsbesprechung« ins Ausland und hat sich dabei heimlich mit seiner Sekretärin zu einem Liebesausflug nach Paris verabredet. Na ja, bis jetzt war alles gutgegangen.

Der Flug AF 139 wird in Athen programmgemäß abgewickelt. Es steigen 52 neue Passagiere zu. Das Handgepäck der Transit-Fluggäste wird nicht kontrolliert. Kurz nach zwölf Uhr mittags hebt der weiße Airbus von der Runway des Athener Flughafens ab, steigt steil nach oben und zieht eine weite Schleife über das tiefblau schimmernde Wasser des Golfs von Korinth.

Dora Bloch ist die erste, der etwas auffällt. Sie beugt sich zu ihrem mitreisenden Sohn zurück und flüstert: »Schau nur, die beiden jungen Araber mit ihren großen Kisten, die sind groß genug, um darin Waffen zu verstecken.« Ilan beruhigt seine greise Mutter. Aber er wundert sich. Er kennt die alte Dame als couragiert und wenig ängstlich. Weiß der Teufel, was in sie gefahren ist.

Acht Minuten später. Noch befehlen die Leuchtzeichen, angeschnallt sitzenzubleiben. Da springen in der ersten Klasse ein Mann und eine Frau auf, ziehen ihre Pistolen und schwenken in der Linken Handgranaten. Eine Passagierin schreit hysterisch auf. Der Chefingenieur öffnet die Tür zum Cockpit – und starrt in die Pistolen der Terroristen. Winfried Böse stößt ihn ins Cockpit zurück, folgt ihm dann und greift sich das Mikrofon: »Mein Name ist Achmed el-Kibesi«, sagt er in Englisch mit deutschem Akzent. »Die Volksfront für die Befreiung Palästinas, die Gaza-Brigade, hat die Kontrolle über diesen Flug übernommen. Wenn Sie ruhig bleiben und sich nicht verdächtig verhalten, wird Ihnen nichts zustoßen!«

In der Touristenklasse haben inzwischen die beiden jungen Palästinenser ihre Pistolen gezogen und arrangieren zusammen mit den beiden deutschen Terroristen eine neue Sitzordnung im Flugzeug. Die Passagiere aus der ersten Klasse und von den ersten Reihen der Touristenklasse müssen sich nach hinten setzen, Arme über dem Kopf verschränkt – aus Sicherheitsgründen, wie die Terroristen erklären. Jeder Passagier muß einzeln vortreten und wird dann gründlich abgetastet. Pässe werden eingezogen, ebenso alle »spitzen Gegenstände«: Haarspangen und Taschenmesser. Passagierin Annie Brakha berichtet später: »Die drei Männer waren sehr freundlich zu uns. Nur die Frau war gereizt. Sie hatte offensichtlich Angst. Ihre Hände waren dauernd feucht vor Schweiß, man sah die Abdrücke, wenn sie irgendwo hinfaßte. Sie trank einen Kaffee nach dem andern, und rauchte enorm viele Gitanes-Zigaretten. Als sich plötzlich eine junge Frau zu Boden warf und schrie, schlug die Deutsche ihr mit dem Revolverknauf so fest ins Gesicht, daß sie blutete. ›Bei der nächsten, die sich bewegt‹, brüllte sie, ›drücke ich ab!«

Die Passagiere müssen den Sonnenschutz über ihren Bordfenstern herunterziehen, so daß sie nicht mehr sehen können, ob Land oder Wasser unter ihnen ist. Es gibt keine Panik in der Maschine, keine Hysterie. Einige Frauen weinen leise.

Dann dreht die Maschine einige Schleifen, vermindert die Flughöhe und setzt zur Landung an. »Eine trostlose, dürre Landschaft«, notiert der Passagier Moshe Peretz in sein Tagebuch, nachdem er heimlich hinausgeguckt hat. »Vier gelangweilte Soldaten sitzen auf dem Rollfeld, Feuerwehrwagen stehen in Reichweite.«

Winfried Böse alias Achmed el-Kibesi informiert die Fluggäste des »Air France«-Fluges 139, daß sie in Benghazi, Libyen, gelandet sind. Die Entführer entlassen eine schwangere Frau. Die Crew serviert ein kaltes Abendessen – darunter israelische Spezialitäten. Auf Wunsch wird Koscheres gereicht.

Nach sechs Stunden startet die Maschine wieder. Böse bedankt sich für die »Kooperation der Passagiere« und gibt bekannt, nun gehe es zum »endgültigen Bestimmungsort«. Einige der Geiseln schließen Wetten ab, wie das Ziel heißen könnte: Aden, Algier, Kuba. Auf Entebbe kommt keiner. Am Montagmorgen, dem 28. Juni 1976, um 3 Uhr Ortszeit, landet der Airbus auf dem Flughafen der ugandischen Hauptstadt.

* * *

Aus dem Geheimprotokoll von Idi Amins Untersuchungskommission:
Frage: Wann haben Sie zum erstenmal von der Flugzeugentführung erfahren?
Antwort: Seine Exzellenz (Präsident Amin) rief mich in der Nacht an und informierte mich, daß ein entführtes Flugzeug in Entebbe landen werde. Seine Exzellenz sagte mir, ich solle zum Flughafen fahren, wo ich den Vertreter der PLO, Sheikh Khalid, antreffen werde. Seine Exzellenz befahl, wir beide sollten die Verhandlungen mit den Luftpiraten führen.
Frage: Seine Exzellenz rief Sie vor der Landung an. Heißt das, wir hatten schon früher Informationen über die Entführung?
Antwort: Das weiß ich nicht. Das ist Staatsgeheimnis.
Frage: Haben Sie mit den Entführern verhandelt?
Antwort: Seine Exzellenz hatte befohlen, daß ich alle unsere Soldaten vom Flugzeug fernhalten sollte. Nur einige sollten in zwanzig Meter Entfernung als Spezialwache postiert werden. In Sheikh Khalids Wagen fuhren wir dann zum Kontrollturm. Dort baten wir den Diensthabenden, den Kontakt mit den Flugzeugentführern herzustellen. Khalid sprach mit ihm in Arabisch, ich habe nicht verstanden, was. Schließlich willigten sie ein, daß wir beide zum Flugzeug kommen sollten. Ich sagte der Polizei, sie sollten uns eine Treppe besorgen. Einer der Entführer kam heraus, hieß mich als Vertreter der Regierung willkommen. Khalid fragte, warum sie das Flugzeug nach Entebbe gebracht hätten. Der Führer der Gruppe, ein Deutscher, sagte, weil bekannt sei, daß Uganda für die palästinensische Sache kämpfe. Er sagte weiter, sie wollten palästinen-

sische Freiheitskämpfer aus israelischen Gefängnissen befreien. Sie hätten von ihrem Chef eine Nachricht für Präsident Amin. Alle weiteren Erklärungen werde ihr Führer geben, wenn er erst mal in Uganda sei.
Frage: Ist denn der Anführer der Luftpiraten jemals nach Uganda gekommen?
Antwort: Ja. In der übernächsten Nacht rief mich Seine Exzellenz an und sagte, er wolle seine Präsidentenmaschine um 4 Uhr morgens aufgetankt und bereit zum Start haben. Leutnant Kizza und Captain Babula, ein Mitglied der somalischen Botschaft in Entebbe, sollten fliegen. Ich suchte später noch Leutnant Sebbi und zwei bewaffnete Marine-Soldaten aus, die mitkommen sollten. Das Flugzeug flog nach Somalia, um den PFLP-Führer (Wadia Haddad) nach Uganda zu bringen. Später am Tag kehrte es auch mit ihm zurück, und ich empfing den Führer und brachte ihn zu Seiner Exzellenz.
Frage: Der PFLP-Führer blieb bis zum Überfall der Israelis in Entebbe?
Antwort: Soviel ich weiß, ja.
Gezeichnet: Generalleutnant Godwin Sule,
AG Kommandant der ugandischen Luftwaffe,
den 10. 10. 1976

* * *

Die Spannung nach der Landung der Maschine hielt stundenlang an. Der Deutsche nervte die Geiseln mit endlosen Tiraden gegen das »faschistische« Israel. Als die Verhandlungen mit den Ugandern begannen, löste sich der Druck etwas. Die Passagiere durften sich bewegen und im Flugzeug auf- und abgehen. »Aber bitte gehen Sie nicht zu nahe an den Hintereingang«, sagte Böse. »Die Tür ist offen, und ich will nicht, daß Sie rausfallen. Jetzt ein Unfall – das hätte uns gerade noch gefehlt.«

Gegen Mittag rollt die Maschine in Richtung auf das alte Flughafengebäude. Die Türen gehen auf, diesmal auch für die Passagiere. Böse gibt sich locker: »Der Alptraum ist vorbei«, sagt er. »Ich hoffe, Sie haben Appetit auf mehr Langstreckenflüge bekommen. Bis zum nächstenmal.« Einige Passagiere lachen.

Doch die gute Stimmung hält nicht an. Die Geiseln sind nicht frei. Sie müssen durch ein Spalier ugandischer Soldaten, werden in eine große Halle geführt, den alten Terminal. Die Halle ist leer und schmutzig. Überall Staub. Ugandische Soldaten bringen Stühle und Ventilatoren. Es ist sehr heiß und stickig. Böse sagt über Lautsprecher: »Ich möchte Sie daran erinnern, daß Sie noch unter unserer Kontrolle sind.«

Nachmittags um 5 Uhr kommt ein seltsamer Besuch. In einer grünen Uniform, die Auszeichnung israelischer Fallschirmjäger, die er sich vor einem Jahrzehnt bei einem Kurs in Israel geholt hat, stolz auf die Brust geheftet, erscheint Idi Amin. »Für diejenigen, die mich nicht kennen«, sagt er. »Ich bin Feldmarschall Doktor Idi Amin Dada.« Dann lobt er sich erst einmal für seinen Einsatz in Sachen Geiselbefreiung. Er sei dafür verantwortlich, daß alle aus dem Flugzeug gekommen seien, und er werde sich weiter persönlich um die Geiseln kümmern. Höflicher Beifall der Passagiere.

Das erste Abendessen auf ugandischem Boden besteht aus Kartoffeln, zähem Emu-Fleisch und Bananen. Für Passagiere, die nur koscher essen, gibt es zwei Portionen Bananen. Pasco Cohen, ein 52jähriger israelischer Fluggast, versucht sich als Spaßvogel. »Was habt ihr alle für ein Glück, daß ihr mit mir reist«, ruft er lauthals. »Ich bin darauf spezialisiert, aus den schwierigsten Situationen zu entkommen. Ich habe den Holocaust der Nazis überlebt und an allen Nahost-Kriegen teilgenommen. Glaubt mir, das hier ist eine Kleinigkeit.« Keiner mag über den Scherz lachen. Es wird dunkel. Die meisten dösen in ihren Stühlen oder legen sich auf ihr Handgepäck und versuchen zu schlafen.

Dienstag, 29. Juni 1976. Zum Frühstück ugandischer Kaffee, Tee und Brötchen. Die Soldaten servieren, die »Air France«-Stewardessen helfen. Kinder dürfen im Gras vor dem Terminal spielen, einige Frauen begleiten sie. Sie können zum Viktoria-See hinuntersehen, rechts vom alten Flughaftengebäude ist der neue Kontrollturm, in einiger Entfernung stehen Kampfflugzeuge der Ugander – sowjetische MIGs. »Die Rolle der ugandischen Soldaten ist uns völlig unklar«, notiert eine Geisel ins Tagebuch. »Sollen sie uns beschützen oder bewachen sie uns? Macht Idi Amin gemeinsame Sache mit den Terroristen?« Schon am Vortag war einigen der Geiseln aufgefallen, daß die Palästinenser Verstärkung bekommen hatten – das war ja wohl ohne Amins Zustimmung unmöglich.

Nachmittags um vier verlesen die Flugzeugentführer ihre Forderungen: Sie wollen 53 inhaftierte Gesinnungsgenossen freipressen – 40 davon sitzen allein in Israel ein, andere in der Bundesrepublik. Keine der Geiseln kommentiert die Forderungen, aber viele lassen die Köpfe hängen: Es ist bekannt, daß sich die israelische Regierung nicht auf Verhandlungen mit Terroristen einläßt und für dieses Prinzip bereit ist, Menschen zu opfern.

Der Abend bringt einen neuen Rückschlag. Winfried Böse erscheint in der Halle, ein Megafon in der Hand, und sagt mit ruhiger Stimme: »Ich werde jetzt die Namen der hier Anwesenden verlesen, wir trennen sie jetzt in zwei Gruppen. Wenn Sie Ihren Namen hören, stehen Sie auf und gehen Sie hinüber in den Nebenraum. Es hat nichts mit der Nationalität zu tun, was wir hier machen.«

»Es hat nichts mit der Nationalität zu tun« – dieser Satz genügt, da sind keine weiteren Erklärungen mehr nötig. Keine der 241 Geiseln sagt ein Wort. Selektion. Trennung der Juden und Nichtjuden. Erinnerungen an Auschwitz, Holocaust. Und wieder ist es ein Deutscher, der den Einsatzbefehl gibt.

»Hana Cohen«, sagt Winfried Böse. Wortlos steht die Frau auf, geht in den Nebenraum. Fast die halbe Nacht dauert die Prozedur.

Mittwoch, 30. Juni 1976. Einige Geiseln leiden an Durchfall. Die Toiletten sind verstopft. Die Hitze nimmt zu. Die Ventilatoren wirbeln nur die stickige, heiße Luft auf.

Die Geiseln haben Decken und Kissen bekommen. Es gibt Kartenspiele. Die Terroristen haben zugestimmt, 47 Frauen und Kinder zu entlassen. Idi Amin läßt es sich nicht nehmen, persönlich zum Flughafen zu kommen und die Übergabe der Geiseln in die Hand zu nehmen. Der somalische Botschafter – er gilt als der offizielle Sprecher der Luftpiraten – wird zwischengeschaltet, dann Frankreichs Mann in Entebbe. Schließlich werden die 47 von einer »Air France«-Maschine, die aus Nairobi kommt, an Bord genommen. Für sie ist die Geiselnahme zu Ende. Idi Amin sagt: »Shalom.«

Doch die Zurückgebliebenen sind nicht beruhigt – sie wissen, das Ultimatum der Terroristen läuft am nächsten Tag ab. Und jeder in Entebbe fühlt, daß es die Terroristen mit ihren Forderungen und Drohungen ernst meinen. Erst recht, seit zu den Deutschen ein Südamerikaner gestoßen ist, »der Peruaner«, wie ihn die Geiseln nennen. Im Ton konziliant, in der Sache hart, gibt er sich wie der neue Chef des Unternehmens. Der Mann ist Antonio Dagues Bouvier – die rechte Hand von Carlos. (Er ist nach Aussagen von Amins Untersuchungskommission am Vortag in Entebbe angekommen und wurde per Polizeihelikopter zu Amins Kommandoposten nahe der Nakasero-Lodge gebracht.)

Donnerstag, 1. Juli 1976. Langsam wird die Gefangenschaft Routine. Eine der Geiseln hat seit dem Vorabend besondere Schwierigkeiten: Nahum Dahan, der einen französischen Paß und eine israelische Identitätskarte besitzt. Die Terroristen glauben, daß er Angehöriger der israelischen Armee ist – seit sie Bilder gefunden haben, die ihn zeigen, wie er an einen Panzer lehnt. Touristenbilder, sagt Dahan, aufgenommen für Freunde. Die palästinensischen Wachen geben keine Ruhe: »Welche Rolle hast du in der Armee gespielt?« – »Gar keine. Das sind Urlausbilder, versteht ihr nicht, ein Scherz...«

Und dann das Ganze noch mal. Die Entführer verstehen keine Scherze. Dahan muß seine Lebensgeschichte aufschreiben, muß niederknien, wird geschlagen.

Vor dem alten Terminal, in dem sich die Geiseln so gut wie möglich eingerichtet haben, spielen Kinder mit leeren Konservendosen Fußball. Im Gebäude dösen die meisten auf ihren Matratzen. Einige spielen Karten. Andere schauen immer wieder auf ihre Armbanduhren – und versuchen, sich ihre Nervosität nicht anmerken zu lassen. »Es ist fünf vor elf in Mitteleuropa«, sagt Sara Davidson. »Jetzt müssen sie sich in Jerusalem entscheiden. Das Ultimatum läuft ab.« Die Geiseln haben sich in den letzten Tagen nicht darüber unterhalten, wie die Chancen stehen, daß Israels Regierung auf die Bedingungen der Geiselnehmer eingeht. Sie alle wissen, daß Israels Regierung nicht mit Terroristen verhandelt. Warum sollte sie gerade diesmal eine Ausnahme machen?

* * *

Donnerstagmorgen in Jerusalem, Sondersitzung des israelischen Generalstabs. Verteidigungsminister Shimon Peres eröffnet die Sitzung: »Meine Herren, die Regierung hat heute eine Entscheidung gefällt.« Dann erläutert er in knappen Worten, daß Jerusalem um 10 Uhr 20 Greenwich Time – 40 Minuten vor Ablauf des Ultimatums – Paris davon informiert habe, daß Israel mit den Terroristen verhandeln werde. Die Franzosen seien um eine Vermittlerrolle gebeten worden.[8])

Finstere Gesichter im Generalstab. Man hatte also nachgegeben, dem Druck der öffentlichen Meinung, den Petitionen der Verwandten der Geiseln... Wie immer man es sehen mochte – es war ein Sieg der Terroristen, und eine Ermutigung für die nächsten Flugzeugentführer.

Dann sagt Peres in die Stille: »Ich würde von Ihnen jetzt gern Vorschläge für ein Befreiungsunternehmen hören, selbst wenn sie noch so verrückt sind.«

Generalstabschef Mordechai Gur erkundigt sich noch einmal ungläubig: »Heißt das, wir diskutieren über eine Sache, die im Gegensatz zur Regierungsentscheidung steht?« Peres erläutert, er wolle lediglich über Alternativen reden. Er verschweigt, daß er sich schon seit Tagen mit dem Chef des Mossad, Jitzak Hofi, in Verbindung gesetzt hat, daß er ihn gebeten hat, jedes mögliche Detail über das Flughafengelände in Entebbe herauszufinden. Mossad-Agenten haben längst von einer israelischen Firma, die am Bau beteiligt war, den Plan des Flughafens von Entebbe aufgetrieben. Mossad-Agenten, die noch wenige Monate zuvor in Amins Reich spionierten, haben ihre Einschätzung der Lage gegeben. Mossad-Agenten in Kenia befinden sich in höchster Alarmbereitschaft.

Luftwaffenchef Benny Peled schlägt vor, eine Fallschirmjäger-Einheit über Entebbe abspringen zu lassen und den Flughafen ganz einzunehmen. Generalmajor Jekutiel Adam will alle Schaltzentralen in Entebbe für 24 Stunden besetzen – was einer Invasion gleichkommt. Weitere Vorschläge. Schließlich sagt Peres: »Ich möchte, daß mir jeder auf einen Zettel aufschreibt, welche Chancen er der von ihm vorgeschlagenen Aktion gibt.«

Der Verteidigungsminister sammelt selbst die Zettel ein. Nur auf einem steht: 100 Prozent. Es ist der Zettel von General Dan Schomron, dem Befehlshaber der Infanterie und Fallschirmjäger.

* * *

Die ugandischen Wachen wollten Pierre Renard, Frankreichs Botschafter in Entebbe, zunächst gar nicht zu den Geiseln vorlassen. Da reißt sich Renard einfach los, rennt einige Schritte auf das Flughafengebäude zu und schreit so laut er kann: »Die Israelis verhandeln! Israel ist bereit zu verhandeln!«

Flugkapitän Michael Bacos hört es als erster. Sofort läuft er zu den Geiseln und erzählt die Nachricht. Die Menschen springen von ihren Matratzen und Sesseln auf, fallen einander um den Hals und küssen sich. Sie lachen, und sie weinen. »Morgen sind wir wieder zu Hause«, ruft der neunzehnjährige Jean-Jacques Maimoni.

Nachmittags um zwei entlassen die Entführer die 100 französischen Geiseln, die nach Paris ausfliegen dürfen. Die Israelis können jetzt wieder in die bequemere große Halle des alten Flughafengebäudes zurückkehren. Die Atmosphäre ist entspannt. Und die Kartenspieler beschuldigen sich sogar schon gegenseitig zu schummeln. »Eine typisch jüdische Atmosphäre«, sagt der Jude Uzi Davidson und lacht. Und schläft beruhigt ein.

Freitag, 2. Juli 1976. Neue Verwirrung. Idi Amin taucht um 7 Uhr morgens am Flughafen auf und sagt, die Israelis müßten jetzt endlich nachgeben. Aber Israel verhandle doch, sagen die Geiseln. »Das genügt nicht«, entgegnet der ugandische Präsident. »Sie müssen die Palästinenser aus ihren Gefängnissen freigeben.« Amin sagt, er sei unterwegs nach Mauritius, wo die Organisation der afrikanischen Staaten tage, deren Chef er sei. Dort werde er das Geiselproblem ansprechen und für die Freilassung der Israelis kämpfen – aber nur unter der Bedingung, daß die Israelis auch ihren Teil dazu beitrügen.

Amin regt an, daß die Geiseln einen Brief schreiben, in dem sie ihre Regierung auffordern, die Bedingungen der Terroristen anzunehmen. Der Brief solle bis 1 Uhr mittags fertig sein und könne daraufhin im ugandischen Radioprogramm verlesen werden. Dann besteigt der ugandische Staatschef seine Maschine nach Mauritius.

Diskussion unter den Geiseln, was zu tun ist. Jitzak David wird zum Wortführer. Der stellvertretende Chef eines israelischen Stadtrats sagt: »Wir dürfen uns nicht erpressen lassen. Wir müssen zeigen, daß wir unseren Mut noch nicht verloren haben. Wir lassen uns keinen Brief und kein Ultimatum aufzwingen.« Schließlich einigt man sich auf einen Kompromiß: Der Brief wird geschrieben. Aber mit ihm soll kein Druck auf die Regierung in Jerusalem ausgeübt werden – und Amins Ein-Uhr-Nachrichten läßt man in aller Ruhe verstreichen.

Mittagessen. Wieder Bananen, ein Stück Fleisch, zäh wie Leder. »Das muß Pferdefleisch sein«, scherzt der Arzt Dr. Hirsch und stochert lustlos in dem Braten herum. Plötzlich bekommt Dora Bloch einen Hustenanfall und läuft blau an. Chadassa David, die jüdische Krankenschwester unter den Geiseln, versucht ihr zu helfen. Doch Doktor David sieht gleich, daß der alten Dame ein Stückchen Fleisch in der Kehle steckengeblieben ist und ruft nach den Wachen und einem ugandischen Arzt. Als der Husten nicht aufhört, ordnet der ugandische Arzt an, Dora Bloch ins Krankenhaus zu bringen. Ilan, ihr Sohn, will mit einsteigen, als der Krankenwagen kommt. Die deutsche Terroristin sieht es. Sie macht ihm ein Zeichen. »Sie bleiben hier«, herrscht sie ihn an. »Ihre Mutter braucht Sie nicht.« Der Krankenwagen bringt Dora Bloch in die Notaufnahme-Station des Mulago-Hospitals in Kampala.

Daß die würdevolle grauhaarige Dame plötzlich nicht mehr unter ihnen ist, drückt auf die Stimmung der Geiseln. Sie haben den Humor, die Ruhe, die Ausgeglichenheit der 75jährigen in diesen Tagen sehr bewundert. Und nicht nur für ihren Sohn Ilan war sie so etwas wie eine Symbolfigur für den ungebrochenen Widerstand der Geiseln geworden. Mehr noch: ein Symbol für den jüdischen Willen zur Selbstbehauptung.

Dora Bloch wurde in Jaffa geboren, als Tochter eines der vierzehn russischen Pioniere, die im Zuge der ersten jüdischen Einwanderungswelle nach Palästina kamen. Im Haus ihres Vaters schrieb Naphtali Herz Imber den Text zur Hymne der Hoffnung, die später Israels Nationalhymne wurde. Theodor Herzl, der Urvater des Zionismus, tanzte mit ihrer Mutter auf der Terrasse des Kamenitz-Hotels von Jaffa, als Kaiser Wilhelm II. Palästina besuchte. Und auch Dora Blochs Vater war mit Herzl befreundet, kämpfte mit ihm zusammen für die zionistische Sache. Doch dann überwarf er sich kurzfristig mit Herzl und schrie Verrat, als dieser auf dem Zionistischen Kongreß allen Ernstes den Vorschlag diskutieren ließ, die Juden sollten ihren Staat an den Ufern des Viktoria-Sees aufbauen – etwa im Gebiet des heutigen Uganda. Dora Blochs Vater konnte sich eine Heimstatt der Juden nur in Palästina vorstellen.

Die alte Dame hatte noch eine Beziehung zu Uganda, zum Viktoria-See, zu diesem Flughafen im Herzen Afrikas, auf dem sie all diese Tage als Geisel festgehalten worden war: Ihr Sohn Bertram hatte für eine israelische Firma als Konstruktionsingenieur am Bau des Flughafens von Entebbe mitgewirkt und über sechs Monate in Uganda verbracht.

Spätnachmittag im alten Kontrollgebäude. Noch keine Anzeichen für ein Ende des Geiseldramas. Die Stimmung sinkt weiter. Der neunzehnjährige Jean-Jacques Maimoni, ein lustiger Bursche mit schwarzem Lockenkopf, versucht seine Mitgefangenen aufzumuntern. Er richtet eine »Bar« ein, nimmt Bestellungen an: »Whisky, Gin, einen Campari mit Eis?« Dann wirft er sich mit einer eleganten Bewegung eine imaginäre Serviette um den Arm, verneigt sich und sagt: »Es ist serviert.« Serviert ist Kaffee und Tee, aus Pappbechern der ugandischen Armee – es gibt weder Eis noch Alkohol.

Jitzak David, der die Sache mit dem Brief erledigt hat, geht auf den deutschen Terroristen Winfried Böse zu. Sie unterhalten sich. Plötzlich krempelt David seinen linken Hemdsärmel hoch, fixiert Böse und sagt mit ruhiger Stimme: »Sehen Sie diese Nummer auf meinem Arm? Ich war in einem deutschen Konzentrationlager. Meine Eltern starben dort. Wir dachten, es sei eine neue Generation, die in Deutschland heranwächst. Aber wenn wir Sie und Ihre Freundin sehen, dann glauben wir wieder, daß in Deutschland die Nazis das Sagen haben.«

Böse scheint betroffen. Er sagt zunächst gar nichts. Dann spricht er von Baader-Meinhof, versucht zu erklären, daß er gegen den Kapitalismus kämpft und für ein anderes Deutschland, das mit den »Nazis nichts zu tun hat«. Als er sieht, wie ihn David weiter ruhig anblickt, dreht sich Böse einfach zur Seite und schweigt.

* * *

In der Nach von Donnerstag auf Freitag, im Gebäude des israelischen Generalstabs in Tel Aviv. Offiziere beugen sich über Pläne, die quer im Zimmer verstreut liegen: Generalstäbler, Militärärzte, Nachrichtenoffiziere, Mossad-Agenten, Flieger, Fallschirmjäger. Informationen von allen Seiten: der Flughafenplan von Entebbe, mögliche Flugrouten nach Uganda, Landeplätze, Treibstoffberechnungen. Der Arzt Dr. Dan Michaeli stellt eine Sanitätergruppe für den Notfall zusammen. Brigadier Zamir studiert Karten des Roten Meeres, und wiederholt nun schon zum drittenmal eine Zahl: 3652 – es sind die Kilometer bis Entebbe.

Brigadegeneral Dan Schomron läßt den Militär-Computer füttern. Er hat keine Zweifel, daß das Problem Entebbe militärisch gelöst werden muß und sucht schon einen Decknamen für das Kommando-Unternehmen. »Staub und Asche« schlägt der Computer vor. Schomron schüttelt sich – das klingt zu sehr nach Niederlage. Der zweite Vorschlag gefällt ihm besser: »Thunderbolt« – Donnerschlag. So wird das Unternehmen heißen.

Daniel Schomron ist trotz seiner Jugend – er ist gerade 39 Jahre alt – ein erfahrener Kämpfer. Kein Feldzug Israels, an dem der Junge aus dem Kibbuz Ashodoth-Yaakow nicht teilgenommen hat – ausgenommen der Unabhängigkeitskrieg, den er auf der Schulbank erlebte. Im Sechstagekrieg von 1967 erreichte er als erster mit seiner Einheit den Suez-Kanal, im Yom Kippur-Krieg von 1973 schloß er als Kommandant einer Panzer-Brigade den Ring um die ägyptische Armee auf dem Ostufer des Kanals und half so wesentlich mit, nach den Anfangserfolgen der Ägypter das Kriegsglück zu wenden. Er ist einer der typischen israelischen Offiziere: jung, kumpelhaft zu seinen Soldaten, aber äußerst anspruchsvoll, was deren Leistungen angeht. Als Ausbilder bei den Fallschirmjägern hat er sich mit Yoni Netanyahu angefreundet, der sein bester Freund und Schüler wird. Jetzt haben die beiden gemeinsam die Planung der »Operation Donnerschlag« übernommen.

Die Meldungen und Nachrichten, die Israels Geheimdienst

zum Generalstab hereinreicht, sind ermutigend. Die freigelassenen französischen Geiseln haben berichtet, daß höchstens 60 bis 100 ugandische Soldaten auf dem Flugfeld stehen. Bei der Zahl der Terroristen sind sich die Informanten nicht einig, sie schwankt zwischen acht und zwölf.

Auch was der Mossad aus Ugandas Nachbarstaat Kenia berichtet, klingt erfreulich. Ein persönlicher Abgesandter des Geheimdienst-Chefs Hofi berichtet, daß Staatschef Kenyatta grundsätzlich zur Hilfe gegen den »Verrückten in unserem Nachbarland« bereit sei. Einzige Bedingung des greisen kenianischen Staatsmannes: Wenn Israels Kommandotruppen in Entebbe landeten, sollten sie doch bitte sehr die ugandische Luftwaffe zerstören. Die in Entebbe stationierten MIGs sowjetischer Bauart haben den Kenianern seit langem Kopfzerbrechen bereitet. Die Nachrichten aus Nairobi lösen eines der zentralen Probleme der »Donnerschlag«-Planer: Die israelischen »Hercules«-Maschinen müssen auf dem Weg von Entebbe einmal auftanken. Sie können es in Nairobi tun.

Alle sind sich einig: Nur wenn es gelingt, die Ugander zu überraschen, hat der Plan des Mossad eine Chance. Geheimhaltung wird ein zentrales Problem. So wenig Leute wie möglich sollen deshalb von dem Kommando-Unternehmen erfahren. Telefon für Stabschef Motta Gur. Seine Frau fragt an, warum er denn so lange arbeiten müsse. Gur murmelt etwas von Manövern, die im Gang seien, selbst die Familien dürfen nichts wissen.

Ein dummer Zufall will es, daß in Kenias Hauptstadt Nairobi einer der neu eingeflogenen Mossad-Agenten auf der Straße einen alten Freund wiedertrifft, einen CIA-Offizier, mit dem er einige Zeit seiner Ausbildung geteilt hat. »Was machst du denn hier?« fragtder Amerikaner, der weiß, daß sein Gegenüber nicht in Nairobi stationiert ist und normalerweise nur für Kommando-Unternehmen eingesetzt wird.

Der Israeli muß die Frage gar nicht beantworten. Er sieht seinem Kollegen förmlich an, daß der ahnt, was der Mossad vorhat. Und da beschließt er eine »Präventiv-Aktion«. Beim Essen füllt er in das Glas des Amerikaners ein starkes Schlafmittel, das diesen für 48 Stunden außer Gefecht setzt. Später protestieren die Amerikaner wütend gegen diesen »üblen Trick«, einen befreundeten Geheimdienst hereinzulegen. Doch für die Israelis ist dieser Ärger erträglicher als die Vorstellung, daß aus amerikanischen Quellen vorzeitig Art und Ablauf des Kommando-Unternehmens bekannt werden. Weder der amerikanische Präsident noch der CIA-Chef erhalten eine Vorinformation über die »Operation Donnerschlag«.

Freitagnachmittag. Einsatzleiter Dan Schomron zählt noch einmal die Hauptschwierigkeiten des Kommando-Unternehmens auf. Problem eins: Mit den israelischen Maschinen in Entebbe landen, ohne sofort Verdacht zu erregen. Problem zwei: Die Terroristen eliminieren und die ugandischen Wachen ausschalten. Problem drei: Das Operationsgebiet so lange unter Kontrolle halten, bis die Geiseln sicher in die Maschine gelangt sind.

Freitagabend, auf einem ausrangierten Luftwaffenstützpunkt bei Petah Tiqwa, nördlich von Tel Aviv. Yoni Netanyahu bereitet seine Truppe auf den Einsatz in Entebbe vor. Sie sollen als erste landen und sofort das Flughafengebäude stürmen. Yoni hat das Flughafenfeld von Entebbe notdürftig »nachbauen« lassen. Ein Wall aus Sandsäcken entspricht den Abmessungen des alten Terminals am ugandischen Flughafen. Die Sandsackmauer hat drei Eingänge. Ein Nebenraum ist da, von der Hauptfassade abgesetzt, ein Geländer in der Nähe der Sandsäcke, ein Meter hoch – alles genau wie in Entebbe. Die »Hercules«-Maschine, mit der die Israelis fliegen wollen, steht 1400 Meter von diesem Modell entfernt. Diesen Abstand hatten sie gewählt, um das Flugzeug aus der Reichweite von Handfeuerwaffen zu halten. Mit der Stoppuhr in der Hand läßt Yoni seine Männer proben: Ein Jeep rollt aus dem Bauch der »Hercules« auf den Sandsack-Wall zu. Männer springen heraus, die Waffen im Anschlag. »Alles zurück«, ruft Yoni. »Das muß noch schneller gehen. Viel schneller.«

Yoni drückt die Zeit. Doch er macht sich große Sorgen. Die ugandischen Soldaten werden mit Sicherheit losknallen, wenn sie einen ausländischen Jeep aus einem fremden Flugzeug auf das Flughafengelände zusteuern sehen.

Da kommt Yossi die Idee mit dem Mercedes. »Vielleicht können wir die Ugander verblüffen, wenn wir einen schwarzen Mercedes einsetzen«, sagt er. »In der ugandischen Armee hat jeder Offizier vom Kompaniechef aufwärts einen schwarzen Mercedes. Wenn so ein Wagen kommt, nehmen die einfachen Soldaten automatisch Haltung an.« Yoni hört zu, zunächst skeptisch, dann zweifelnd, schließlich überzeugt. Er befiehlt, einen alten Mercedes herzuschaffen. Zwei Stunden später wird der Wagen am Übungsgelände vorgefahren. »Gott der Gerechte«, ruft Yossi. »Jetzt haben die uns einen weißen Mercedes besorgt.«

Yoni lacht. Jetzt wird improvisiert, Sprühfarbe geholt. In zwanzig Minuten ist der Mercedes umgespritzt. Die Zeit von der »Hercules« zum Sandsack-Gebäude liegt jetzt bei 100 Sekunden. Das ist nicht mehr zu unterbieten.

* * *

Aus dem Geheimprotokoll von Idi Amins Untersuchungskommission:
Frage: Hatten Sie als Einsatzleiter Kontakt mit dem palästinensischen Führer [PFLP-Chef Wadia Haddad]?
Antwort: Am Donnerstagabend um 21 Uhr rief mich der palästinensische Führer aus dem Amtssitz des Präsidenten an und sagte, er wolle mich sprechen.
Frage: Der Palästinenser wohnte im Amtssitz des Präsidenten?
Antwort: Er wohnte im Amtssitz des Präsidenten, nachdem ihn Seine Exzellenz mit dem Privatflugzeug aus Somalia geholt hatte.
Frage: Was wollte der Palästinenser von Ihnen?
Antwort: Er war sehr besorgt. Er sagte, die Israelis seien schlechte Menschen, wir sollten aufs äußerste gefaßt sein. Es sei schon öfters vorgekommen, daß die Israelis Kommando-Unternehmen gestartet hätten, nachdem sie (die PFLP) Flugzeuge entführt hatten. Er fragte mich, ob wir die Sicherheitsmaßnahmen am Flughafen verstärkt hätten, da die ausgeflogenen Passagiere in Paris ja sicher den Israelis alle Informationen über die Lage und Unterbringung der Geiseln geben würden. Der PFLP-Führer schlug vor, daß alle Geiseln an einen anderen Platz verfrachtet werden sollten. Ich sagte ihm, das könne ich nicht allein entscheiden, da müßte ich erst mal mit dem Verteidigungsminister reden.
Frage: Und was sagte der?
Antwort: Er wollte es auch nicht allein entscheiden, ohne daß er mit Seiner Exzellenz Verbindung aufgenommen habe. Ich schlug dann vor, die Geiseln in ein Gebäude auf dem halben Weg zur Stadt zu verlegen, ein Gebäude, in dem wir das Eigentum der ausgewiesenen Asiaten aufbewahrt hatten. Am Freitag um 17 Uhr ging ich mit dem Verteidigungsminister und einem der palästinensischen Entführer zu diesem Gebäude. Es war in einem schlechten Zustand und hätte erst repariert werden müssen. Außerdem gab es kein Licht. Der Entführer weigerte sich, die Geiseln hierherzuverlegen, und wir ließen dann die ganze Idee einer Verlegung fallen.
Gezeichnet: Generalleutnant Godwin Sule,
AG Kommandant der ugandischen Luftwaffe,
den 10. 10. 1976

* * *

Samstag, 3. Juli 1976. Ein schlechter Morgen für die Geiseln. Viele wachen auf und müssen sich gleich übergeben. Andere haben schweren Durchfall, Magenkrämpfe. Entweder war das Fleisch am Vorabend schlecht oder das Tinkwasser. Oder es macht sich langsam bemerkbar, unter welchen Bedingungen die verbliebenen 105 jüdischen Geiseln leben: der Dreck in der Halle, die stickige Luft, die verstopften Toiletten. Die Stimmung ist auf dem Nullpunkt.

Die Männer, Frauen und Kinder dösen in den Tag hinein. Nichts passiert. Keine Hoffnung. Was ist los in Jerusalem? Werden die Häftlinge freigelassen? Keiner weiß es. Ilan Hartuv, der Sohn der ins Krankenhaus eingelieferten Dora Bloch, macht sich Sorgen. Er legt sich mit einem der Palästinenser an. Das Streitgespräch endet damit, daß der Entführer ärgerlich wird und eine Kugel durch das Dach des Gebäudes knallt. Die andern halten Hartuv zurück. Es hat keinen Sinn.

Abends um acht kommt Idi Amin zu den Geiseln. Es ist zurück von seinem Flug nach Mauritius, wo er, wie er sagt, »für die Geiseln gekämpft« hat: »Aber ich kann euch nicht befreien, solange die israelische Regierung nicht auf die Bedingungen der Entführer eingeht.«

Um halb zwölf haben auch die letzten ihr Bridge-Spiel beendet und legen sich auf den Matratzen zur Ruhe. Die Lichter des Terminals sind an, wie immer. Die Terroristen sind an den Türen postiert, ugandische Soldaten patrouillieren. Keine besonderen Vorkommnisse.

(Aus dem Protokoll der ugandischen Untersuchungskommission geht hervor, daß an diesem Abend gegen 21 Uhr der PFLP-Führer Wadia Haddad am Flughafen auftaucht. In einer Sitzung mit seinen Leuten, bei der auch der ugandische Stabschef anwesend ist, dankt er allen, besonders den Ugandern, für die vorbildliche Arbeit. Er warnt noch einmal eindringlich vor der Gefahr eines israelischen Kommando-Unternehmens. Gegen 22 Uhr fährt Haddad in den Amtssitz Amins nach Kampala zurück.)

* * *

Die Räder der ersten israelischen »Hercules« es setzen eine Stunde später, genau um 23 Uhr 03 auf der Asphaltpiste des Flughafens von Entebbe auf. Nach sieben Stunden Flug hat das Kommando eine Verspätung von einer Minute gegenüber dem Operationplan.

Dan Schomron und Yoni Netanyahu haben bis zuletzt nicht daran geglaubt, daß sie grünes Licht von den Politikern bekommen. Und tatsächlich hatte es am Samstagmorgen noch einmal einige kritische Minuten gegeben. Mossad-Chef Hofi kämpfte für den Plan. Verteidigungsminister Peres war entschlossen, es auszufechten – nun zögerte plötzlich Rabin wieder, der entscheidungsschwache Premier. »Wenn alles vorbei ist, wirst du ein Held sein«, beschwor ihn der Verteidigungsminister. Der antwortete: »Und wenn nicht, dann können wir alle zurücktreten.«

Doch dann rang sich der Premier zur Entscheidung für das Kommando-Unternehmen durch. Am Samstagnachmittag wurde das Kabinett einberufen. Es ging darum, den Beschluß für die Aktion auf eine möglichst breite Basis zu stellen und die bisher unbeteiligten Politiker zu informieren. Verblüffung unter den Ministern. Moshe Kol, der Touristikminister, und Moshe Baram, Arbeitsminister, haben Bedenken. Lange Diskussionen. Schließlich stimmen alle achtzehn Ressortminister für den Rettungsplan – und wenn sie es nicht getan hätten, »Operation Donnerschlag« hätte dennoch stattgefunden. Denn als sich das Kabinett für die Aktion entschied, waren vier »Hercules C-130« schon auf ihrem Flug von Israels südlichstem Luftwaffenstützpunkt Scharm-el-Scheikh nach Entebbe.

Die Landung der ersten »Hercules« war glatter gegangen, als sich Yoni das vorgestellt hatte. Die meisten der Lichter an der Landebahn waren an. Die Männer am Radar im Kontrollturm schliefen offensichtlich. (Laut Protokoll der ugandischen Untersuchungskommission sagte Airport-Kommandant Kabanda, der zivile Radar reiche nicht mehr als 25 nautische Meilen und sei deshalb gar nicht eingesetzt worden. Die weitaus leistungsstärkeren militärischen Radars hatte man über Nacht ausgestellt.)

»Los!« – Yoni und acht seiner Männer haben sich in dem schwarzen Mercedes zusammengepfercht, der langsam aus dem Bauch der »Hercules« rollt. Zwei Landrover folgen. Die Einsatztruppe fühlt sich fast heimisch: In Flutlicht gebadet, liegt das alte Empfangsgebäude vor ihnen. Die Entfernungen stimmen genau mit dem Sandsack-Übungsplatz überein. Da kommt die erste unangenehme Überraschung. Vor ihnen taucht eine ugandische Patrouille auf, drei Mann hoch. Sie geben das Zeichen, der schwarze Mercedes solle anhalten. Keine Spur von Achtung gegenüber dem »Chef-Fahrzeug«, wie Yossi es Ugandas Soldaten nachgesagt hatte.

Zwei Israelis schießen mit ihren schallgedämpften Waffen. Lautlos brechen die Ugander zusammen. Inzwischen ist die zweite »Hercules« gelandet. Die dritte schwebt gerade wenige Meter über der Landebahn, als die Lichter vom Tower her ausgeschaltet werden. Die Bugräder kommen nur wenige Meter vor einem Graben zum Stehen, auf einem Grasstück neben der Landebahn. Über Funkgerät sind die einzelnen Maschinen miteinander verbunden – und mit einer Boeing 707, die als eine Art mobiler Kommandostand während des gesamten Unternehmens über Entebbe kreist. An Bord: ein »Krisenstab« unter Führung des Mossad-Chefs Jitzak Hofi.

Der Fahrer des Mercedes steigt ruckartig auf die Bremse. Die Männer springen heraus, Yoni und Yossi an der Spitze. Sie rennen auf die drei Eingänge des Empfangsgebäudes zu. Yossi erwischt mit der ersten Kugel den deutschen Terroristen Böse, als der sich gerade umdrehen will. Als nächster stirbt der Palästinenser Jaaber. Die deutsche Entführerin kann noch ihre Handgranate werfen. Sie rollt auf die Matratze des neunzehnjährigen Jean-Jacques Maimoni. Dann bricht sie, von mehreren Kugeln getroffen, am Fenster zusammen. Noch sind keine fünfzehn Sekunden seit dem ersten Schußwechsel vergangen. Noch hat keine der Geiseln begriffen, was eigentlich vor sich geht.

Männer aus der zweiten und dritten »Hercules« beginnen inzwischen damit, den Flughafen abzuriegeln. Sie verteilen sich auf die verschiedenen Zufahrtsstraßen und blockieren sie. So soll verhindert werden, daß die Ugander Verstärkung holen.

Ein Einsatztrupp nähert sich den MIGs am Rande des Flughafens. Die Männer sollen zunächst verhindern, daß ugandische Soldaten in den Kampfflugzeugen aufsteigen und den Flughafen bombardieren. Doch bei den MIGs rührt sich nichts. Ungehindert warten die Israelis auf den Befehl zum Feuereinsatz. Als sie aus dem »Cockpit« des Einsatzkommandos hören: Alles klar! – jagen sie die Maschinen in die Luft. Zwei MIG 21 (U 905 und U 914) verbrennen, zwei weitere (U 901 und U 902) werden schwer beschädigt. Drei MIG 17 (U 602, U 606 und U 612) und eine MIG 15 (U 607) gehen in Flammen auf. Damit ist der Großteil der ugandischen Luftwaffe zerstört – wie sich Kenias Präsident das als Dank für seine Zusammenarbeit mit den Israelis gewünscht hatte.

Eine dritte Gruppe, die mit den beiden Landrovern hinter Yonis Mercedes hergefahren ist, stürmt das Obergeschoß des alten Terminal. Auf der Treppe stoßen sie auf ugandische Soldaten. Die

Israelis schießen. In weniger als einer Minute ist der Widerstand der Ugander gebrochen.

* * *

Aus dem Geheimrotokoll von Idi Amins Untersuchungskommission:
Frage: Wo parkten die israelischen Flugzeuge?
Antwort: Beim neuen Terminal.
Frage: Wie lange Zeit verging zwischen der Landung und den ersten Schüssen?
Antwort: Höchstens fünf Minuten. Die Israelis hatten Jeeps.
Frage: Haben Sie gleich gewußt, daß die Israelis gelandet sind?
Antwort: Nein. Aber Leutnant Bakata machte uns unmittelbar nach der Landung darauf aufmerksam, daß ein feindliches Flugzeug angekommen sein könnte.
Frage: Was haben Sie daraufhin gemacht?
Antwort: Ich habe auf Befehl Leutnant Bakatas die 106 mm-Geschütze geladen.
Frage: Wie viele solcher Geschütze hatten Sie?
Antwort: Sechs Stück.
Frage: Als die Israelis feuerten, wo waren Sie da genau?
Antwort: Wir lagen in Deckung, hinter einem Jeep.
Frage: In welcher Entfernung stand der Feind?
Antwort: Nicht einmal 30 Yards (25 Meter). Die Israelis feuerten drei verschiedene Typen von Waffen. Ich konnte genau sieben Mann ausmachen.
Frage: Warum haben Sie nicht zurückgeschossen?
Antwort: Ich sagte Leutnant Bakata, wir sollten feuern. Aber er sagte, dann würden unsere Leute hinter uns auf uns schießen, und dann gäbe es ein Durcheinander.
Frage: Sie als alter Soldat wußten, daß der Feind angegriffen hatte. Warum haben Sie dann nicht einfach geschossen und nicht auf Leutnant Bakata gehört?
Antwort: Ich habe den Leutnant gefragt, ob ich nicht feuern dürfte. Er hat nein gesagt. Ein Schütze kann nicht ohne Befehl feuern. Das habe ich so gelernt.
Frage: Ist bis zum Schluß keines der 106 mm-Geschütze abgefeuert worden?
Antwort: Nein. Wir haben sie am Morgen danach wieder entladen.
Gezeichnet: Yakobo Wapokuruwa,
UA/15265, Schütze des ugandischen Heeres, den 3. 10. 1976
Heeres, den 3. 10. 1976

* * *

Pasco Cohen wirft sich schützend über seine Frau und seine kleine Tochter, als die Schießerei in der Halle beginnt. Sarah Davidson hört Stimmen, die Hebräisch sprechen. »Das sind unsere Leute«, flüstert sie zu ihrem Nachbarn in die plötzliche Ruhe nach einem Feuerstoß. Dann zerreißt wieder eine MG-Salve die Stille, Pasco Cohen richtet sich einen Augenblick auf, um zu sehen, ob seine Tochter noch atmet. Da trifft ihn eine Kugel in den Oberschenkel.

Der junge Jean-Jacques Maimoni gerät in Panik, als er die Handgranate entdeckt, die die deutsche Terroristin noch, bevor sie getroffen wurde, auf seine Matratze geworfen hat. Er springt auf, rennt zum Gang, der zu den Waschräumen führt.

»Dies ist Zahal, dies sind die israelischen Streitkräfte!« ruft einer der Soldaten in ein Megafon. »Wir bringen Sie nach Hause. Bleiben Sie bitte flach auf dem Boden liegen!« Für Maimoni kommt die Warnung zu spät. Einer der Befreier hält den jungen Mann für einen Terroristen, der sich versteckt hat, schießt auf das bewegliche Ziel. Einmal, zweimal. Maimoni bricht zusammen und stirbt. Von einem Querschläger wird die Geisel Ida Borowitz getroffen.

Kurz darauf ist alles ruhig. Dan Schomron macht Meldung an die Kommandozentrale: »Alle Terroristen sind eliminiert«, sagt er mit ruhiger Stimme. »Ich wiederhole: Alle Terroristen sind tot.« Jetzt kann die Evakuierung der Geiseln beginnen.

Nur draußen vor dem Gebäude wird noch vereinzelt geschossen. Einer dieser Schüsse, vom Kontrollturm blind in die Nacht hineingefeuert, trifft Yoni Netanyahu in den Rücken. Der Mann, dessen acht Mann starke Vorhut den Grundstein für die erfolgreiche Geiselbefreiung gelegt hat, stirbt noch auf dem Flugfeld.

Die Verwundeten und die Toten werden auf eine Bahre gelegt. Die Geiseln, viele von ihnen noch völlig benommen, taumeln zur rettenden Maschine. Um 23 Uhr 43 hebt die erste »Hercules« wieder ab – genau 40 Minuten, nachdem die »Operation Donnerschlag« auf ugandischem Boden begonnen hat. Freude spiegelt sich in den Gesichtern der Geretteten – doch kein Triumph. Vor ihnen liegen auf Bahren die Opfer von Entebbe: die Hausfrau Ida Borowitz, der neunzehnjährige Student Jean-Jacques Maimoni, der sie alle mit seinen Scherzen aufzumuntern versucht hatte und Pasco Cohen, der »Überlebenskünstler«, der die Nazi-Greuel und die Nahostkriege überstanden hatte, aber in Uganda sterben mußte. (Die Aktion fordert später noch ein Opfer: Aus Rache läßt Idi Amin die 75jährige Dora Bloch umbringen und in einem Waldstück bei Kampala verscharren).

* * *

Aus dem Geheimprotokoll von Idi Amins Untersuchungskommission.
Die Ergebnisse der Kommission: Zusammenfassung der Fehler, die zum Erfolg des israelischen Kommando-Unternehmens führten:

- *Die Warnungen vor einem israelischen Überfall, die Colonel Lumago und der PFLP-Führer gegeben hatten, wurden nicht ernstgenommen und nicht an alle zuständigen Stellen weitergeleitet.*
- *Das militärische Radar auf dem Flughafen von Entebbe ist dazu da, feindliche Flugzeuge aufzuspüren, und nicht als Dekoration. Es hätte 24 Stunden im Einsatz sein müssen, dann wären die israelischen Maschinen vor der Landung entdeckt worden.*
- *Die Reaktion der ugandischen Truppen auf den Überfall war unzureichend. Einige der wesentlichen Waffen waren im Waffenlager eingeschlossen, weil die Gefahr eines Angriffs nicht ernstgenommen wurde. Die 106 mm-Geschütze wurden unverständlicherweise nicht gezündet, obwohl sie dem Feind schwere Verluste hätten bringen können.*

Empfehlungen der Kommission:

- *Der Leiter der Operation auf dem Flughafen, Generalleutnant Sule, muß zur Verantwortung gezogen werden. Obwohl er verschiedene Warnungen vor einem Angriff hatte, blieb er nicht auf dem Flughafen, sondern ging zu Bett. Obwohl er von dort den Schlachtenlärm hören mußte, meldete er sich nicht bei seiner Truppe. Es ist unglaubwürdig, daß er geschlafen hat. Er war entweder betrunken oder zu feige, etwas zu unternehmen.*

  Der Leutnant Samuel Bakata muß zur Verantwortung gezogen werden. Er war als Wachhabender auf dem Kontrollturm stationiert. Obwohl er die 106 mm-Geschütze laden ließ, gab er nicht den Befehl, sie zu feuern.

  Gezeichnet: Colonel Yorokanu Tizihwayo, Vorsitzender der Untersuchungskommission

  Gezeichnet: General Mustafa Adrisi, D.S.O., Verteidigungsminister, Kampala, Uganda, 11.11.1976

Aus dem Geheimprotokoll der ugandischen Untersuchungskommission:
Frage: Wurden Sie verletzt?
Antwort: Ja, ich erhielt drei Schüsse in den Rücken.
Frage: Wer hat ihre Schußwunden behandelt?
Antwort: Keiner. Ich hatte keine Verletzung. Der Medizinmann meines Stammes hat meine Haut kugelsicher gemacht.
Gezeichnet: CPL Emmanuel Ndungu
(Kanonier der ugandischen Streitkräfte), 11. 9. 1976

»Operation Big Lift« – Um 3 Uhr morgens wird gesprengt

Die drei jungen Männer, die am 4. April 1979 mit der Spätmaschine aus Paris in der südfranzösischen Stadt Toulon landen, kennen einander gut. Trotzdem trennen sie sich an diesem Abend und beziehen Zimmer in drei verschiedenen Mittelklassehotels. Die Herren tragen nur Handgepäck bei sich, zeigen französische Pässe vor und zahlen alle eine Nacht im voraus. Gegen 23 Uhr verlassen sie ihre Hotels, wandern zunächst ziellos durch die Stadt, um sicherzustellen, daß ihnen niemand folgt. Dann treffen sie sich in einer dunklen Seitengasse des Bahnhofsviertels.

Ein bereitstehender Renault 12 bringt die Männer zu einem einsamen Landhaus nördlich von Toulon. Während der Fahrt spricht keiner ein Wort. Der Wagen biegt durch eine Toreinfahrt. In der Villa warten vier Männer auf die Neuankömmlinge.

»Habt ihr die Lastwagen?« fragt einer der Neuen. Der Mann, den sie Gilbert nennen, nickt. »Haben wir schon vor drei Tagen besorgt.«

»Plan eins oder Plan zwei?«

Gilbert sagt: »Wir versuchen die Dinger zu klauen. Beim geringsten Risiko wechseln wir auf Plan zwei – dann wird gesprengt.«

»Wann machen wir's?«

»Morgen«, sagt Gilbert. »Es wird bewölkt sein, meldet der Wetterdienst. Stockdunkle Nacht.«

Die Männer beugen sich über eine Karte, die den ganzen Tisch im Wohnzimmer der Villa bedeckt. Es ist der genaue Lageplan der Industrie-Werft »Constructions navales et industrielles de la Méditerranée« (CNIM). Gegen 1 Uhr in der Nacht trennen sich die sieben.

* * *

Der Countdown für die »Operation Big Lift« läuft. Die sieben Männer sind Agenten des israelischen Geheimdienstes. Einer von ihnen, inzwischen außer Diensten, hat mir vor einigen Monaten dieses bisher nie aufgeklärte Kommando-Unternehmen minuziös beschrieben. Die dabei vorgelegten geheimen Dokumente und Protokolle lassen keinen Zweifel an der Richtigkeit dieser Schilderung: Der Mossad hat seinen jüngsten Coup gelandet.

* * *

Die Israelis bereiten einen Schlag gegen den Irak vor. Schauplatz: La Seyne-sur-Mer, sieben Kilometer südlich von Toulon. La

Seyne ist nicht gerade eine Perle der französischen Mittelmeerküste: kein Strand, keine Altstadt, kaum gemütliche Kneipen. Selten verirrt sich ein Tourist hierher. La Seyne, 48 000 Einwohner, ist eine Arbeiterstadt.

Größter Arbeitgeber mit über 5300 Beschäftigten ist die Werft CNIM. Sie baut Schiffe und Maschinen, mehr als 60 Prozent sind für den Export bestimmt. Es gibt keine außergewöhnlichen Sicherheitsvorschriften, das Firmengelände unten am Hafen wird nicht besonders bewacht.

Im April 1979 wissen nur wenige Eingeweihte, daß in den runden Behältern in Halle 3 eine Zeitbombe tickt. Dort lagert das Kernstück der beiden Atomreaktoren »Tamuz I« und »Tamuz II«, die Frankreich an den Irak liefern will. Mit diesen Reaktorteilen und vor allem der von Paris zugesagten Lieferung von 65 Kilogramm hochangereichertem Uran könnte der Irak, einer der gefährlichsten Feinde Israels, das militärische Gleichgewicht im Nahen Osten durcheinanderbringen: Der Irak wäre in der Lage, eine Atombombe zu bauen – sechsmal so stark wie die Hiroshima-Bombe. Ein Alptraum für die Israelis, die ja selbst weder Kosten noch Mühe gescheut haben, um als erstes Land im Nahen Osten Atommacht zu werden. Wieder einmal soll der Mossad das Schlimmste verhindern – verhindern, daß Israels Feinde mit dem Judenstaat waffentechnisch gleichziehen.

Am 4. April 1979, dem Tag, an dem die israelischen Agenten mit den gefälschten französischen Pässen in Toulon eintreffen, bestellt die Firmenleitung der CNIM bei einem privaten Sicherheitsdienst gepanzerte Lastwagen. Über die Art der Fracht schweigt sich die Direktion aus – doch die Israelis, die einen Verbindungsmann im Werk haben, wissen längst, was gespielt wird: In der Nacht vom 8. auf den 9. April sollen die Reaktorteile verladen und auf der Schnellstraße N 559 zum Hafen von Marseille gebracht werden. Dort wartet ein Schiff, um die kostbare Fracht in den Irak zu schaffen.

5. April, 10 Uhr vormittags. Drei der israelischen Agenten – die »Neuankömmlinge« – machen einen Ausflug. Sie sehen sich an Ort und Stelle an, was sie bisher nur von der Karte her kennen: die CNIM-Werft in La Seyne und die verschiedenen Hallen. Sie merken sich vor allem den genauen Standort der drei großen, blau-weiß-rot bemalten Hangars. Sie prägen sich die Lage der großen Kräne ein und begutachten eingehend die etwa 1,80 Meter hohe Backsteinmauer, die das Werftgelände umschließt. Die Inspektion

dauert nicht lange. Die »Spaziergänger« sind niemandem aufgefallen.

6. April, 1 Uhr morgens. Aus dem Landhaus bei Toulon fahren zwei große Lkw auf der Straße nach La Seyne. Die Stadt ist völlig ruhig. Kein Mond am Himmel. Die Nacht ist pechschwarz. Als die schweren Lastwagen in die Straße am Ufer einbiegen, schalten die Fahrer die Scheinwerfer aus. Die Israelis wissen: Zwischen Mitternacht und 3 Uhr morgens gehen die Nachtwächter der CNIM keine Runde.

Vier Männer halten in den Lastwagen Stellung und beobachten das Gelände. Drei springen raus, schieben Betonklötze an die Mauer und klettern mit katzenartiger Gewandtheit darüber. Sie rennen zu dem blau-weiß-roten Hangar, der ganz rechts steht, und öffnen das Rolltor mit einem Nachschlüssel, den ihnen ihr Verbindungsmann im Werk besorgt hat. Einer der drei setzt die Alarmanlage außer Betrieb.

Sie haben einen genauen Lageplan, wo im Hangar die »irakischen Stücke« gelagert sind. Sie lassen Fertigteile für eine Atomanlage in Belgien sowie für den Reaktor in Kalkar am Niederrhein links liegen. Sie decken die Planen von den irakischen Reaktorteilen ab und versuchen, das Herzstück der Anlage, die sogenannten Bienenwaben abzuschrauben. Ihr Auftrag: diese »Bienenwaben« nach Israel zu entführen.

Sie arbeiten lautlos und schnell. Doch nach 40 Minuten geben die Männer »Plan eins« auf. Die komplizierten Apparate lassen sich in der kurzen Zeit bis zum nächsten Rundgang der Nachtwächter nicht abbauen und abtransportieren. »Plan zwei« tritt in Kraft. Die Agenten bringen an den »Bienenwaben« Sprengladungen an und verbinden sie mit einem Zeitzünder. Dann rennen sie schnell weg, klettern über die Mauer und verschwinden unbemerkt mit den abgedunkelten Lastwagen.

6. April, 3 Uhr 05 morgens. Die Nachtwächter haben eben ihren Rundgang begonnen, da zerreißt eine Explosion die Stille der Nacht. Die Wächter schlagen sofort Alarm. Die Feuerwehr und die eilends herbeigerufenen Atom-Techniker können nichts mehr retten. 60 Prozent der beiden Reaktoranlagen sind zerstört. Der Schaden, so wird später ermittelt, beträgt 40 Millionen Mark.

Die französischen Experten sprechen bewundernd von der »Profiarbeit« der ihnen unbekannten Attentäter. Die Sprengstoffmenge war so genau berechnet, daß die Fertigteile für den Reaktor in Kalkar und die Atomanlage in Belgien unversehrt blieben. Die Polizei steht vor einem Rätsel – wer können die »Profis« sein, in wessen Auftrag haben sie gehandelt?

Die israelischen Agenten legen sogar noch eine falsche Fährte: Am 7. April 1979 meldet sich bei der Polizei in Toulon telefonisch der Sprecher einer – bisher unbekannten – »Gruppe französischer Naturschützer«. Er bekennt sich zu dem Anschlag und kündet weitere Attentate der »Atomkraftgegner« an. Die Polizei läßt sich auf diese Fährte locken. Die Ermittlungen führen zu keinem Ergebnis. Die Franzosen wissen bis heute nicht sicher, ob hinter diesem Sabotageakt der israelische Geheimdienst Mossad steckt.

In der Mossad-Zentrale in Tel Aviv reibt man sich zufrieden die Hände: Die Operation »Big Lift« ist ein voller Erfolg.

Auch Frankreich kam die Aktion nicht ungelegen. Premierminister Jacques Chirac hatte 1974 den Kontrakt mit Bagdad geschlossen. Nach Chiracs Abgang änderte der neue Premier Giscard d'Estaing 1976 Frankreichs Nuklear-Politik, schuf einen unabhängigen »Nationalen Atomrat« und sprach sich öffentlich gegen jede Uranlieferung aus, die zu einer Verbreitung von Kernwaffen führen könnte. Doch den 600-Millionen-Mark-Vertrag mit Bagdad mochte Giscard nachträglich nicht annullieren – schließlich ist der Irak nach Saudi-Arabien Frankreichs wichtigster Öl-Lieferant. Auf der anderen Seite machten die Israelis in verschiedenen Demarchen klar, daß die Lieferungen an Bagdad das Kriegsrisiko im Nahen Osten ihrer Ansicht nach wesentlich erhöhten. Auch Washington sprach in der Sache bei Giscard vor. Paris war in der Zwickmühle.

Bis zum Anschlag von La Seyne. Denn jetzt konnte sich Giscard auf »höhere Gewalt« berufen und die Irakis – »mit dem Ausdruck des tiefsten Bedauerns« – davon in Kenntnis setzen, daß an eine Lieferung der Reaktoren in den nächsten Jahren nicht zu denken sei. So geschah es. Als drei der israelischen Agenten als Matrosen auf einem israelischen Frachter in die Heimat zurückkehrten und die anderen in Frankreich die Spuren verwischten, schien es, als habe die ganze Affäre nur einen Verlierer: den Irak. Und es schien, als seien Bagdads Hoffnungen auf die Bombe auf absehbare Zeit erloschen.

Nur vorübergehend. Im März 1980 teilt die Pariser Regierung in knappen Worten – und völlig überraschend – eine Kehrtwendung ihrer bisherigen Nuklear-Politik mit. Man habe sich nun doch entschlossen, hochangereichertes Uran an den Irak zu verkaufen, bis Ende 1981 einen 70 Megawatt-Reaktor (Kosten: 500 Millionen

Mark) nach Bagdad zu liefern und auch 600 irakische Wissenschaftler und Techniker in Paris auszubilden. Von Italien erhält Bagdad noch zusätzlich nukleare Forschungslaboratorien im Wert von über 100 Millionen Mark. Brasilien erklärte sich bereit, Uran in den Irak zu liefern. Im Frühjahr 1980 schätzen Atom-Experten, daß die Irakis bis spätestens 1984 die Bombe bauen können – zumal sie in Yahia El Meshad einen Atomwissenschaftler von Weltrang haben, der das Programm von Bagdad überwacht.

* * *

Paris, 14. Juni 1980, kurz nach 14 Uhr 30. Die Reinemachefrau im Hotel »Méridien« am Boulevard Gouvion-Saint-Cyr hat es satt, so lange zu warten, bis der Gast von Zimmer 922 den Raum verläßt. Sie nimmt einfach das Zeichen »Bitte nicht stören« ab, schließt auf – und fährt mit einem Schrei zurück: Am Fußende des Bettes liegt ein Mann mit eingeschlagenem Schädel, blutüberströmt. Die Polizei stellt wenig später die Personalien des Mannes fest. Er ist ägyptischer Staatsbürger, lebte und arbeitete aber im Irak. Sein Name: Yahia El Meshad.

Es ist nicht gerade viel, was die Polizei über den Fall herauskriegt: El Meshad muß sich noch gewehrt haben, bevor er von einem schweren Gegenstand auf den Kopf getroffen wurde. Er war in Paris, um als Chef der irakischen Atomenergie-Kommission abschließende Gespräche über die französischen Lieferungen zu führen. Diese Gespräche waren am Vortag zur Zufriedenheit beider Seiten beendet worden. Am Donnerstag, dem 13. Juni, hatte El Meshad offensichtlich noch Geschenke für die Familie in Bagdad eingekauft: Kleider, Schmuck für seine Frau, Spielsachen für die Kinder – die Tüten standen im Hotelzimmer herum. Gegen 22 Uhr abends wird er zum letztenmal lebend gesehen.

Der Tod muß am frühen Morgen eingetreten sein. Ein Raubmord? Im Portemonnaie El Meshads werden über 1 300 Francs (rund 600 Mark) gefunden, in der Nachttischschublade noch mal soviel. Besondere Spuren? Der Gast eines Nebenzimmers will die Schreie einer Frau gehört haben. Die Polizei ist skeptisch: Bei Tests stellt sich heraus, daß ein Schrei aus dem Nebenzimmer kaum zu hören ist – das Hotel hat dicke Wände. Kommissar Foll, der die Untersuchungen leitet, sagt: »Die Täter sind kein großes Risiko eingegangen. Wir haben keine Ahnung, wo wir mit unseren Nachforschungen ansetzen können.« Der Mord an Yahia El Meshad wird wahrscheinlich in die Liste der ungeklärten Fälle eingehen.

In Israel wird der Tod des irakischen Atom-Experten mit einer gewissen Befriedigung zur Kenntnis genommen. In einer Sendung des israelischen Rundfunks erklärt ein Wissenschaftler, das Ende El Meshads habe »Iraks Atomprogramm um mindestens zwei Jahre zurückgeworfen«. In privaten Gesprächen lassen israelische Geheimdienst-Experten keinen Zweifel daran, wer die Tat im Pariser Hotel »Méridien« begangen hat – der Mossad. Ein Mossad-Mitarbeiter: »Das war doch ganz schön clever von unseren Jungs, das Schild ›Bitte nicht stören‹ vor die Tür zu hängen. So hatten sie genug Zeit, sich aus dem Staub zu machen.«

Die Israelis wissen, daß ihre Kommando-Unternehmen von La Seyne-sur-Mer und Paris nur aufschiebende Wirkung haben, daß sie nicht verhindern können, daß der Irak zur Atommacht wird. Aber der Mossad setzt auf Zeit. Obwohl sich die Herrscher in Bagdad nach wie vor als unversöhnliche Feinde Jerusalems geben, sieht es schon heute so aus, als gelte ihre Bombe einem anderen – Irans religiösem Führer Khomeini. Nach den Grenzscharmützeln zwischen dem Irak und Iran im Frühjahr 1980 ist es jedenfalls wahrscheinlicher, daß Bagdad seine Waffen gegenüber dem östlichen Nachbarn einsetzt als gegenüber Israel.

KAPITEL IV

Die Mißerfolge

Die vergessenen
Spione Israels

Der Tod
eines Kellners

Yom Kippur –
400 Hinweise, die
keiner beachtet

Die vergessenen Spione

14 Jahre wurden sie in ägyptischen Gefängnissen vergessen: Israels Agenten Robert Dassa und Victorine Minio, genannt »Marcelle« hier bei einem Hochzeitstoast mit Golda Meir. Im Hintergrund Israels Meisterspion Lotz

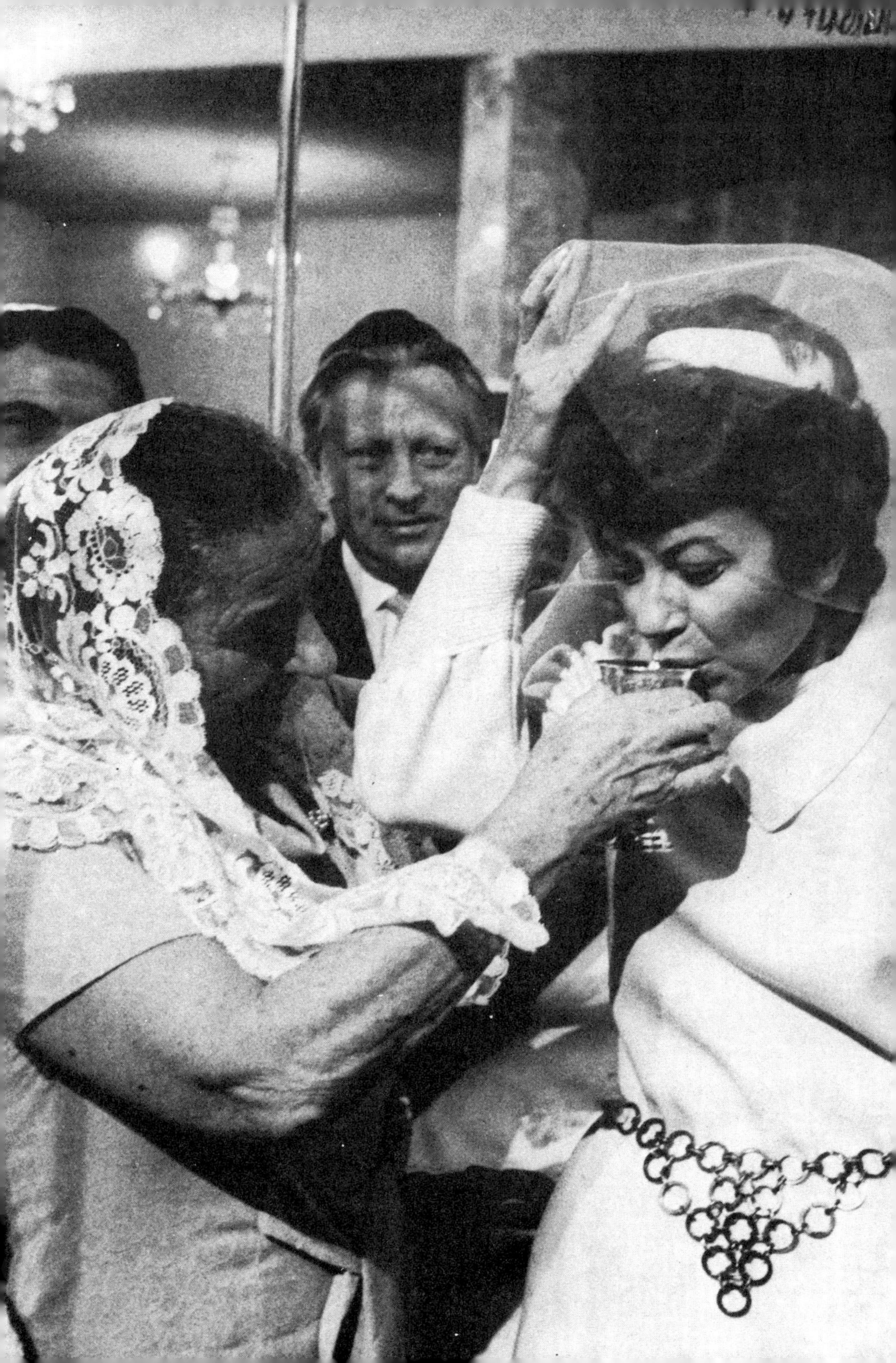

Die Mossad-Pleite

Statt des gesuchten Palästinensers Ali Hassan Salimeh erschoß ein Killer-Team des Mossad in Norwegen einen harmlosen marokkanischen Kellner – hier eine Rekonstruktion des Attentats

Israel wußte Bescheid

Trotz hunderter von Hinweisen aufgrund sehr sorgfältiger Mossad Recherchen wurde Israel überrumpelt. Am 8. Oktober 1973 überschritten ägyptische Soldaten den Suez-Kanal

In den Wind geschlagen hatte General Eliahu Zeira die Kriegswarnung des Mossad. Wenige Stunden später erorberten ägyptische Soldaten den israelischen Vorposten Bar Lev

Die vergessenen Spione

Israels größte Geheimdienst-Pleite beginnt wie ein drittklassiger Kriminalroman.

Alexandria in Ägypten, 23. Juli 1954, kurz nach 19 Uhr. Der Polizeihauptmann Saki el-Manawi geht seine abendliche Streife – und hört plötzlich einen Schrei. Ein junger Mann stürzt aus dem Eingang des »Rio«-Kinos ins Freie. Sein Jackett hat Feuer gefangen, der Mann versucht verzweifelt, den glimmenden Brand zu löschen. Manawi reagiert schnell: Er wirft sich auf den Mann und wälzt ihn so lange am Boden, bis die Flammen erstickt sind.

Alles in Ordnung, die Brandwunden sehen nicht schlimm aus. Der Polizist hilft dem jungen Mann auf und will ihm gerade das Brillenetui reichen, das aus dem halbverbrannten Jackett auf den Boden gefallen ist. Da springt das Etui auf – und heraus rieselt schwarzes Pulver. Der Hauptmann staunt einen Moment, beugt sich dann nieder und schnuppert – das Zeug, das im Brillenetui versteckt war, riecht nach Phosphat.

Manawi erinnert sich, daß eine Gruppe unbekannter Brandstifter, die seit einigen Wochen ägyptische Städte unsicher macht, mit Phosphat arbeitet. Die Aktionen der Attentäter sind der ägyptischen Polizei ein Rätsel: Mal geht in einem Briefkasten eine Brandbombe hoch, mal trifft es ein Kino, mal eine Bibliothek. Einziger gemeinsamer Nenner der Anschläge: Sie sind offensichtlich nicht gegen Personen, sondern gegen Sachen gerichtet – und diese »Sachen« befinden sich stets in amerikanischem oder britischem Besitz. Die Polizei vermutet deshalb, die Brandstifter seien Kommunisten oder ultrareligiöse Nationalisten der »Moslem-Bruderschaft«.

Auch das »Rio«-Kino gehört einem Amerikaner – Grund genug für Manawi, den jungen Mann unter Augenschein zu nehmen. Der möchte sich schnell aus dem Staub machen und sagt, ihm fehle nichts: »Mein Vater ist Arzt und wird sich um die Verbrennungen kümmern.« Doch der Polizist läßt nicht locker und schleppt den Jungen zum nächsten Revier.

Bald stellt sich heraus, daß der Hauptmann Manawi einen großen Fang gemacht hat. Der Zündler aus dem Kino heißt Philip Natanson. Er ist in Alexandria geboren, seine Eltern sind wohlhabende Juden aus Wien. Natanson, neunzehn Jahre alt, gehört einer »Zionistischen Jugendorganisation« an. Als bei der Wohnungsdurchsuchung belastende Briefe und Fotos gefunden werden, gibt er zu, einer Sabotage-Gruppe anzugehören. Er sei beauftragt gewesen, das »Rio«-Kino in Brand zu setzen, doch der Brandsatz habe sich vorzeitig entzündet. Unter Schlägen und Foltern gesteht der junge Mann später noch mehr – er gehört zu einer Gruppe israelischer Agenten, die von höchster Stelle in Tel Aviv den Befehl zu den Terror-Aktionen erhalten hätte.

Noch in derselben Nacht des 23. Juli 1954 schwärmen Polizeibeamte in Kairo und Alexandria aus, um alle von Natanson verratenen Agenten zu verhaften. Um 4 Uhr morgens schnappen sie Victor Levi, später auch Robert Dassa. Anfang August befinden sich elf israelische Saboteure in ägyptischer Hand.

Am 11. Dezember 1954 beginnt in Kairo der Prozeß gegen die Spione. Einen Tag später nennt Israels Premier Moshe Sharett das Gerichtsverfahren im Parlament »eine Farce, einen niederträchtigen Vorwand, um gegen die Juden in Ägypten vorzugehen«. Sharett ist ehrlich empört – er glaubt, die Ägypter hätten die Beweise für die Schuld der Angeklagten gefälscht: Der Premierminister des Staates Israel hat keine Ahnung, daß sein Geheimdienst wirklich Terror-Furcht in Ägypten verbreiten wollte. Genauer gesagt, ein Teil seines Geheimdienstes, der »Aman« der Militärs. Selbst Mossad-Chef Isser Harel war nicht von dem eigenmächtigen Vorgehen des »Aman« informiert worden.

Die Affäre weitet sich zu einem Skandal aus, der Israel bis heute belastet. Dies ist keine gewöhnliche Pleite, wie sie bei jedem »Secret Service« der Welt einmal vorkommt, keine mißglückte Aktion, nach der man einfach zur Tagesordnung übergehen könnte – es ist eine nationale Katastrophe. Ein israelischer Journalist hat einmal geschrieben, es sei die »Erbsünde« des Judenstaats, mit den Terror-Anschlägen in Ägypten habe Israel »seine Unschuld verloren«.

Israels Politiker erfahren, wohin ein ohne wirksame Kontrolle arbeitender Geheimdienst einen Staat treiben kann. Die Bilanz der Zündeleien von Kairo und Alexandria: zwei Agenten werden hingerichtet, einer verübt Selbstmord, mehrere mußten lange Gefängnisstrafen und Folter erdulden. Der Sturz einer Regierung. Die Spaltung der größten israelischen Partei, der »Mapai«. Der endgültige Rückzug des großen alten Mannes, David Ben Gurion, aus der israelischen Politik ins Privatleben.

* * *

»Es war eine Schnapsidee«, sagt Robert Dassa, Exspion, der vierzehn Jahre lang in ägyptischen Gefängnissen saß, »aber wir haben an diese Schnapsidee geglaubt.«

Ich bin zu Gast in Dassas Einfamilienhaus in Petach Tikwa bei Tel Aviv. Seine Frau serviert Tee und Kekse, die beiden Kinder spielen im Garten. An den Wänden hängt moderne Kunst, keine Erinnerung an die Gefängnis-Zeiten in Ägypten. Ich weiß nicht, was ich erwartet habe, aber das jedenfalls nicht: der Sprengstoff-Experte der Terror-Gruppe von damals – ein gemütlicher Familienvater, mit sportlicher Figur, aber doch schon mit Bauchansatz, braungebrannt und ausgeglichen, mit gepflegtem, vollem dunklen Haar. Und dann noch eine politische Taube: Dassa schwärmt von Ägyptens Präsident Sadat und dem Nahost-Frieden, von der Freundschaft zwischen den beiden Völkern. Er sagt: »Eigentlich haben sich unsere Völker ja nie gehaßt.«

Robert Dassa schreibt heute die arabischsprachigen Nachrichten im israelischen Fernsehen. Hat er denn alle Erinnerungen an die Zeit in Alexandria, an den Untergrund, die Verhaftung, die Folter, die langen Jahre im Gefängnis verdrängt? Dassa streicht sich die Haare zurück, seufzt. Nein, vergessen hat er nicht. Er steht auf, geht an den Bücherschrank und holt zwei Alben mit vergilbten Fotos und Zeitungsausschnitten hervor: Dassa mit seinen Eltern in Alexandria, Dassa mit seinen Schulkameraden, Dassa im Gefängnis, Dassa beim Basketball-Training im Gefängnishof von »Tura« bei Kairo. Ein Leben blättert sich auf. Und Robert Dassa kommt ins Erzählen, von den guten und den nicht so guten alten Zeiten.

* * *

Robert kommt 1932 als drittes von fünf Kindern eines jüdischen Kaufmanns in Alexandria zur Welt. Schon sein Vater ist in Ägypten geboren, als die Familie – unterwegs von Jemen nach Palästina – im Land der Pyramiden hängenblieb. Seine Mutter ist in Jerusalem geboren und kam während des Ersten Weltkriegs nach Alexandria. Robert Dassas Eltern besitzen in der Altstadt einen kleinen Krämerladen. Es geht ihnen nicht schlecht.

Robert wächst in einem arabischen Land auf und lernt auch die arabische Sprache – aber die meisten seiner Spielkameraden sind jüdische Kinder. Fast 80 000 Menschen zählt die jüdische Kolonie im Alexandria der vierziger Jahre. Die Minderheit wird toleriert; die Juden können ihre Synagogen bauen und besuchen, sie dürfen sich in ihren Clubs treffen. Die Ägypter sprechen von den Fremden im Land eher anerkennend – sie nennen sie »Havagat«, die Gentlemen.

Die Gentlemen haben auch ihre eigenen Träume – Israel, den Staat der Juden. Doch nicht alle halten diese Träume für realisierbar. Als Robert, der in eine zionistische Schule des Chef-Rabbis von Alexandria geht, zu Hause voller Begeisterung davon erzählt, bald gebe es einen Staat der Juden, lachen ihn seine Eltern aus. Sie verbieten ihm sogar, an den regelmäßigen Jugendtreffen der »Sayoni« (Zionisten) teilzunehmen. Doch der junge »Robby«, wie die Kameraden den Jungen mit den melancholischen Augen nennen, ist Feuer und Flamme für den Zionismus und tritt 1947 in eine zionistische Jugendorganisation ein. Noch ist das in Ägypten nicht verboten. Zwischen Kairo und dem britischen Mandatsgebiet Palästina gibt es eine tägliche Zugverbindung. Ägypter verbringen ihren Sommerurlaub in Jerusalem, jüdische Einwohner Jerusalems ihre Ferien in Alexandria. Der Handel floriert.

Das ändert sich, als am 15. Mai 1948 der Staat Israel proklamiert wird. Die arabischen Länder fühlen sich provoziert und greifen an. Noch am selben Tag ziehen ägyptische Polizeistreitkräfte durch alle großen Städte des Landes und verhaften die zionistischen Aktivisten – auch Jugendliche wie Dassa.

Robert Dassa wird nach wenigen Tagen wieder entlassen. Er findet einen Job in einer Import-Export-Firma, die von einem Juden geleitet wird. Dassa besorgt den arabischen Schriftverkehr der Gesellschaft. Abends bastelt er unter Anleitung eines jüdischen Freundes, der Radioelektronik studiert. Dassa ist sehr geschickt beim Basteln.

Den Kontakt mit seinen Freunden von der »Zionistischen Jugendorganisation« läßt er nicht abreißen – obwohl sie sich jetzt heimlich treffen müssen. Doch große Angst haben sie nicht. Es gibt in Ägypten auch nach dem verlorenen Krieg gegen Israel keinen Haß auf Juden. Das ändert sich zunächst auch nach dem Staatsstreich von 1952 nicht, als eine Gruppe junger Offiziere das korrupte Regime des Königs Faruk stürzt. General Nagib, vor Nassers Machtübernahme einige Monate der starke Mann in Kairo, besucht sogar demonstrativ eine Synagoge, um seine Sympathie für die Juden auszudrücken.

Robert Dassa wird 1952 von einem Mann angesprochen, der sich »Darling« nennt. »Darling« prüft zunächst stundenlang Dassas zionistische Motivation, fragt ihn über sein Leben aus, dann gibt er sich als israelischer Agenten-Anwerber zu erkennen. Dassa soll mit einigen anderen Jugendlichen eine »Zelle« aufbauen. Noch ist kein genauer Einsatzplan für die Untergrund-Gruppe ausgearbeitet, noch ist es völlig unklar, wann und wie sie eingreifen soll. Die »Zelle« besteht aus einigen Jugendlichen, die wie Dassa außer ihrer Begeisterung für Israel so gut wie gar keine Voraussetzungen zur Geheimdienst-Arbeit mitbringen. »Robby« ist dabei, er liebt das »Spion-Spielen«. Er markiert geheime Treffs auf Stadtkarten, organisiert die ersten konspirativen Meetings.

Den jungen Staat Israel erschüttert 1953 die erste, schwere Krise. David Ben Gurion, als Landesvater und Premierminister die anerkannteste politische Führungspersönlichkeit des Landes, zieht sich aus der Politik zurück – er hat die Nase voll von den Intrigen in seiner Partei, den Flügelkämpfen, den persönlichen Verunglimpfungen. Der »Alte« will zwei, drei Jahre Pause machen von diesem »garstigen Geschäft« und geht in den Kibbuz Sde Boker in die Negev, um – wie er sagt – vorübergehend nur noch Tomaten anzupflanzen. Doch bevor sich Ben Gurion ganz der Landwirtschaft widmet, hat er noch einmal alle Register seines politischen Könnens gezogen und eine Mannschaft seines Vertrauens in die wichtigsten politischen Ämter »eingesetzt«: Pinchas Lavon als Verteidigungsminister, Shimon Peres als Direktor des Verteidigungsministeriums, Moshe Dajan als obersten Armeechef und Isser Harel als Chef aller Geheimdienste des Landes. Nur Premierminister wird nicht Levi Eshkol, wie der »Alte« es gern gesehen hätte, sondern Moshe Sharett, ein Freund der Verständigung mit den Arabern.

Die politische »Diaspora« des Alten – sofern er sie wirklich geplant haben sollte – währt nicht lange. Der Kibbuz in der Negev-Wüste wird zum Wallfahrtsort aller Minister, die sich bei Ben Gurion einschmeicheln wollen oder seinen politischen Rat suchen. Dajan und Peres beschweren sich über den allzu »friedliebenden« Lavon, der bei der Truppe unbeliebt ist, weil er nur die Verständigung mit den Arabern predigt und kein Verständnis für größere Militärausgaben hat. Und Isser Harel beklagt sich, weil sich der militärische Abwehrdienst »Aman« ihm nicht unterordnen will und weiter Aktionen auf eigene Faust plant. Mossad-Chef Harel nennt den Namen des Mannes, der ihm am meisten Schwierigkeiten macht: Benjamin Gibli.

Gibli ist ein junger, ehrgeiziger Offizier, ein Falke. Er war noch keine 25 Jahre alt, da spionierte er schon für die »Shay«, den Geheimdienst der jüdischen Untergrundarmee »Haganah« im britischen Mandatsgebiet Palästina. 1948 wurde er Kommandant der »Shay« für Jerusalem und war einer der Richter bei dem ungerechtfertigten Todesurteil gegen den Geheimdienstmajor Meir Tubiansky, dem er Verrat vorwarf.

Schon 1949 wurde der schneidige Mann aus dem Untergrund stellvertretender Chef des »Aman«. Dann ging er nach England und Amerika, um seine Ausbildung zu vervollständigen. Bei seiner Rückkehr 1945 wurde er Chef des militärischen Nachrichtendienstes. Der glühende Araber-Feind Gibli war entschlossen, eines Tages Generalstabschef der Armee zu werden und den Erzfeind Ägypten vernichtend zu schlagen. Als »Aman«-Chef wollte er alles tun, die Feindaufklärung gegen Ägypten zu intensivieren. Als Ben Gurion 1953 Isser Harel zum Chef aller Geheimdienste machte, war das ein schwerer Schlag für Gibli. Muß er sich und seine Aktivitäten nun dem »Mossad«-Chef unterordnen?

Gibli denkt nicht daran. Er arbeitet einen Plan aus, wie er die »Einheit 131«, eine Kampfgruppe, die schon im Unabhängigkeitskrieg Sabotage-Akte hinter der feindlichen Front ausführte, gegen Ägypten einsetzen kann. Er schickt Avraham Dar nach Kairo, einen erfahrenen Geheimdienstmann. Dar alias »Darling«, wie der Name auf seinem gefälschten britischen Paß lautet, baut zwei Geheimdienstnetze in Ägypten auf. Chef des einen wird der tunesische Arzt Doktor Moishe Marzouk, Chirurg am »Hôpital Israélite« in Kairo, Chef des anderen in Alexandria (dem auch Robert Dassa angehört) der Lehrer Sami Azzar. Verbindungsmann zwischen beiden Netzen ist eine Frau: Victorine Ninio, genannt »Marcelle«, ein hübsches sportliches Mädchen, Tochter einer angesehenen Kairoer Familie.

Die israelischen Geheimdienstler, die nicht für den Mossad, sondern nur für den »Aman« arbeiten, sollen das ägyptische Militär ausspionieren. Doch die Amateur-Agenten vergessen des öfteren wichtige Papiere und Fotos, lassen Material in Cafés und öffentlichen Parkplätzen zurück, verabreden sich an Treffpunkten, die sich überhaupt nicht für konspirative Zusammenkünfte eignen. Das Material, das die beiden Spionage-Netze an den »Aman« liefern, ist so gut wie wertlos.

Doch »Aman«-Chef Gibli gibt nicht auf. Er läßt fünf der Agenten über Paris nach Israel reisen und sorgt dafür, daß sie eine Spezialausbildung bekommen. In einer kleinen Wohnung in Jaffa lehrt »Aman«-Ausbilderin Rachel die Geheimdienst-Eleven das Spionage-Einmaleins: wie man mit Sprengstoff und mit unsichtbarer Tinte umgeht, wie man kodiert und dekodiert, Minisender anbringt und mit Mikro-Kameras fotografiert. Auch Robert Dassa wird in Jaffa trainiert. Seine Stärke liegt auf dem technischen Gebiet – beim Bombenbasteln und Bedienen der Sender.

Rachel stellt den fünfen gute Zeugnisse aus. Sie erhalten Funkapparate, Chiffrierschlüssel und Sprengmaterial und werden nach Ägypten zurückgeschleust. »Aman«-Chef Gibli weiß jetzt, daß seine Truppe losschlagen könnte. Doch die politischen Voraussetzungen scheinen schlechter denn je: Ministerpräsident Sharett und Verteidigungsminister Lavon suchen nach wie vor den Ausgleich mit den Arabern. Sharett schreibt sogar Briefe an Nasser, der General Nagib im Februar 1954 ablöst.

Da kommt dem »Falken« Gibli die internationale Politik zu Hilfe. Nasser, der sehr gute Kontakte zum amerikanischen Geheimdienst CIA unterhält, macht seinen Freunden in Washington gegenüber klar, daß er nicht dem Verteidigungspakt mit Irak und der Türkei beitreten werde, solange weiterhin 80 000 britische Soldaten auf ägyptischem Boden stehen – in der Suez-Zone, am Kanal. US-Außenminister Dulles liegt viel an dem Pakt mit den Ägyptern. Die amerikanische Regierung setzt London unter Druck und fordert, die Truppen abzuziehen. Die Regierung Churchill gibt nach. Unter der Voraussetzung, daß die Briten die Stützpunkte weiter nützen dürfen, sind sie bereit, sich aus der Kanalzone zurückzuziehen.

Die Nachrichten über das geheime Abkommen erreichen Israel im Mai 1954. Sie lösen bei den Militärs große Besorgnis, ja Panik aus. Wieso beugen sich die Amerikaner dem Druck der ägyptischen Nationalisten – wollen sie sich künftig mehr in Kairo als in Jerusalem engagieren? Was wird ohne die Briten in der Kanalzone passieren – wird dort Ägyptens Militär ein Aufmarschfeld gegen Israel schaffen? Wie kann man die Briten dazu bewegen, am Suez-Kanal zu bleiben?

Benjamin Gibli hat einen Plan, von dem er weiß, daß die »Tauben« an der Spitze des Staates ihn nicht akzeptieren würden. Er kann Terror gegen britisches und amerikanisches Eigentum in Ägypten ausüben, er kann westliche Kinos und Amerika-Häuser bombardieren lassen und das alles so inszenieren, als sei es das Werk einer gewalttätigen religiösen Opposition in Ägypten. Die Überlegung: Wenn Amerikaner und Briten sehen, wie wenig sie sich auf Nasser verlassen können, werden sie – vielleicht – die Verhandlungen über den Truppenrückzug abbrechen.

Der »Aman«-Chef hat Glück. Isser Harel ist für einige Wochen in geheimer Mission nach Amerika gefahren. Gibli hat so einen Vorwand, ihn nicht zu informieren und beschließt, auf eigene Faust zu handeln. Er gibt grünes Licht für die Terroraktionen in Ägypten. Der geheime Codename für die Aktion: »Operation Susannah«.

Bleibt nur die Frage, wer die Operation leiten soll – die Agenten in Kairo und Alexandria sind jetzt zwar nicht mehr ganz so »grün«, aber Profis sind sie immer noch nicht. »Darling«, der Mann, der das Netz in Ägypten gesponnen hat, gibt dem »Aman« schließlich den entscheidenden Tip. Er hat einen Bekannten, mit dem ihn gemeinsame Kriegserlebnisse verbinden und der seit einigen Monaten sowieso schon in Ägypten lebt: Avri Elad.

Elad ist ein Israeli von 28 Jahren – mit blauen Augen und strohblondem Haar. Der Sohn eines Wiener Sozialisten floh kurz vor dem Ausbruch des Zweiten Weltkriegs nach Palästina, ging dort in den Untergrund und führte für die »Haganah« Sabotageaufträge durch. Nach der Unabhängigkeit wurde er Hauptmann und später Chefinstrukteur einer israelischen Infanterieschule. Doch das Militär reizte ihn wenig. Er nahm 1950 seinen Abschied und versuchte sich als Geschäftsmann bei einem Automobilwerk. 1952 schloß er sich dem »Aman« an, für den er wegen seines Aussehens besonders gut im Ausland einzusetzen war. 1953 ging er auf der Suche nach einer glaubwürdigen Legende nach Deutschland. In westdeutschen Wehrmachtsakten stieß er auf die Personalien des Abwehr-Majors Paul Frank, der 1942 bei einem Einsatz in Palästina umgekommen war. Elad beschloß, die Rolle des Toten weiterzuspielen.

Mit Hilfe der guten israelischen Kontakte zu deutschen Behörden erhielt Elad einen Paß und sogar eine Taufbescheinigung. Die Anstellung bei einer deutschen Firma vervollkommnete seine Tarnung – und eine Operation: Elad ließ die Merkmale seiner Beschneidung chirurgisch unkenntlich machen.

Frank-Elad hatte Glück. Auf dem Schiff, das ihn von Genua nach Alexandria brachte, lernte er Bonns Botschafter in Ägypten kennen und wurde von ihm auf eine Cocktail-Party eingeladen – der Beginn einer erfolgreichen Karriere in Ägyptens High Society.

Am 25. Mai 1954 erhält Frank-Elad eine dringende Geheimdepesche seiner Zentrale. Er solle sich am nächsten Tag in Paris einfinden. In einem Café in Saint Germain erläutert Giblis Abgesandter die Befehle des Obersten: Elad soll die »Aman«-Netze in Kairo und Alexandria übernehmen und sich lohnende Sabotage-Ziele aussuchen. Weitere, verschlüsselte Instruktionen erhalte er im täglichen Kochprogramm (»Für die Hausfrau«) des israelischen Rundfunks.

Elad ist nicht gerade begeistert von der Idee seines Chefs. Er ist ein Einzelgänger und haßt es, mit anderen zusammenzuarbeiten. Er will Nazis jagen, nicht Terroranschläge verüben, deren Sinn er nicht einsehen kann. Doch schließlich beugt sich Elad dem Befehl seiner Geheimdienst-Führung. Er hat keine Ahnung, daß die »Operation Susannah« weder vom Mossad-Chef noch von der politischen Führung des Landes abgesegnet ist.

Am 31. Juni nimmt Elad Kontakt mit den israelischen Spionen in Kairo und Alexandria auf und informiert sie über den »Aman«-Plan. Alle haben Bedenken, ob denn das Vorgehen zu rechtfertigen ist. Frank alias Elad macht sie darauf aufmerksam, daß sie wie jeder israelische Soldat dem Kommando der Führung zu gehorchen hätten. Dann arbeiten sie gemeinsam einen Aktionsplan aus: Zunächst sollen Anschläge gegen öffentliche Gebäude unternommen werden, dann gegen britischen und amerikanischen Besitz in Ägypten. Sprengstoff-Experte Robert Dassa gibt im Appartement 104 in der »Government Hospital-Straße Nr. 18« letzte Anweisungen, wie man Phosphat-Brandsätze herstellt und sie in Brillenetuis versteckt. Am 1. Juli meldet Elad, seine beiden Spionage-Netze seien zum Einsatz bereit.

Der Privatkrieg des Obersten Benjamin Gibli gegen Ägypten beginnt noch am selben Tag. »Fangt mit den Anschlägen in den nächsten 48 Stunden an!« lesen die Agenten, als sie die Nachricht aus Tel Aviv decodieren.

2. Juli 1954, um 10 Uhr morgens am Ismail-Platz in Alexandria: Robert Dassa und zwei seiner Freunde werfen Kartons mit eingewickelten Bomben in drei Briefkästen vor dem Hauptpostamt. Dann laufen sie davon. Kurz vor zwölf dringt dichter Rauch aus den Briefkästen. Die Bomben sind nicht explodiert, aber die Post des Tages ist verkohlt.

10. Juli 1954, 9 Uhr morgens. »Voice of Israel« sendet in der Hausfrauensendung ein Kochrezept für einen »englischen Kuchen« – das verabredete Signal an die Agenten, nun gegen britisches und amerikanisches Gut loszuschlagen.

14. Juli 1954, 21 Uhr in Kairo: Elads Männer zünden eine Bombe in der »Amerikanischen Bibliothek« in der Shiek-Barkat-Straße Nummer sechs. Scheiben klirren, Mauern stürzen ein, Bücher brennen – doch Menschen kommen nicht ums Leben. Dasselbe Bild im »Amerikahaus« in Alexandrias Fuad-Straße.

23. Juli 1954, 19 Uhr. Robert Dassa und einer seiner Kollegen setzen das »Rivoli«- und das »Radio«-Kino in Kairo in Brand. Beide Kinos gehören Engländern, sie spielen englische Filme. Glücklicherweise wird niemand verletzt. Doch in Alexandria passiert dem neunzehnjährigen Philip Natanson das Mißgeschick, das dazu führt, daß elf israelische Agenten auffliegen. Die ägyptische Polizei arbeitet so effektiv und zielstrebig, daß sich der Verdacht aufdrängt, in die israelischen Reihen könnte sich ein Doppelagent eingeschlichen haben. Der einzige Spion, der den Ägyptern nicht ins Netz geht, ist der Chef der »Operation Susannah«: Paul Frank alias Avri Elad.

* * *

Die ersten Stunden nach seiner Verhaftung, sagt Robert Dassa bei meinem Besuch, seien die schlimmsten gewesen. Da war der Schock, daß alles schiefgegangen war. Da war die Nachricht, daß auch seine Eltern verhaftet wurden. Und da waren die Schläge der Polizei, die die Fragen des Untersuchungsbeamten von Alexandria begleiteten: »Gestehen Sie, Robert Dassa, alles ist aus!«

Er hielt aus, eine halbe Stunde, zwei Stunden, vier Stunden. Er blieb bei seiner Geschichte, daß er in Kairo ein Mädchen getroffen habe, mit dem er ins Kino gegangen sei – weiter wisse er nichts. Und jedesmal, wenn er die Geschichte wiederholte, schlug der Polizist auf ihn ein, traf den Kopf, obwohl sich Dassa wegduckte. Mit der Zeit wurden die Schläge härter, manchmal fiel er vom Stuhl. Seinen Freund Viktor, erzählt Dassa, hätten die Beamten später gefragt: »Was ist dieser Dassa für ein Typ? Ist er ein Tier oder ein Mensch? Keiner kann Schläge so lange aushalten wie er.«

Mit Heldentum habe das nichts zu tun, fügt Robert Dassa hastig hinzu, so als habe er Angst, seine Erzählung könnte als Eigenlob mißverstanden werden. »Ich wußte auch einfach nicht, was ich dem Beamten antworten sollte. Er sagte, ich sei doch in Ägypten geboren und sabotiere nun mein Land. Wie sollte ich ihm erklären, daß ich Loyalität gegenüber einem anderen Land fühlte, gegenüber Israel? Was ich auch sagte, es konnte mir nur schaden. Also blieb ich ruhig.«

Um 4 Uhr morgens wird Dassa in eine heiße, stickige Zelle gebracht, die er mit Alkoholikern teilen muß. »Als sie die Eisentür hinter mir zuschlugen, fühlte ich mich schrecklich. Es war, als hätten sie mich von der Welt ausgesperrt und mich in diesem Stinkloch begraben. Mein Hemd war zerrissen, meine Hosen blutgetränkt. Blut strömte aus meinen Ohren und meiner Nase, ich spürte die Schläge überall auf dem Körper. Ich zog meine Schuhe aus und legte meinen Kopf darauf. Ich dachte, ich könnte nie einschlafen, doch dann dämmerte ich hinüber. Ich träumte von Ratten, die überall über meinen Körper krochen, an meinen Kleidern knabberten und an meiner Haut. Als ich aufwachte, merkte ich: Es war kein Traum, da waren Ratten.«

Am nächsten Tag wird Dassa mit den Geständnissen seiner Freunde konfrontiert. Da gibt er den Widerstand auf und gibt zu, was auch sie zugegeben haben – daß sie alle für ein »kommunistisches Untergrundnetz« in Ägypten gearbeitet und die Sabotageakte tatsächlich begangen haben.

Doch die Geschichte hält nicht lange. Am 11. Dezember 1954 beginnt der von den Ägyptern mit großer Sorgfalt vorbereitete Prozeß. Das Beweismaterial gegen die »Aman«-Agenten ist erdrükkend. Die Ankläger haben es mit Foltern erpreßt. Marcelle Ninio, die »Verbindungs-Frau« zwischen den beiden Netzen in Kairo und Alexandria, springt zweimal aus dem Fenster der Polizeistation, um Selbstmord zu begehen. Sie wird jedesmal gerettet.

* * *

»Keine Ahnung, was da los ist«, sagt Mossad-Chef Isser Harel, als er – eben zurückgekehrt von einer Amerika-Reise – von Premierminister Sharett mit den ägyptischen Vorwürfen konfrontiert wird. Harel sucht »Aman«-Chef Gibli auf, der antwortet ausweichend und verweist auf Verteidigungsminister Lavon, der alles wüßte. Irgendwann Ende Dezember 1954 – der Prozeß in Kairo läuft, und der israelische Agent Max Bennett hat sich in seiner Zelle mit der Rasierklinge das Leben genommen – dämmert es Israels politischer Führung, daß die Ägypter nicht bluffen: Die Anschläge haben tatsächlich stattgefunden, die Saboteure arbeiteten in israelischem Auftrag. Aber wer gab ihnen den Einsatzbefehl? Und wie kam es, daß beide Netze so schnell aufflogen? In Jerusalem beginnt die Suche nach dem Schuldigen an dem Desaster.

Einer weiß seit dem 19. Juli 1954, was gespielt wurde: Generalstabschef Dajan. Bei einer Reise in die USA hat er ein Schreiben Giblis bekommen, in dem dieser versichert, der »Aman« habe grünes Licht für die »Operation Susannah« bekommen. Dajan, der Angst hat, in die Affäre hineingezogen zu werden, verlangt von

Colonel Gibli eine schriftliche Bestätigung des Einsatzbefehls. Gibli muß passen. Er behauptet, Lavon habe die Einwilligung mündlich gegeben – bei der wöchentlichen Geheimdienstkonferenz im Verteidigungsministerium, am 16. Juni. Der Verteidigungsminister bestreitet diese Darstellung entschieden – er hat nie etwas von der »Operation Susannah« gehört. Und außerdem: Am 16. Juni hat gar keine Konferenz stattgefunden, wie Lavon anhand seines Terminkalenders beweisen kann. Der Skandal ist da – allerdings nur ein Skandal unter Politikern. In der Öffentlichkeit leugnen alle israelischen Verantwortlichen nach wie vor jede Beteiligung an den ägyptischen Vorfällen und sprechen von einem »Schauprozeß«.

Am 29. Dezember 1954 beginnt ein internes israelisches Untersuchungskomitee mit der »Spurensuche«. »Susannah«-Chef Avri Elad alias Paul Frank wird als Zeuge nach Israel geholt. Elad war es gelungen, unter reichlich mysteriösen Umständen aus Ägypten zu fliehen. Er befindet sich jetzt in Paris. Vor seiner Abreise nach Tel Aviv wird er von einem »Aman«-Agenten im Auftrag Giblis aufgesucht und um einen »kleinen Gefallen« gebeten. Elad soll auf Befehl seines Chefs alle Aktionen in Ägypten vor dem 16. Juni vergessen und auch sein Tagebuch entsprechend ändern. Außerdem solle er seinen Bericht vor dem Untersuchungsausschuß so formulieren, daß nicht alle Schuld an den Aktionen dem »Aman« zufiel. Er solle sagen, die Agenten hätten einen Teil der Sabotageakte in eigener Verantwortung durchgeführt.

Elad spielt mit. Der Ausschuß sieht sich daraufhin nicht in der Lage, die Wahrheit über den Einsatzbefehl herauszufinden – zumal Gibli auch noch eine Kopie des Briefes vorlegt, den er Dajan geschrieben hat. Zitat: »...mit Lavons Einverständnis wurde der Befehl gegeben, die Operation Susannah zu starten.« (Später gibt Dalia Carmel, die Sekretärin Giblis, zu, daß die Worte »mit Lavons Einverständnis« nachträglich in die Kopie eingefügt worden seien.) Der Ausschuß ist sich dennoch nicht sicher, »daß der Verteidigungsminister den Befehl gab«, aber er will Lavon auch nicht ganz entlasten.[9])

Am 27. Januar 1955 werden Israels zehn Spione in Ägypten von einem Revolutionsgericht verurteilt. Moishe Marzouk und Samuel Azzar, die Anführer der beiden Netze, erhalten die Todesstrafe, sechs Angeklagte, darunter Robert Dassa, werden zu lebenslanger Haft verurteilt, zwei werden aus Mangel an Beweisen freigesprochen. Am 30. Januar werden die Todesurteile trotz internationaler Proteste vollstreckt.

Am 2. Februar tritt Verteidigungsminister Lavon zurück, der mit der Sache nichts zu tun hat. Colonel Gibli, der Mann, der den Privatkrieg gegen Ägypten führte, bleibt noch zwei Wochen länger als militärischer Abwehrchef im Amt. Dann entläßt ihn Ben Gurion – der »Alte« ist von seinen Tomatenfeldern wieder in die Politik zurückgekehrt, zunächst als Verteidigungsminister, wenig später erneut als Premier und Nachfolger Sharetts.

Israels Politiker vergessen die Affäre, besser gesagt: Sie verdrängen sie. Für die israelische Presse sind die »Operation Susannah« und ihre Folgen sowieso tabu. Und Giblis Agenten sitzen nun schon seit Jahren unter unvorstellbar harten Haftbedingungen – Folter, Einzelzellen ohne Kontaktmöglichkeit, nicht genug zu essen – im Zentral-Gefängnis in Kairo.

Als Robert Dassa in seinem selbstgebastelten, primitiven Radio im Juni 1956 vom Sieg der Israelis im Suez-Krieg hört und erfährt, daß die Israelis Tausende ägyptischer Gefangener gemacht haben, ist er sicher: Das muß die Befreiung sein. Doch ausgetauscht werden andere – Jerusalem hat seine Spione im Feindesland »vergessen«.

Es gibt nur zwei Männer, die nicht Gras über die »Operation Susannah« wachsen lassen möchten. Der eine ist Pinchas Lavon, der gerne rehabilitiert werden möchte und sich innerhalb weniger Jahre als Chef der Gewerkschaft »Histadrut« eine neue Machtpostion aufgebaut hat. Und der andere ist Isser Harel, der es nicht verwinden kann, daß der »Aman« ihn so übergangen hat. Inzwischen hat der Mossad-Chef den »Aman« an die Kandarre genommen, trotzdem fühlt er, daß die Affäre noch politischen Sprengstoff hat, der ihm nützen kann.[10)]

Harel möchte noch einmal Elad vernehmen, dessen Aussagen vor dem Untersuchungsausschuß ihm verdächtig vorkommen. Durch einen Zufall erfährt Harel, daß sich Elad wieder in der Bundesrepublik aufhält. Mossad-Agenten erzählen, er sei nach wie vor aktiv im Geheimdienst-Geschäft und werde besonders oft mit dem ägyptischen Militärattaché Osman Noury gesehen.

Harel stutzt – Frank alias Elad ist seines Wissens nach der Ägypten-Geschichte aus dem Geheimdienst entlassen worden. Eine neue Geheimaktion der »Aman«-Militärs? Nein, versichern die Nachfolger des Colonel Gibli, der Mann stünde auch nicht mehr auf ihrer Liste. Was er in Deutschland tue, sei ihnen unbekannt.

Isser Harel findet schnell heraus, daß Colonel Osman Noury Chef des militärischen Abwehrdienstes in Kairo war – zu der Zeit, als die »Operation Susannah« ablief und Frank-Elad die Netze koordinierte. Noury gilt als brillanter Gegenspionage-Offizier: Hat er Israels Elad schon in Ägypten »umgedreht«? Ist so die auffallend effektive Arbeit der ägyptischen Polizei zu erklären? Wird so verständlich, warum Frank-Elad noch zwei Wochen nach der Verhaftung der anderen in Ägypten sein konnte, ohne der Polizei ins Netz zu gehen?

Im Oktober 1957 stirbt Elads Vater. Direkt nach der Beerdigung, zu der der Sohn aus Deutschland nach Israel gekommen ist, verhaftet der Mossad Avri Elad. Er steht unter dem dringenden Verdacht, Doppelagent zu sein und seine israelischen Kollegen verraten zu haben. In einer Geheimverhandlung wird Elad zu zwölf Jahren Haft verurteilt. Nachgewiesen werden können ihm jedoch nur die unerlaubten Kontakte zu dem Ägypter, nicht der Geheimnisverrat. Im Verlauf der Verhandlungen kommt auch die alte Lavon-Gibli-Affäre wieder zur Sprache. Elad gibt zu, auf Anweisung des »Aman«-Chefs Benjamin Gibli falsche Aussagen gemacht und Papiere gefälscht zu haben.

Jetzt sieht Ex-Verteidigungsminister Lavon seine Chance. Er drängt Premierminister Ben Gurion 1960 zu einer Neuauflage des Untersuchungsausschusses. Ben Gurion hat kein Interesse daran, versucht Lavon hinzuhalten. Doch der »Alte« ist jetzt nicht mehr der starke Mann des israelischen Kabinetts. Eine Mehrzahl der Minister drängt Ben Gurion, den Ausschuß einzusetzen.

Im Dezember 1960 stellt ein Untersuchungskomitee schließlich fest, daß Pinchas Lavon niemals den Einsatzbefehl für die »Operation Susannah« gegeben hat und spricht ihn von jeder Schuld frei. Ben Gurion stellt Lavon politisch trotzdem kalt – er fürchtet, daß Lavon nach seinem Come-back zum politischen Rivalen wird. Der »Alte« erpreßt seine Ministerkollegen mit seiner Rücktrittsdrohung, die die Partei spalten könnte. Er bleibt noch zwei Jahre im Amt, bis er am 16. Juni 1963 endgültig aus der Politik scheidet und sich in seinen Negev-Kibbuz zurückzieht – eine Spätfolge der »Operation Susannah«. Die »Mapai«-Partei spaltet sich: Shimon Peres und Moshe Dajan, treue Anhänger Ben Gurions, scheiden aus er »Mapai« aus und gründen die oppositionelle »Rafi«-Partei.

Februar 1968: die Schluß-Phase des unglücklichen Unternehmens. Die letzten vier Gefangenen sitzen jetzt schon über dreizehn Jahre in Kairo. Die Demütigungen sind Routine geworden, die Hoffnungen auf Entlassung auf den Nullpunkt gesunken. Doch diesmal denkt der Mossad an seine verlorenen Söhne. Nach dem

Sechstagekrieg hat Israel mit über 5000 Gefangenen ein mächtiges Pfand. Die vier – und der 1962 inhaftierte israelische Meisterspion Wolfgang Lotz – werden gegen die 5000 ausgetauscht. Über Genf kommen sie nach Israel: Die Agenten von der »Operation Susannah« betreten nach fünfzehn Jahren zum erstenmal wieder den Boden des Staates Israel, für den sie ihr Leben riskiert haben.

Doch sie sind nicht frei. Zwei Jahre lang müssen sie untertauchen, dürfen keinem ihre Geschichte erzählen. Erst 1970 erlaubt die israelische Militärzensur, daß Dassa, Natanson, Levi und »Marcelle« alias Ninio in einem Fernseh-Programm von ihrem Schicksal berichten. Ganz Israel ist erschüttert. Jetzt wird die Frage nach dem Schuldigen öffentlich gestellt: Wer hat den Einsatzbefehl gegeben? Wer hat die Agenten verraten?*

Ex-»Aman«-Chef Benjamin Gibli, der Hauptschuldige an der Affäre, litt am wenigsten. Er wurde nach Ben Gurions Entlassung Chef der Armee im Nordabschnitt, 1956 Kommandant einer Brigade in der Sinai. Später kam er als Militärattaché an die israelischen Botschaften in London und Stockholm. Heute ist er ein erfolgreicher Geschäftsmann, Direktor der »Shemen Israel Oil Company«. Nebenbei ist der Mann, der den Terror nach Ägypten exportiert hat, noch stellvertretender Chef des »Israelischen Export-Instituts«.

Ex-Verteidigungsminister Pinchas Lavon ist es nicht so gut ergangen. Nach seiner Rehabilitierung verhinderte Ben Gurion Lavons Rückkehr in die große Politik. Wenig später wurde er auch als Chef der »Histadrut« abgewählt und zog sich ins Privatleben zurück. 1972 stirbt er, verbittert über die »Undankbarkeit seines Landes«.

Ex-Spionagechef Avri Elad alias Paul Frank sitzt über acht Jahre im israelischen »Ramle«-Gefängnis ab. 1968 entlassen, geht er nach Amerika und läßt sich als Geschäftsmann in Los Angeles nieder. Er schreibt ein Buch, in dem er jeden Geheimnisverrat leugnet und Israels politischer Führung die alleinige Schuld an der »Operation Susannah« gibt.

Die Ex-Agenten Philip Natanson, Victor Levi und »Marcelle« haben geheiratet. Sie leben heute mit ihren Familien in der Nähe von Tel Aviv – wie Robert Dassa.

* * *

»Sehen Sie die andern noch manchmal?« frage ich Robert Dassa, der sich ganz in die vergilbten Bilder vor sich vertieft hat. »Ja«, sagt er, »natürlich. So eine Geschichte, wie wir sie erlebt haben, verbindet fürs Leben.«

Ich sehe das Bild von seinem Gefangenen-Paß, die Bilder von der Entlassung: ein von dreizehn Jahren Haft gezeichneter, abgemagerter Mann, aber voller Hoffnung, voller Energie, voll ungebrochenem Selbstbewußtsein. Schmerzt ihn heute die Erkenntnis, daß sein Einsatz umsonst war, das Mittel des Terrors untauglich, die Briten am Suez-Kanal zu halten? Dassa zuckt die Schulter. Er sagt: »Wir haben an die Idee geglaubt. Wir waren jung. Wir waren Idealisten.« So wie er es sagt, klingt es wie eine Entschuldigung.

Robert Dassa schwärmt von der heutigen Annäherung an Ägypten, den großen Chancen, die der Frieden bietet. Er hat Angst davor, daß seine Landsleute durch zu große Erwartungen und zu wenig Feingefühl die neue Freundschaft gefährden könnten. Dassa lobt Ägyptens Präsident Sadat, den er für den größten Staatsmann der Welt hält.

Der Mann, der die Bomben gegen Ägypten bastelte, hat inzwischen auch schon von dem Frieden mit Ägypten profitiert. Im Juni 1979 erhielt er die persönliche Erlaubnis von Ägyptens Präsident, seine Verwandten in Alexandria zu besuchen. Es war eine sentimentale Reise in eine bittere Vergangenheit. Robert Dassa traf auch den Beamten, der ihm damals als Polizeioffizier, zuständig für zionistische Aktivitäten, das Leben schwermachte: Mamdouk Salem. Salem war inzwischen zum Ministerpräsidenten Ägyptens aufgestiegen. Die beiden Männer schüttelten sich lange die Hände.

Der Tod eines Kellners

Das ganz und gar gewöhnliche Leben des marokkanischen Kellners Ahmed Bouchiki endet am 21. Juli 1973 um 22 Uhr 45 auf einer Landstraße nahe der norwegischen Kleinstadt Lillehammer im Kugelhagel von drei Mossad-Agenten.

Die Israelis sind professionelle Killer eines Todeskommandos. Sie zielen genau und schießen aus zwei Meter Entfernung. Die ersten Kugeln aus ihren schallgedämpften »Berettas« treffen Bouchiki in Magenhöhe. Fast wie in Zeitlupe fällt der Mann vornüber. Die nächsten beiden Kugeln schlagen hinterm Ohr ein, treten ins Gehirn und lassen weiche Gehirnmasse auf die Straße spritzen.

Bouchiki fällt ganz nach vorn. Der dritte Killer, der beim Auto stehenblieb, als die andern dem Mann auflauerten, schießt jetzt in seinen Rücken. Sechs Kugeln bleiben im Körper stecken, sieben andere treten aus. Keine verfehlt ihr Ziel.

Die hochschwangere Frau, die den Mann begleitet, begreift zunächst gar nicht, was los ist. Sie hört kaum ein Geräusch, nur das leise, sanfte Klicken der »Berettas« und ein Stöhnen. Erst als der Wagen des Kommandos mit quietschenden Reifen davonfährt, reagiert die Frau. Sie wirft sich über ihren Mann, als könne sie ihn noch beschützen. Doch Ahmed Bouchiki ist tot. Seit dem ersten Schuß sind keine 30 Sekunden vergangen.

Die Mossad-Spezialeinheit hat – rein technisch gesehen – saubere Arbeit geleistet. Da gibt es nur einen Fehler: Der Getötete ist nicht, wie die israelischen Geheimdienstleute annehmen, der palästinensische Terrorist Ali Hassan Salimeh, sondern ein Kellner, der sich nie um mehr gekümmert hat als um hübsche Mädchen, Freizeit und genügend Geld, um sich auf angenehme Weise durchs Leben zu tricksen.

* * *

Am Morgen des 21. Juli 1973 stehen Ahmed Bouchiki und seine Frau Torill kurz vor 7 Uhr auf. Sie macht Frühstück mit Eiern, Cornflakes und Kaffee. Es ist Samstag. Ahmed ist noch müde und kommt kaum aus dem Bett. »Los doch«, sagt sie und schüttelt ihn, als er sich noch schlafend stellt. »Ich muß gleich gehen.« Da richtet er sich auf, faßt sie um die Taille und tut das, was er in den letzten Wochen so oft getan hat: Er legt sein Ohr auf den Bauch der Schwangeren und horcht nach Geräuschen.

Torill lacht: »Er strampelt schon den ganzen Morgen, dein Sohn!« Sie weiß, daß sich ihr Mann einen Sohn wünscht. In zwei Monaten soll es soweit sein. Es ist ihr erstes Kind. Sie, die sonst eher zierlich und schlank ist, hat schon einen Bauchumfang, als könne sie jede Sekunde gebären.

Torill mag die morgendlichen Zärtlichkeiten ihres Mannes. Diese Zärtlichkeiten lassen sie die Worte ihrer Freundinnen in Lillehammer vergessen, die sie vor dem gutaussehenden, schwarzhaarigen Araber gewarnt haben. Ahmed, hatten sie gesagt, sei ein Luftikus, ein Playboy, einer der nichts und niemanden im Leben ernst nehmen könnte. Doch Torill Larsen, wie sie damals noch hieß, ließ sich durch das Geschwätz der anderen nicht abschrecken. Ahmed war höflich zu ihr und galant, und sie hatte sich schon bei ihrer ersten Verabredung zu Ostern 1972 Hals über Kopf in ihn verliebt. Im Dezember feierten die blonde Krankenhaus-Assistentin und der Araber dann Verlobung, und als sie am 10. Februar 1973 heirateten, war Torill bereits im zweiten Monat schwanger.

Ahmed hatte sich verändert, als er davon erfuhr, daß er Vater würde. Ahmed hatte als Discjockey und Bartender im »Grenadier«, Lillehammers einziger Discothek, gearbeitet und mehr als einmal einen Blick auf die Mädchen riskiert, auch als er Torill schon kannte. Schließlich kam er gut an bei den blonden norwegischen Mädchen, mit seinen dunklen Teint, dem Schnurrbart, der sportlichen Figur. Doch damit war es jetzt vorbei. Er wechselte seinen Job und arbeitete, um mehr Geld zu verdienen, als Aushilfskraft im »Skogli«-Sanatorium. Nebenbei nahm er Trainerstunden im städtischen Freibad, um sich als Lebensretter ausbilden zu lassen. Es schien, als sei Ahmed Bouchiki mit 30 Jahren endlich erwachsen geworden.

Torill räumt noch schnell das Frühstücksgeschirr weg. Zum Spülen ist keine Zeit. Sie muß um 7 Uhr 30 im Krankenhaus anfangen. Ahmed geht mit ihr aus dem Haus in Richtung Freibad. Er hat Zeit, seine Trainerstunde beginnt erst um zehn. Es ist ein warmer Sommertag, schon morgens über 20 Grad. Ahmed Bouchiki setzt sich ins schattige Straßencafé des Hotels »Kronen« und trinkt erst mal eine Cola.

Drei Tische weiter nimmt ein junger Mann Platz und bestellt sich einen Kaffee. Manchmal blickt er prüfend von seiner Zeitung auf. Der Mann ist Mossad-Agent. Er ist vorsichtig bei der Beschattung des Arabers, was nicht nötig wäre. Denn Ahmed Bouchiki hat keine Ahnung, daß seit 24 Stunden jeder seiner Schritte überwacht wird.

Die Mossad-Agenten, die in Norwegen die Spur des mutmaßlichen München-Attentäters Ali Hassan Salimeh aufnehmen sollten, hatten ihren Mann von Fotos her identifiziert. Sie waren sich ganz sicher, daß Bouchiki und Salimeh ein und dieselbe Person waren. Ihr Verdacht beruhte – neben der Ähnlichkeit – vor allem auf einem Treff, den Bouchiki am Vortag im selben Café mit einem Araber namens Kemal Benamane hatte.

Dieser Mann, Angestellter der algerischen Botschaft in Genf, war nach Mossad-Meinung Zwischenträger des »Schwarzen September«, der radikalen Palästinenserorganisation, die Salimeh lange leitete. Benamane aber war in Wirklichkeit nicht in irgendwessen Auftrag, sondern wegen eines Streits mit seiner Frau nach Norwegen gefahren – auf Urlaub. Er hatte sich vom Touristenamt in Oslo Lillehammer als Ferienressort empfehlen lassen. Benamane kannte Bouchiki überhaupt nicht, als er ihn am 20. Juli nachmittags um vier im Café ansprach – er wollte nur mit jemandem Arabisch reden.

Ahmed Bouchiki verläßt gegen zehn das »Kronen«-Café und spaziert dann zwei Häuserecken weiter zum Freibad. Er nimmt seine Trainerstunde, trifft einen alten Kellner-Freund, einen Franzosen namens Henry, und unterhält sich eine Weile mit ihm. Um halb zwölf verläßt er mit ihm das Gelände und geht zum »Bergseng«-Café. Dort wartet schon seine Frau, die um 11 Uhr 30 Dienstschluß hatte. Die beiden nehmen dann den Bus Nr. 18 in Richtung Nybu, einen Vorort Lillehammers. Sie steigen auf halbem Weg aus, überqueren die Straße und betreten das Appartement-Haus, in dessen siebtem Stock sie eine Zweizimmerwohnung gemietet haben.

Es ist 13 Uhr. Torill macht ein einfaches Essen aus Salaten. Die beiden haben bei der Hitze keinen großen Hunger. Sie essen. Dann legen sie sich hin. Es ist Samstag. Torill muß nicht mehr zur Arbeit.

Das Mossad-Team hat nur einen schwierigen Moment bei der Beschattung Bouchikis – als er ins Freibad geht und von mehreren Personen angesprochen wird. Heckt Ali Hassan einen neuen Terroranschlag aus? Der Mossad-Mann, den die israelischen Agenten Mike nennen, gibt Befehl, alle Ausgänge des Freibades zu besetzen. Die Agentin Marianne leiht sich am Schalter des Pool-Büros schnell einen Badeanzug und versucht, Gesprächsfetzen der Unterhaltung am Schwimmbecken aufzuschnappen. Sie bekommt nur mit, daß »Ali Hassan« und sein »Kontaktmann« Französisch sprechen.

Das macht die Sache noch verdächtiger: Französisch ist eine Sprache, die der Chef des »Schwarzen September« gut beherrscht. »Mike« telefoniert mit Zwi Zamir, der nach dem dringlichen Anruf seines Teams am Vortag selbst nach Norwegen gekommen ist. »Mike« ist dafür, noch am selben Tag gegen »Ali Hassan« loszuschlagen.

»Dann tötet ihn«, sagt der Chef des israelischen Geheimdienstes.

Nach dem Mittagsschlaf stellt Ahmed Bouchiki das Kofferradio an und sucht auf Kurzwelle nach arabischer Musik. Er liebt amerikanische Disco-Klänge, aber nachmittags, da hört er gern einmal die Musik seiner Heimat, läßt sich zurücktragen in die Zeit, als er noch mit seinen Eltern in einem kleinen, abbruchreifen Haus in Constantine, Algerien, lebte.

Bouchikis waren arme Leute. Ahmed hatte sechs Geschwister. Sein Vater verdiente als Straßenhändler gerade das Nötigste. Im algerischen Unabhängigkeitskrieg schließt sich Ahmed schon als fünfzehnjähriger den Aufständischen an. Er arbeitet für einen Außenposten nahe der marokkanischen Grenze. Als Held hat er sich nie hervorgetan, obwohl er ab und zu ganz gerne gegenüber seinen norwegischen Freunden mit seiner »Guerilla«-Vergangenheit angibt und ein vergilbtes altes Foto hervorholt, das ihn »auf Wache« in der Wüste zeigt.

Wenn seine Bekannten dann nachfragen und bohren, gesteht Bouchiki, keine besondere Rolle im Unabhängigkeitskrieg gespielt zu haben. »Ich war jung damals«, sagt er. »Hab das alles noch gar nicht richtig verstanden, was Krieg heißt.« Patriotismus, fügt er dann meist noch hinzu, sei eine schöne Sache, aber Leben sei wichtiger: »Ich bin gegen Krieg und gegen jede Form von Gewalt.« Als seine Freunde ihn einmal auf den Nahost-Konflikt ansprechen, zeigt sich Bouchiki desinteressiert: »Ich hab nichts gegen Juden, kenne auch einige. Warum sollten sie nicht meine Freunde sein?«

Bouchiki kommt erstmals als 22jähriger nach Norwegen, in die Stadt Bergen. Er ist auf Jobsuche - und kann zunächst Nützliches mit Angenehmem verbinden. Er hat lange Jahre Karate gelernt und es inzwischen zur Meisterschaft gebracht, Bergens Polizeidirektion stellt ihn als Karatelehrer ein. Doch Bouchiki macht einen Fehler: Er kümmert sich nicht um eine Arbeitserlaubnis. Nach wenigen Monaten wird er Ende 1966 von der norwegischen Ausländerpolizei in die Niederlande abgeschoben.

Aus Rotterdam wird er wieder zurückgeschickt – die Holländer nehmen ihn nicht. Schließlich landet er in Frankreich. Weil sein algerischer Paß jetzt den Ausweisungs-Stempel trägt, überredet er das marokkanische Konsulat in Marseille, ihm Papiere dieses Landes auszustellen – seine Mutter ist Marokkanerin. Mit dem neuen Ausweis reist er wieder nach Norwegen ein, wo es ihm am besten gefallen hat. Er bekommt eine Arbeitserlaubnis und verdient sich zunächst in Bergen, dann in Oslo als Tellerwäscher in Hotels sein Geld.

Bouchiki trickst sich mehr schlecht als recht durchs Leben. Er hat zwar nie Geld, aber er macht sich keine großen Sorgen, weil er immer mal wieder bei Mädchen unterschlupft. Er liebt Discos, Feten, das leichte Leben. Er nimmt, wie so viele Jugendliche in diesen Tagen, Haschisch. Als er sich als kleiner Zwischen-Dealer versucht, wird er von den erfahrenen »Geschäftsleuten« der Branche durchgeprügelt: Die haben kein Verständnis für arabische Konkurrenz.

Der Araber entflieht dem miesen Leben – auf die See. Er heuert 1968 als Küchenjunge auf einem norwegischen Frachter an, der die Küste entlangfährt. Die Crew mag den lustigen jungen Mann, aber bei seinem Job stellt er sich nicht gerade clever an. Der Kapitän entläßt ihn und schreibt in sein Zeugnis, er sei ein »Träumer«, der alles tue, nur nicht das, was man ihm auftrage.

Bouchiki fängt in einer Kneipe in Bergen als Kellner an. Dann kommt er in seinem neuen Job nach Lillehammer, lernt eine attraktive Küchenhilfe kennen und schwängert sie. Als ihr gemeinsamer Sohn geboren wird, beantragt Bouchiki Arbeitslosenunterstützung und verschwindet. Er reist auf dem Billig-Trip nach Frankreich und jobt einige Wochen in Saint Tropez. Dann zieht es ihn wieder zu dem Mädchen und seinem Kind nach Norwegen zurück. Die beiden streiten sich, ziehen zusammen, streiten sich wieder. 1971 machen sie Schluß miteinander.[11)]

Noch im selben Jahr kommt der Araber nach Lillehammer zurück und findet eine Anstellung als Barmann in der Discothek »Grenadier«. Dort lernt er Ostern 1973 auch seine Frau kennen.

Ahmed Bouchiki geht für sein Leben gern ins Kino. Es muß an diesem 21. Juli 1973 gegen vier Uhr nachmittags sein – Torill hat gerade Kaffee gemacht –, als er die örtliche Tageszeitung aufschlägt, aufmerksam das Kinoprogramm studiert und dann zu seiner Frau sagt: »Wollen wir nicht ›Adler wagen alles‹ sehen? Der soll ganz spannend sein.« Torill ist zunächst gar nicht begeistert von der Idee, läßt sich dann aber breitschlagen. Sie mag nicht so gern blutrünstige Kriegsfilme, und sie hat gelesen, die »Adler« seien voll Mord und Totschlag.

Das Ehepaar Bouchiki verläßt gegen 20 Uhr sein Apartment. Die beiden nehmen den Bus bis zum Marktplatz, wo das Kino liegt. Ohne daß sie es merken, folgen ihnen Mossad-Agenten.

Der Film hat Überlänge und endet erst nach halb elf. Ahmed und Torill Bouchiki erwischen gerade noch den Bus um 22 Uhr 37. Ein Auto, gemietet vom israelischen Geheimdienst, folgt ihnen.

Über Walkie-talkie hat die Mossad-Gruppe ihre Kollegen vom Killerkommando in der Nähe der Bushaltestelle beim Apartmenthaus verständigt: Der »Terrorist« ist auf dem Weg.

Um 22 Uhr 42 hält der Bus auf der Landstraße. Es steigen nur zwei Personen aus. Als der Autobus am Horizont verschwunden ist, springen die Mossad-Agenten aus ihrem am Straßenrand geparkten Wagen, ziehen die »Berettas« und schießen. »Tut es nicht!« ist das letzte, was Ahmed Bouchiki rufen kann, bevor er stirbt.

* * *

Das Kommando-Unternehmen von Lillehammer weitet sich zur Mossad-Krise aus. Zwar kann sich Geheimdienst-Chef Zamir unerkannt aus dem Staub machen, aber die Agenten Daniel Ert (alias Aerbel) und Marianne Gladnikoff werden bei einer Routinekontrolle von der norwegischen Polizei geschnappt. Kurz darauf werden vier weitere verhaftet - jetzt sitzt das ganze Aktions-Team.

Daniel Ert, der Mann mit dem dänischen Paß, der sich wegen seiner Verdienste bei der »Scheersberg«-Affäre zum Mossad-Chef von Skandinavien hochgedient hat, verliert als erster die Nerven. Er erträgt die Enge der Zelle nicht, leidet unter Klaustrophobie, eine Krankheit, die er der Zentrale immer verschwiegen hat. Nach der ersten Nacht im Gefängnis gesteht er, an der Aktion gegen den Araber beteiligt gewesen zu sein: »Es ging darum, Ali Hassan Salimeh zu töten«, sagt er. »Es war eine Aktion des israelischen Geheimdienstes gegen den ›Schwarzen September‹.«

Als die Beamten etwas ungläubig schauen, verrät Ert sogar Betriebsgeheimnisse: »Mein Kontakt in Tel Aviv heißt Mike. Sie können ihn anrufen. Seine Nummer ist Tel Aviv 25 62 30.«

Am 1. Februar 1974 werden die Mossad-Agenten Sylvia Rafael und Abraham Gehmer wegen Beteiligung an einem Mord zu fünfeinhalb Jahren Gefängnis verurteilt, Dan Ert erhält fünf Jahre, Marianne Gladnikoff kommt mit zweieinhalb Jahren und Nachrichtenagent Zwi Steinburg mit einem Jahr Gefängnis davon. Michael Dorf, der Kontaktmann der Gruppe, wird als einziger freigesprochen. Viel schlimmer als die relativ milden Strafen ist für den israelischen Geheimdienst die Aufmerksamkeit der Weltöffentlichkeit, die er durch die Affäre auf sich gezogen hat. Der Ruf des Mossad leidet schwer – die Israelis müssen sich sagen lassen, daß sie leichtfertig, dilettantisch und unprofessionell gearbeitet haben, und das bei der Jagd auf ihren selbsternannten »schlimmsten Feind«: Ali Hassan Salimeh.

Der *Time*-Journalist David Tinnin nennt in seinem Buch *Hit Team* die Hauptgründe für das Versagen des israelischen Geheimdienstes. Erstens: Die Zusammensetzung des Kommando-Teams, das teilweise aus Anfängern bestand und schlecht geführt wurde. Eine geradezu unerklärliche Schwäche, wenn man bedenkt, daß die Jagd auf Salimeh oberste Priorität auf der Liste des Mossad hatte.

Zweitens: Der Zeitpunkt und der Ort der Aktion. Die Agenten hätten kein grünes Licht für die Aktion erhalten dürfen, ohne nochmals die Identität des Arabers zu überprüfen. Gefährliche Hektik wurde auch von Mossad-Chef Zwi Zamir verbreitet, der am Tag vor dem Attentat von der Entführung eines japanischen Verkehrsflugzeugs durch radikale Palästinenser informiert worden war, dies auf Salimehs Norwegen-Kontakte zurückführte und sofort auf Rache sann – anstatt kühlen Kopf zu bewahren. Und drittens: Die ungenügende Kooperation des Mossad mit den Norwegern (Tinnin irrt, wenn er schreibt, Oslos Geheimdienst sei mindestens teilweise eingeweiht gewesen.)

Die Leiche des Ahmed Bouchiki wurde von seinem Bruder nach Marokko überführt, wo man ihn mit vollen militärischen Ehren beisetzte. Verschiedene radikale Palästinenser-Gruppen machten den Kellner von Lillehammer zu einem »Widerstandskämpfer« in ihren Reihen und zu einem »Märtyrer«. In einem Interview mit der norwegischen Zeitung ›*Verdens Gang*‹ behauptet PLO-Sprecher Mohamed Wahbi noch 1978, Bouchiki habe in einer »Spezialeinheit« gedient, die der palästinensischen Befreiungsorganisation unterstand – Legendenbildung über einen Mann, der sich nicht für Politik interessierte.

Torill Bouchiki brachte im September 1973 ihre Tochter Malika zur Welt. Sie arbeitet immer noch in dem Krankenhaus von Lillehammer.

Yom Kippur: Die 400 Warnungen, die keiner beachtet

6. Oktober 1973, 13 Uhr 30, im Büro des Armeesprechers in Tel Aviv: General Eliahu Zeira, Chef des militärischen Nachrichtendienstes »Aman«, gibt eine Pressekonferenz. Thema: die angeblichen Kriegsvorbereitungen der Ägypter und Syrer gegen Israel. Der Geheimdienst-General gibt sich lässig und selbstbewußt. An dem Gerede über einen bevorstehenden Angriff sei nichts dran, Ägyptens Präsident Sadat bluffe nur. Die Journalisten machen eifrig Notizen. Da stürmt ein Major der israelischen Armee in den Raum, vor zum Pult des Generals, und drückt ihm aufgeregt ein Telegramm in die Hand. Zeira nimmt es, liest – und verläßt eiligen Schrittes den Raum.

Während die Journalisten noch rätseln, was das alles zu bedeuten hat, fangen überall in Tel Aviv die Sirenen an zu heulen. Die Reporter stürzen ins Freie. In Sekundenschnelle hat sich herumgesprochen, was los ist: Ägyptens Armee hat um 14 Uhr den Suez-Kanal überquert, der Krieg gegen Israel hat begonnen.

Um 16 Uhr, als das gesamte Büro der Ministerpräsidentin die Übersicht über die Lage verloren hat, trifft ein verschlüsseltes Telegramm aus London ein. Mossad-Chef Zwi Zamir hat es geschickt. Der Text lautet: »Höchste Alarmstufe. Die Ägypter greifen heute noch an.«

Die Blamage des israelischen Geheimdienstes könnte augenfälliger nicht sein. Der Mossad-Chef warnt zwei Stunden nach dem Kriegsausbruch vor den Gefahren eines Angriffs, der Boss der militärischen Abwehr versucht Reporter davon zu überzeugen, es werde zu keinem Angriff kommen, als sich die Araber gerade in Marsch gesetzt haben. Hat der »beste Geheimdienst der Welt« über Nacht das Spionieren verlernt? Hat er auf allen Ebenen versagt? Hat er Israels politische Führung womöglich sogar getäuscht?

Mossad-Chef Zwi Zamir ist 1973 längst nicht mehr so mächtig, wie es seine Vorgänger Isser Harel und Meir Amit waren – die Kontrolle über sämtliche Zweige des Geheimdienstes gleitet ihm aus den Händen. Seit dem Sechstagekrieg 1967 hat sich immer mehr der militärische Nachrichtendienst »Aman« in den Vordergrund geschoben. General Aharon Yariv, der 1968 »Aman«-Chef wurde und schon vor der Staatsgründung im Untergrund für illegale Emigration arbeitete, hat einen besseren Kontakt zum »Küchenkabinett« der Ministerpräsidentin Golda Meir als der eher scheue Zamir.

Mehr und mehr entwickeln sich die Dienste auseinander. Der »Aman« übernimmt weitgehend die eigentliche Spionagetätigkeit im Ausland. Zamir und seine Mossad-Agenten sind fast nur noch damit beschäftigt, weltweit Terroristen zu jagen und sie umzubringen. Als im norwegischen Lillehammer statt eines Terroristen ein unschuldiger Kellner umgebracht wird, sinkt das Ansehen des Mossad weiter. Israels Geheimdienst kommt international ins Gerede – das Schlimmste, was einem »Secret Service« passieren kann.

Schon im Mai 1973 deutet alles auf einen Angriff der Ägypter hin: Israelische Luftbilder zeigen zusätzliche Verteidigungsanlagen am Suez-Kanal, Abschußrampen, Bunker. »Aman«-Agenten melden die bedrohliche Situation nach Tel Aviv. Doch General Eliahu Zeira, der Yariv gerade als »Aman«-Chef abgelöst hat, schlägt die Warnungen in den Wind. Er hat den Posten nur wegen seiner guten Beziehungen zu Verteidigungsminister Dajan bekommen, Erfahrungen in der Auswertung geheimer Nachrichten hat er nicht. Und Zeira ist als Mann bekannt, der seine Meinung nicht mehr ändert, wenn er sie sich einmal gebildet hat.

Armeechef David Elazar gelingt es – an Zeira vorbei –, das Kabinett zur Mobilmachung zu überreden. Doch aus Kairo kommen vorläufig nur starke Worte – sonst passiert nichts. Der Armeechef muß sich gefallen lassen, daß man ihm vorrechnet, was die Mobilmachung gekostet hat: fast 30 Millionen Mark.

In Israel glaubt kaum einer an einen arabischen Angriff – und das hat seine psychologischen Gründe. Seit dem Sechstagekrieg haben viele Israelis, bis in die politische Führung hinein, ein ausgeprägtes Überlegenheitsgefühl gegenüber den Arabern entwickelt. Man traut dem »arabischen Schwätzer Sadat« nicht den Mut zu, einen Krieg zu beginnen. Man glaubt auch nicht, daß die Araber eine Chance hätten. Der glanzvolle Sieg von 1967 hat dem Volk der Juden den festen Glauben beschert, unbezwingbar zu sein.

Was man fürchtet, sind Terroristen, nicht Soldaten. Es ist populär geworden, über den Abbau der Verteidigungsausgaben zu diskutieren. Selbst Verteidigungsminister Moshe Dajan fordert im August 1973 – im Hinblick auf die Wahlen im kommenden Monat – eine Kürzung des Etats. Und der Kriegsheld der »Likud«-Opposition, General Arik Sharon, posiert für einen Wahlspot lässig an der Front am Suez-Kanal.

Derweil laufen die arabischen Kriegsvorbereitungen auf Hochtouren. Sadat trifft am 12. September zu einem Blitzbesuch in Damaskus ein und arbeitet die genauen Angriffspläne mit den Syrern aus. Die Berichte israelischer Agenten über einen kommenden Angriff häufen sich in Tel Aviv. Am 29. September werden »Aman«-Chef Zeira Truppenbewegungen der Syrer am Golan gemeldet. Am 1. Oktober schickt der israelische Leutnant Siman-Tov einen genauen Aufmarschplan der Ägypter an die Zentrale in Tel Aviv. Am 4. Oktober meldet sich der »große Bruder« CIA – auch den Amerikanern sind die arabischen Kriegsvorbereitungen aufgefallen.

Der »Aman«-Chef benachrichtigt den Mossad-Chef nicht. Aber auch Mossad-Chef Zamir erhält von einem seiner Agenten einen ganz konkreten Tip über die Pläne der Ägypter. Selbst der Codename des ägyptisch-syrischen Angriffs ist dem Mossad-Mann bekannt: »Operation Badr« (in Erinnerung an eine entscheidende Schlacht, die Mohammeds Truppen schlugen, bevor sie schließlich Mekka erobern konnten).

Zwi Zamir verständigt die Ministerpräsidentin Golda Meir und den Verteidigungsminister Moshe Dajan. Die beiden kontakten »Aman«-Chef Zeira, der sagt, ein Angriff sei »so gut wie ausgeschlossen«. Wort steht gegen Wort. Da beschließen die Politiker, dem Chef der militärischen Abwehr zu glauben. Sie haben den Verdacht, daß Ägyptens Geheimdienst den Mossad mit »Spielmaterial« füttert, um noch einmal eine kostspielige Mobilisierung der Israelis zu provozieren. Zamir erhält am 4. Oktober abends den Auftrag, sich in den europäischen Hauptstädten umzuhören und seine Information »härter« zu machen. Als sein Report zwei Tage später in Jerusalem eintrifft, haben die Araber gerade ihren Angriff gestartet, am Yom Kippur-Tag, einem der höchsten Feiertage der Juden – dem Fest der Versöhnung.

Am ersten Kriegstag werden über 500 israelische Soldaten getötet und mehr als 1 000 verwundet – das sind fast so viele wie im gesamten Sechstagekrieg.

Nach dem mühevollen militärischen Patt, das die Israelis erreichen und dem darauffolgenden, von den USA und der Sowjetunion gemeinsam inspirierten Waffenstillstand, wird in Israel eine Untersuchungskommission gegründet, die Fehler in der Kriegsvorbereitung aufdecken soll. Am 1. April 1974 legt die Kommission unter Vorsitz des Richters Shimon Agranat ein 32 Seiten starkes Papier vor. Sie beklagt darin das unverständliche Kommunikationsleck zwischen den beiden rivalisierenden Geheimdiensten und empfiehlt dringend die Entlassung von »Aman«-Chef Eliahu Zeira sowie drei weiterer Männer seiner Abteilung. Die israelischen Agenten im Auslandsdienst aber erhalten ein Sonderlob: mehr als 400 Hinweise und Warnungen seien eingegangen.

Die politische Führung Israels wird freigesprochen – aber viel mehr als ein Freispruch aus Mangel an Beweisen ist das nicht: »Wir haben den gemeinsamen Beschluß erreicht, daß der Verteidigungsminister nach den Normen vernünftigen Verhaltens nicht notwendigerweise zusätzliche Maßnahmen ergreifen mußte...«

Die Menschen auf den Straßen urteilen anders. »Dajan, Du hast unsere Söhne auf dem Gewissen!« rufen demonstrierende Mütter. Der Held des Sechstagekrieges wird den Makel von Yom Kippur während seiner ganzen politischen Karriere nicht mehr los. Ministerpräsidentin Golda Meir tritt zurück.

Doch die »Beinahe-Niederlage« der israelischen Armee und die Blamage des israelischen Geheimdienstes haben – Ironie der Weltgeschichte – den Frieden im Nahen Osten erst sicherer gemacht. Ohne Yom Kippur wäre das Selbstvertrauen des Ägypters Sadat nicht so stark gewesen, nach Jerusalem zu kommen, ohne Yom Kippur hätten die Vorurteile der Israelis gegenüber der angeblichen »Unfähigkeit« der Araber weiterbestanden – nie hat der Mossad mehr bewirkt als durch diese Niederlage.

KAPITEL V

Die „anderen" Aufgaben

Das Bündnis der
Aussätzigen – der Mossad
als Waffenschieber

Moshe Dajan mit
Schnurrbart und
Sonnenbrille –
der Mossad als
»heimliches«
Außenministerium

Ein Spion
bei Baader-Meinhof
der Mossad und
die »besonderen« Beziehungen
zu den Deutschen

Mit den Ägyptern
gegen Khomeini und
die PLO –
die neue Strategie
des Mossad

Der Mossad als Waffenschieber

Kfir-Jagdbomber, Maschinenpistolen und Raketen gehören zu den erfolgreichsten Produkten im Waffengeschäft zwischen Israel und den meisten Diktaturen dieser Welt

726

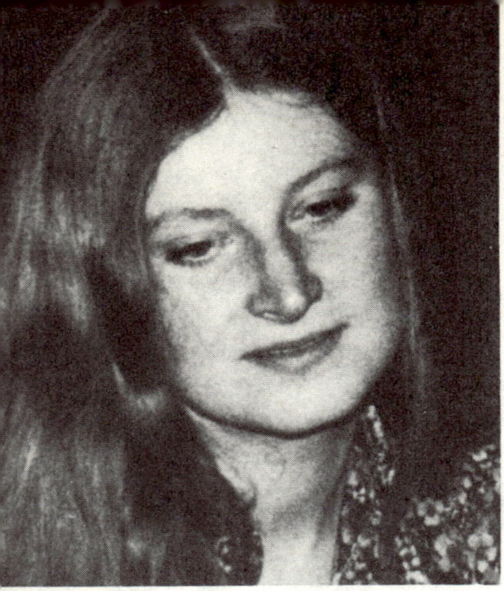 

Die Zusammenarbeit zwischen dem Bundesnachrichtendienst (begonnen unter Reinhart Gehlen) und dem Mossad ist enger als die Regierungen beider Länder wissen.
Die angeblichen deutschen Terroristen, Brigitte Schulz und Thomas Reuter (oben) von dem ehemaligen Terroristen Hans-Joachim Klein (rechts) an den Mossad verraten, galten 2 Jahre lang als verschollen. Sie saßen in einem unbekannten israelischen Gefängnis

Mossad-Aktionen in der BRD

Das Bündnis der Aussätzigen – der Mossad als Waffenschieber

Wenn man offiziellen israelischen Angaben Glauben schenken würde, dann verschwänden jedes Jahr Rüstungsgüter im Wert von etwa zwei Milliarden Mark spurlos vom Erdboden.

So hoch schätzen internationale Experten des »Stockholm International Peace Research Institute« die Einnahmen, die Israel jährlich aus seinen Waffenexporten bezieht, und sie sagen, die Zahl habe sich innerhalb der letzten fünf Jahre versechsfacht. Die Gelder tauchen in keiner Statistik auf. Viel mehr als die Tatsache, daß Waffen exportiert werden – »solche Exporte halten erst unsere industrielle Kapazität aufrecht«, sagt mir ein Beamter des Verteidigungsministeriums – ist den offziellen israelischen Stellen nicht zu entlocken.

Wohin geht das Kriegsgerät? – »Unsere Kunden haben die Garantie, daß wir mit ihren Namen nicht hausieren gehen«, versichert der Verteidigungsexperte aus Jerusalem, der schon diese Aussage für so brisant hält, daß er mich bittet, seinen Namen zu verschweigen.

So ist, klammheimlich und von der Weltöffentlichkeit fast unbemerkt, das kleine Israel zum fünftgrößten Waffenexporteur der Welt (nach der UdSSR, den USA, Frankreich und Großbritannien) geworden. Durch den Verkauf von »Uzi«-Maschinengewehren, »Kfir«-Jagdbombern und »Shafrir«-Luftraketen bezieht Jerusalem heute schon mehr Devisen als durch den Export von Zitrusfrüchten.

Der Mossad hilft kräftig mit, das israelische Kriegsgerät im Ausland an den Mann zu bringen. Eine Spezialabteilung befaßt sich mit Waffengeschäften. Geheimdienstleute sitzen in den wichtigsten Funktionen der »Israel Military Industry« (IMI) und der »Israel Aircraft Industries« (IAI).

Alle Mitarbeiter dieser beiden Staatsfirmen werden vom Geheimdienst auf ihre Zuverlässigkeit überprüft. Die meisten der geheimen Waffengeschäfte werden über den »Koor«-Konzern in Tel Aviv sowie über dessen Tochterfirmen Tadiran, Iskoor und Talkoor abgewickelt. In New York, London und Brüssel unterhalten die Firmen am Rande internationaler Kongreß-Treffpunkte spezielle Informationsbüros. Bis 1978 als »Generalmanager« an der Spitze des »Koor«-Unternehmens: der frühere Mossad-Chef Meir Amit. Noch heute im Waffengeschäft aktiv: Israels Super-Unternehmer Shaul Eisenberg, Chef der »Atasco«.

In Israel produzierte Waffen zählen heute zu den besten der Welt. Neben dem 1977 in Serie gegangenen Super-Panzer »Merkava« produzieren die IMI-Werke die hervorragenden »Uzi«-Maschinenpistolen, die auch in NATO-Armeen verwendet werden. 1977 wurde das Sturmgewehr »Galil« in das Serienprogramm aufgenommen. Darüber hinaus stellt IMI Gewehrgranaten, leichte Artillerieraketen und Kanonen her.

Mit mehr als 18 000 Beschäftigten sind die »Israel Aircraft Industries« das größte Industrieunternehmen des Landes. Zu ihrem Programm gehören neben den »Kfir«-Jagdbombern, die »Reshef«-Raketenschnellboote, die Schiffsrakete »Gabriel« (Reichweite: über 40 Kilometer).

Ein weiteres wichtiges Feld der israelischen Rüstungsproduktion ist die hochentwickelte Militär-Elektronik, von Radarstationen bis zu elektronischen Zäunen, Anti-Guerilla-Frühwarnsystemen und Nachtsichtgeräten. Dazu kommt noch die geheimnisumwitterte israelische Atomrüstung mit dem Reaktor von Dimona in der Negev-Wüste.

Israelische Militärs machen kein Geheimnis daraus, daß der systematische Ausbau der eigenen Rüstungsindustrie darauf abzielt, die Abhängigkeit von ausländischen, vor allem amerikanischen Lieferungen zu verringern und so den politischen Spielraum der israelischen Regierung zu erhöhen. General Tal, Direktor eines »Strategischen Instituts« in Tel Aviv: »Wir haben das technische Know-how, jede Waffe zu produzieren, die wir heute brauchen.« Und die internationalen Verbindungen – und die Skrupellosigkeit im Umgang mit Diktaturen –, um alle diese Waffen zu verkaufen.

Israel, durch die ständige Verurteilung seiner Politik vor der UNO selbst eines der »ausgestoßenen« Länder der Welt, hat eine Allianz mit den Staaten aufzubauen versucht, die ebenfalls von der Weltöffentlichkeit geschnitten werden und daher Probleme haben, Waffen von »normalen« Lieferanten zu kaufen: zum Beispiel Südafrika.

Auch Israel ist als UN-Mitglied offiziell dazu verpflichtet, sich an das von der Weltorganisation beschlossene Embargo gegen das rassistische Südafrika zu halten. Doch obwohl Israels Regierungen offiziell immer scharf gegen die Diskriminierungen der Apartheid-Politik Stellung genommen haben – schließlich macht die jüngere Geschichte Juden gegenüber Verletzung von Bürgerrechten und Verfolgung empfindsamer als jedes andere Volk –, hielt Jerusalem schon lange inoffizielle Kontakte zu Südafrika.

Das begann Mitte der fünfziger Jahre, als die Israelis anfragten, ob sie denn nicht Uran aus Südafrika beziehen könnten. Der Deal scheiterte damals, weil Pretoria fürchtete, die Amerikaner könnten hinter das Geschäft kommen – Washington hatte den Uran-Export genehmigungspflichtig gemacht. Aber schon bald kamen die Südafrikaner und die Israelis über konventionelle Waffen ins Geschäft. Nach General de Gaulles Waffen-Embargo von 1967 versorgte Pretoria die Israelis mit den Ersatzteilen für die »Mirage« und anderem Kriegsgerät. Eine solche Partnerschaft schien den Amerikanern durchaus ins Konzept zu passen. Auch sie trieben heimlich Geschäfte mit Südafrika und waren froh, daß die Israelis jetzt nicht mehr nur von Waffenlieferungen aus Washington abhängig waren.

Im Frühjahr 1975 ging US-Außenminister Kissinger sogar so weit, die Israelis zu bitten, Südafrika mit Elite-Truppen auszuhelfen. Die Südafrikaner bekämpften damals im Busch von Angola die von den Kubanern unterstützte national-demokratische Volksbewegung des Agostinho Neto (MPLA). Die Israelis weigerten sich, Kissingers Wunsch nachzukommen. Aber sie schickten Militärberater, die im Anti-Guerillakampf ausgebildet waren.

Im Mai 1976 besuchte der damalige südafrikanische Premierminister John Vorster Israel. Er unterzeichnete ein Abkommen über wirtschaftliche und militärische Zusammenarbeit, in dem Pretoria zusagte, einen Großteil der israelischen Waffenneuentwicklungen zu finanzieren. Im Gegenzug versprach Jerusalem, Südafrika an diesen Waffen teilhaben zu lassen und südafrikanische Experten auszubilden. Streng geheim blieben die Verhandlungen über die Kooperation im Atomgeschäft: Vorster bot an, die Uranlieferungen an Israel, die etwa 1970 eingesetzt hatten, zu verdreifachen. Für eventuelle Atomtests stellte er in der südafrikanischen Kalahari-Wüste ein Testgelände in Aussicht. Einzige Bedingung: Israelische Wissenschaftler sollten beim Aufbau der südafrikanischen Nuklear-Industrie helfen. Pretoria wollte für den Notfall der Revolution von innen oder des Angriffs von außen von den Israelis die Atombombe haben. Jerusalem sagte zu.

Inzwischen hat Israel an Südafrika sechs Raketenschnellboote der »Reshef«-Klasse geliefert, die mit »Gabriel«-Raketen, mit Unterwasser-Torpedos und einem elektronischen Frühwarnsystem ausgestattet sind. Dafür finanziert Südafrika die Fortentwicklung der »Reshef« in Israel, deren Reichweite bald 7000 Seemeilen betragen soll. 40 südafrikanische Fachleute sind ständig zu Gast in den

Docks von Haifa, wo die Boote gebaut werden. Die Südafrikaner liefern auch den besonders hochwertigen Stahl, den man für die Verkleidung des israelischen »Merkava«-Panzers braucht. Im Gegenzug statten die Israelis gegenwärtig über 150 südafrikanische »Centurion«-Panzer mit Spezialplatten aus, darunter auch 50, die Pretoria von Jordanien kaufte: Eine einmalige militärische »Zusammenarbeit« der Nahost-Feinde Jordanien und Israel.

Für die israelische Lieferung modernster elektronischer Warnanlagen zur Grenzsicherung sowie Anti-Guerilla-Alarmsysteme, die computergesteuert sind, bezieht Jerusalem im Gegengeschäft Energie. Südafrika sagte zu, 40 000 Tonnen Kohle im Monat nach Israel zu liefern und im Falle eines Öl-Embargos mit eigenen Vorräten auszuhelfen. (Nach dem Friedensvertrag mit Ägypten 1979, bei dessen Abschluß die Israelis auf die Ölfelder in der Sinai verzichten mußten, haben die Vereinigten Staaten eine ebensolche Garantie an Israel gegeben.)

Als Jimmy Carter amerikanischer Präsident wurde, fürchteten die Israelis, daß die USA im Zuge ihrer Menschenrechtskampagne auch gegen den israelisch-südafrikanischen Waffenhandel protestieren würden. Doch es zeigte sich, daß Carter pragmatisch dachte: Ihm war es recht, daß er sich nicht selbst durch Waffengeschäfte mit Südafrika »die Finger schmutzig machen« mußte. Das strategisch wichtige »antikommunistische Bollwerk« im Süden Afrikas wollte er – Menschenrechte hin, Menschenrechte her – auch nicht gefährden. Also blieb Jerusalem Waffenhändler in der Stellvertreter-Rolle.

Auch bei einem anderen »Aussätzigen« nahmen die Israelis ihrem Hauptverbündeten einige Sorgen ab: im Handel mit Taiwan. Ende 1979 entschloß sich Carter, zu der Volksrepublik China volle diplomatische Beziehungen aufzunehmen, Taiwan, vorher einer der engsten Freunde der USA im Fernen Osten, wurde »geopfert« – Washington akzeptierte plötzlich den Pekinger Standpunkt, daß die Insel ein integraler Bestandteil *eines* Staates China sei. Carter wand sich gegenüber Taiwan und erklärte, die Nationalchinesen stünden weiter unter seinem Schutz, aber die US-Regierung konnte jetzt natürlich nicht mehr ihr Versprechen einhalten, Taiwan Angriffswaffen, wie zum Beispiel Jagdbomber oder Kampfpanzer zu verkaufen.

Israel sprang nur zu gern in die Bresche. Es bot den Nationalchinesen 60 Jagdbomber »Kfir C 2« (»Junger Löwe«) an – ein 700-Millionen-Mark-Geschäft. Eine peinliche Lage entstand nur dadurch, daß diese Jagdbomber mit amerikanischen Triebwerken ausgestattet sind und sich Washington einst das Vetorecht gegen geplante Verkäufe an Drittländer vorbehalten hatte. Carter war in der Klemme – legte er kein Veto ein, war klar, daß die Israelis stellvertretend und im Sinne der USA handelten: peinlich gegenüber Peking. Legte er ein Veto ein, war Taiwan ganz vergrätzt. Im Juli 1978 genehmigte Washington den Handel.

Die »Kfir« waren nicht das erste Militärgerät, das Taiwan aus Israel erhielt. Jerusalem verkaufte »Gabriel«-Schiffsraketen und »Shafrir«-Luftraketen an die Nationalchinesen. Ein Teil dieser Waffen kam über den Umweg Südafrika in Taiwan an – im Dreiecksgeschäft der internationalen »Outcasts«. Auch über das nationalchinesische Nuklear-Programm wurde zwischen Jerusalem, Pretoria und Taipeh schon gesprochen: Taiwan ist nicht Mitglied der »Internationalen Atomenergiekommission« und sehr daran interessiert, eines Tages Mitverfügungsrecht über eine Atomwaffe zu bekommen.

Andere israelische Waffenverkäufe, abgewickelt über die geheimen Mossad-Verkaufsbüros in New York, Genf oder Brüssel, verärgerten die Amerikaner. Als US-Präsident Carter 1978 endlich eingesehen hatte, daß Nicaraguas Diktator Somoza nicht mehr zu halten war, und die Waffenlieferungen einstellte, versorgte Jerusalem Somoza noch weiter mit »Uzi«-Maschinenpistolen und »Arava«-Transportmaschinen und verlängerte so das Blutbad im Bürgerkrieg.

Israel lieferte elektronische Waffen an Griechenland, als die USA ein solches Geschäft abgelehnt hatten. Israel lieferte »Shafrir«-Raketen an Chile und brüskierte so Washington, das dem faschistischen Regime in Santiago 1978 alle Waffenwünsche abgeschlagen hatte. Israel lieferte Waffen an El Salvador (22 »Arava«-Transportmaschinen, 18 Abfangjäger, 200 Kanonen), Guatemala (20 »Aravas«, »Gabriel«-Raketen, »Uzi«-Maschinenpistolen) und Brasilien (»Arava«-Transportmaschinen), obwohl die US-Regierung Kriegsgerät für mittelamerikanische Spannungsgebiete blockieren wollte.

Als die Amerikaner merkten, wie unverfroren die Israelis amerikanische Boykott-Bestimmungen unterliefen und 1979 via Südafrika sogar in den USA hergestellte Hubschrauber zur Partisanenbekämpfung nach Rhodesien verkauften, schlugen sie zurück. Der US-Senat kündigte an, er werde überprüfen, ob die Israelis nicht Recht verletzt hätten, als sie zwölf »Super-Mystère«-Jagdbomber an die mittelamerikanische Bananenrepublik Honduras verkauften. Die Israelis hatten die über zwanzig Jahre alten Flugzeuge heimlich mit neuen Motoren ausgerüstet, die von dem US-Konzern »Pratt & Whitney« hergestellt worden waren. Damit war der Handel in amerikanischen Augen genehmigungspflichtig. Einen geplanten Verkauf von 24 »Kfir«-Jagdbombern an den südamerikanischen Staat Ecuador blockierte Washington vorsorglich.

Die Amerikaner fühlen sich zunehmend von den Israelis hintergangen. Sie sehen nicht mehr ein, warum Jerusalem ihnen Geschäfte wegschnappen soll, mit Waffen, die amerikanischen nicht nur ähneln, sondern zum Teil sogar nachgebaut sind. Die Luftrakete »Shafrir«, so behaupten Experten in Washington, sei beispielsweise eine getreue Kopie der US-Rakete »Sidewinder«. Nur: die »Sidewinder« unterliegt Exportbegrenzungen und ist auch erheblich teurer als die »Shafrir«: Israelische Arbeitslöhne sind etwa 30 Prozent niedriger als amerikanische.

Über Ko-Produktionen mit US-Rüstungsfirmen brachten sich die Israelis bisher – völlig legal – in den Besitz modernster Technologie und bauten dann ihre Industrie mit Hilfe amerikanischer Kredite aus. Damit soll jetzt nach dem Willen des Vizepräsidenten der F 16-Firma »General Dynamics«, Lyman Josephs, Schluß sein: »Warum sollen die USA Geld ausgeben, um die Israelis in die Lage zu versetzen, mit uns konkurrieren zu können?«

Dieses Jahr werden Israels Rüstungseinnahmen die Milliarden-Dollar-Höhe vermutlich noch übersteigen. Doch die Zukunftsaussichten sind nicht ganz so rosig. Die Amerikaner, jetzt in der Offensive, unterboten bereits im Frühjahr 1979 ein Angebot der Israelis, 70 ausrangierte »Skyhawks« an Malaysia zu verkaufen. Sie bekamen den Zuschlag. Der Iran als Waffenmarkt ist nach dem Sturz des Schah ganz weggefallen, ebenso Nicaragua. Der Weiterverkauf von »Kfir«-Jagdbombern wird von den Amerikanern blokkiert. Nur die Anti-Terroristen-Elektronik, auf die die Israelis spezialisiert sind, belebt das triste Geschäft.

»Ich weiß nicht, wie es in ein paar Jahren sein wird«, sagte mir bei einem Hintergrundgespräch ein Mossad-Waffenexperte, »aber wenn es schlecht weiterläuft, wird sich der israelische Geheimdienst etwas einfallen lassen müssen. Und wenn wir unsere Waffen heimlich in die Sowjetunion verkaufen.« Es sollte ein Scherz sein, aber der Mann lachte nicht.

Moshe Dajan mit Schnurrbart und Sonnenbrille – der Mossad als »heimliches« Außenministerium

Man nehme: die Phantasie von Ian Fleming (*»James Bond jagd Dr. No‹*), die Dichtkunst von Graham Greene (*›Unser Mann in Havanna‹*) und die Milieukenntnis von John le Carré (*›Der Spion, der aus der Kälte kam«*)und mixe sie zu einem Superthriller – dann kommt man vielleicht der wahren Geschichte nahe, die Israels Geheimdienst Mossad inszenierte, um 1977 die dramatische Reise des ägyptischen Präsidenten Sadat nach Jerusalem möglich zu machen. In einer der Hauptrollen: Moshe Dajan, der einäugige General und umstrittene Kriegsheld der Israelis.

* * *

16. September 1977; 16 Uhr 30 am »National«-Flughafen von Brüssel: mittlerer Bahnhof für Israels frischgebackenen Außenminister Moshe Dajan. Er hat, auf dem Weg zu politischen Gesprächen in die USA, in der belgischen Hauptstadt haltgemacht und mit dem amerikanischen NATO-Kommandanten Alexander Haig konferiert. Eine Motorrad-Eskorte bringt ihn zum Flughafen. Ein V. I. P.-Wagen der belgischen Fluggesellschaft SABENA steht bereit, um Dajan und seine Frau Rachel direkt zur »DC 8« zu fahren, die gleich nach New York starten soll. Doch Dajan winkt ab. Er will keine Sonderbehandlung – wenigstens an diesem Tage nicht.

Moshe und Rachel Dajan checken ein – aber nur Frau Dajan kommt an diesem Abend in New York an.

Im letzten Augenblick vor dem Start rast ein schwarzer »Citroën DS«, der im Gras neben der Landebahn geparkt war, an das Flugzeug heran. Dajan trägt eine riesige Sonnenbrille, die er sich in der Flughafentoilette aufgesetzt hat. Er hat sich einen Schnurrbart angeklebt. Seinen Hut hat er tief ins Gesicht gezogen. Zwei Männer in Zivil ziehen den Minister in den Wagen, der in schneller Fahrt auf eine andere Rollbahn biegt. Dajan und die beiden Männer – Agenten des Mossad – steigen in eine Maschine der marokkanischen Luftwaffe. Ihr Ziel: Tanger in Marokko.

Dort trifft Dajan den ägyptischen Vizepremier Tohami, der dem Israeli die Grüße Sadats überbringt – und von dessen Bereitschaft berichtet, Israels Regierungschef Begin zu treffen. Einzige Vorbedingung: Jerusalem solle sich einverstanden erklären, die besetzte Sinai-Wüste an Ägypten zurückzugeben.

Dajan taucht am nächsten Tag überraschend in Paris auf. Er gibt keine Erklärungen ab. Wenige Stunden später fliegt er nach Tel Aviv zurück und trifft Premierminister Begin. Am 18. September 1977 schließlich nimmt Dajan eine Maschine nach New York, um dort seine Frau zu sehen.

Bei einer kurzen Zwischenlandung auf dem Flughafen Klothen in Zürich trifft er mit einem Abgesandten aus Kairo zusammen und gibt ihm das entscheidende Signal: Israel ist mit dem Sinai-Rückzug einverstanden. Es kann zu dem historischen Treffen Begin–Sadat kommen.

Am 9. November 1977 macht der ägyptische Präsident das vereinbarte Geheimtreffen zur öffentlichen Sensation: Er erklärt sich bereit, nach Jerusalem zu kommen und in der Knesset, dem israelischen Parlament zu sprechen. Zehn Tage später setzt erstmals ein arabischer Staatsmann seinen Fuß auf israelischen Boden.

Der israelische Journalist und Geheimdienstexperte Hési Carmel, der die Verkleidungs-Geschichte des Moshe Dajan aufdeckte[12]), erzählte mir in Tel Aviv von der Ahnungslosigkeit der Amerikaner: »Die CIA versuchte verzweifelt, Dajans Spuren zu verfolgen – sie konnten sich keinen Reim auf seinen Zickzack-Kurs durch die Weltgeschichte machen. US-Präsident Carter verstärkte seine Bemühungen um die Wiedereinführung der Nahost-Konferenz in Genf, wo die UdSSR gemeinsam mit den USA den Vorsitz führen sollte. Der Westen hatte schon alle Trümpfe in der Hand – nur wußte der Präsident der westlichen Führungsmacht noch nichts davon.«

Planung und Ausführung der Marokko-Geheimreise Dajans lag bei einer Mossad-Abteilung für »besondere Außenbeziehungen«. Diese Abteilung hält Kontakte zu Ländern, die – aus welchen Gründen internationaler Rücksichtnahme auch immer – keine offiziellen Beziehungen mit Israel eingehen wollen.

Marokko ist eines dieser Länder. König Hassan II. erkennt zwar, wie alle arabischen Regierungschefs, Israel offiziell nicht an, aber der Mossad spielt in seinem Land eine große Rolle.

Mossad-Agenten trainieren die Leibwächter des Königs, der schon mindestens zweimal vom israelischen Geheimdienst in allerletzter Minute vor Mordanschlägen gewarnt worden ist. Als Dank spielte Marokko die entscheidende Rolle bei der Annäherung zwischen Ägypten und Israel. Die Mossad-Abteilung für »besondere Außenbeziehungen« führte dabei die Amerikaner regelrecht hinters Licht.

Schon im Oktober 1976 hatte Israels damaliger Premier Jitzak Rabin versucht, sich mit dem ägyptischen Präsidenten Sadat zu treffen. Bei einem Geheimbesuch in der marokkanischen Hauptstadt Rabat bat Rabin seinen Gastgeber, die Begegnung zu arrangieren. Hassan fühlte bei Sadat vor – doch der mochte nicht, noch nicht. US-Außenminister Kissinger hatte dem Ägypter dringend abgeraten. Er fürchtete um den Einfluß der amerikanischen Politik in Nahost, wenn Ägypter und Israelis direkt miteinander sprechen würden und nicht mehr die Mittlerrolle Washingtons in Anspruch nähmen.

Im Mai 1977 kam es in Israel dann zu einem politischen Erdrutsch: Entgegen allen Prognosen erreichte der rechte »Likud«-Block unter der Führung von Menachem Begin die Mehrheit. Es war in den letzten Mai-Tagen – der konservative Begin hatte sein Amt als Ministerpräsident noch nicht angetreten, der Sozialist Rabin führte weiter die Amtsgeschäfte –, als den beiden israelischen Politikern ein sensationeller Bericht ihres Geheimdiensts auf den Tisch flatterte. Er enthielt Details eines libyschen Mordkomplotts gegen Ägyptens Präsident Sadat.

Im April 1977 – so hieß es in dem Agenten-Bericht – habe Muammad Gaddafi mit den in seiner Hauptstadt Tripolis stationierten sowjetischen KGB-Agenten ein Abkommen getroffen: Libyen räumte den Russen, die Waffen und Militärberater nach Angola und Ägypten schaffen wollten, Landerechte für Schiffe und Flugzeuge ein; die Sowjets verpflichteten sich ihrerseits, eine Spezialtruppe des KGB nach Libyen zu schicken. Die Geheimdienstleute sollten palästinensische, deutsche und japanische Terroristen trainieren. Ziel des Kommando-Unternehmens, so der Mossad-Bericht: die Ermordung des von Gaddafi gehaßten »Verräters an der arabischen Sache«, Anwar el-Sadat. Ausbildungsort: eine Oase, 35 Kilometer von der ägyptischen Grenze. Stichtag der Aktion: der 23. Juli 1977, der Jahrestag der ägyptischen Revolution.

Begin war ratlos. »Was haben wir denn früher mit solchem Material gemacht?« fragte er Rabin. Der antwortete (wie er später einem befreundeten Journalisten gestand): »Wir haben so was an die CIA weitergegeben, und die haben dann entschieden.« Menachem Begin darauf: »Diesmal machen wir's anders. Wir verständigen Sadat direkt, es kann nichts schaden, ihm unseren guten Willen zu zeigen.«

Die Mossad-Abteilung für »besondere Außenbeziehungen« stellte den Kontakt her. Zu Ägypten gab es Drähte über die Atomenergie-Kommission in Wien, einem der wenigen Orte, wo sich Israelis und Ägypter offiziell treffen konnten.

Der frühere ägyptische Delegierte in Wien, Mohammed Hassan Tohami, war inzwischen zum Vizepremier aufgerückt und hatte die Koordinierung der ägyptischen Geheimdienstaktivitäten übernommen. Ihn ließen die Israelis durch ihre Agenten in Wien von dem geplanten Attentat auf Sadat informieren. Die Ägypter, zunächst mißtrauisch, schickten Aufklärungsflugzeuge ins Grenzgebiet Libyens. Doch dann orteten sie die Oase und fanden Hinweise auf die von den Israelis beschriebene Terroristen-Basis. Sadat begann einen sechstägigen Grenzkrieg gegen Libyen. Am 25.Juli 1977 zerstörte ein ägyptisches Kommando-Unternehmen den KGB-Stützpunkt. Sadat ließ Jerusalem für den Tip danken.

Das Eis war getaut. Als nächstes arrangierte das Mossad-»Außenministerium« ein Geheimtreffen zwischen Israels Premier Begin und Ägyptens Parlamentsvorsitzenden Sayes Merei – und zwar am 27. August 1977 in Bukarest, als Begin bei Rumäniens traditionell israelfreundlichem Präsidenten Ceaucescu zu Gast war. »Zufällig« reiste zur gleichen Zeit eine Parlamentsdelegation aus Kairo durchs Land. Die Atmosphäre zwischen den beiden Erzfeinden im Nahen Osten entkrampfte sich weiter. Den endgültigen Durchbruch in Richtung Frieden schaffte dann der »Verkleidungskünstler« Moshe Dajan bei seinem »Umweg« über Marokko in die Vereinigten Staaten.

Das Mossad-»Außenministerium« kennt keine ideologischen Scheuklappen und keine politischen Rücksichtnahmen. Nach dem Sturm auf die Große Moschee von Mekka hat sich Israels Geheimdienst – klammheimlich – mit den saudi-arabischen Herrschern auf eine Zusammenarbeit gegen Terroristen geeinigt. Der Mossad hat heute ein Spezialteam von acht Anti-Guerilla-Experten in Dschiddah stationiert. Inzwischen konnten die Israelis ein geplantes Attentat auf König Khalid aufdecken und erfreuen sich beim Königshaus höchster Wertschätzung. Durchaus nicht ausgeschlossen, daß eines Tages auch politische »Annäherungsversuche« über diese Drähte laufen, wenngleich nicht wahrscheinlich: Für Saudi-Arabiens religiöse Herrscher ist – ebenso wie für Begin – Jerusalem eine heilige, eine unverzichtbare Stadt. Ein Kompromiß scheint da schwer zu finden.

Pragmatisch war die Mossad-»Außenpolitik« auch in Afrika – es zählte nur der Nutzen für Israel. Das gilt vor allem für die Beziehungen zu Äthiopien. Schon 1956 bildeten israelische Militärberater die Truppen des Despoten-Kaisers Haile Selassie aus – Ben Gurion fühlte sich seit »dreieinhalbtausend Jahren« mit dem Land verbunden, eine Anspielung auf die legendäre Beziehung zwischen der Königin von Saba mit König Salomon. Außerdem galt es, die »Falascha«, eine etwa 10 000 Mann starke jüdische Minderheit im Kaiserreich zu schützen.

Als der Kaiser 1960 auf Staatsbesuch in Brasilien weilte und eine Gruppe von Offizieren gegen ihn putschte, halfen die Israelis den Aufstand niederzuschlagen. Den Mossad und die politische Führung in Jerusalem störte wenig, daß Haile Selassie sein Volk bewußt rückständig hielt und ein besonders grausamer Herrscher war. Die Israelis störte es auch nicht besonders, daß Äthiopien, wie die meisten schwarzafrikanischen Staaten, nach dem Nahostkrieg von 1967 die Beziehungen zum Staat der Juden abbrach. Die Beziehungen waren nicht einmal gefährdet, als der Kaiser 1974 gestürzt wurde und ein marxistisches Militärregime unter Colonel Mengistu an die Macht kam. Der Mossad arrangierte sich mit dem Marxisten – vorläufig sollte der israelische Außenposten in Addis Abeba nur personell verdünnt, nicht aufgelöst werden.

So viele politische Kompromisse machten die Israelis längst nicht mehr wegen der gemeinsamen Geschichte mit Äthiopien oder wegen der »Falascha« – es ging ihnen um das »Tor der Tränen«. Diese Meerenge, eingegrenzt von den beiden jeminitischen Staaten und Äthiopiens Provinz Eritrea, durfte nach Mossad-Meinung auf keinen Fall ganz in die Hände radikaler Araber fallen. Im Südjemen bauten radikale Palästinenser-Organisationen, wie die PFLP unter Führung des Terroristen-Chefs Dr. Wadia Haddad, Trainingslager, der Nordjemen war ebenfalls gefährdet. Es galt, Eritrea zu »retten«. Und dort kämpften seit Jahren Aufständische gegen die Zentralregierung von Addis, unterstützt von radikalen wie gemäßigten Arabern. Die Israelis halfen dem Marxisten Mengistu mit Waffen und Geheimdienst-Know-how gegen die Separatisten.

Das Engagement der Israelis führte im November 1977 zu einer gänzlich absurden Situation: Somalia, das sich den Amerikanern zugewendet hatte, griff – von Washington ermutigt – Äthiopien an. Die Äthiopier wandten sich hilfesuchend an ihre Schutzmacht Sowjetunion. Moskau schickte über eine aufwendige Luftbrücke modernste Waffen und Militärberater nach Addis Abeba und schiffte Tausende kubanischer Soldaten ins Kampfgebiet. Schulter an Schulter mit Kubanern und Sowjets halfen die Israelis den Äthiopiern gegen die von den Amerikanern unterstützten Somalis. Die Allianz von Addis, die die weltpolitischen Gegebenheiten auf den Kopf stellte, wurde noch absurder: Russische Piloten warfen israelische Splitterbomben gegen die somalische Zivilbevölkerung. Russen bedienten von den Israelis gelieferte Panzer – und mußten nicht einmal umlernen: Die Waffen waren zum Teil »made in USSR«, Kampfpanzer, die von den Israelis beim Krieg gegen die Araber erbeutet worden waren.

Bis heute unterstützen israelische Anti-Guerilla-Fachleute die äthiopische Regierung des blutrünstigen marxistischen Diktators Mengistu. Der Kampf um Eritrea ist immer noch nicht entschieden. Profitiert von der merkwürdigen Allianz haben die Israelis eigentlich erst einmal: als Addis Abeba 1977 stillhielt und die israelischen »Hercules«-Transportmaschinen auf dem Weg zur Geiselbefreiung nach Entebbe äthiopisches Gebiet überfliegen ließ.

Mit mehreren Ländern Schwarzafrikas unterhält Israel – meist über den Mossad – weiterhin ausgezeichnete Beziehungen. Da ist vor allem Kenia, aber auch Zaire mit seinem Diktator Mobutu, die Elfenbeinküste, Senegal, natürlich das rassistische Südafrika. Gegenüber den kleineren Ländern hat Israel eine sehr wirksame und hochgeschätzte Entwicklungspolitik betrieben: Hilfe in der Landwirtschaft (Bewässerungsprojekte), beim Ausbau der Straßen, beim Aufbau eines Militär- und Polizeiapparats. Israel kam dabei zugute, daß es als »Entwicklungsland« selbst ähnliche Probleme zu bewältigen hatte wie diese Länder und darum spezifische Ratschläge geben konnte.

Der Mossad unterstützte auch sogenannte »Befreiungsbewegungen«, wenn die Hilfe politischen Gewinn für Israel versprach. Jahrelang finanzierten und organisierten Amerikas Geheimdienst CIA und der Mossad den Unabhängigkeitskampf der Kurden im Irak. Die Sowjets hatten sich immer fester in Bagdad eingenistet und ihr auch für Israel gefährlicher Vormarsch konnte nach Meinung des Mossad nur gestoppt werden, indem man die internen Feinde des Regimes, nämlich die Kurden, mit Waffen und Geld versorgte. Als »Zwischenträger« bedienten sich Israelis und Amerikaner des Schahs von Persien. Die Perser waren in den sechziger Jahren in einen »kalten Krieg« mit Bagdad verwickelt, bei dem es um die Kontrolle des Schatt-el-Arab, dem Mündungsgebiet der Flüsse im Grenzgebiet der beiden Staaten ging.

Der Kurdenführer Mustafa Barsani schickte seine Leute mehrfach zum Training in Mossad-Ausbildungslager und war, 1966, zumindest einmal selbst zu Gast in Israels Geheimdienstzentrale in

Tel Aviv. Hohe Mossad-Offiziere besuchten den bärtigen Guerilla-Führer in den unzugänglichen Bergen des Irak dreimal. Doch im Februar 1975 erreichten die Irakis und die Perser einen überraschenden Kompromiß in der Grenzfrage. In Geheimgesprächen, an denen Mossad-Chefs und CIA-Abteilungsleiter beteiligt waren, ließen die Irakis erkennen, daß sie nicht mehr länger allein auf die sowjetische Karte setzen und auch keinen Nahost-Krieg gegen die Israelis vom Zaun brechen wollten.

Die Friedensformel, der schließlich auch die Israelis zögernd zustimmten, hatte ein Opfer: die Kurden. Denn das war die Bedingung der Herrscher von Bagdad: Sie wollten mit dem Kurden-Problem ein für allemal aufräumen und brauchten deshalb freie Hand. Über Nacht stellten Israel und die USA sämtliche finanzielle, logistische und waffentechnische Unterstützung der Aufständischen ein. Der Irak zerschlug den kurdischen Widerstand und fand eine »Integrations-Formel« für die Minderheit: Die Kurden wurden in Gettos zusammengepfercht.

Skrupel im Umgang mit Diktaturen kannte der Mossad nie. Deshalb wurden die Beziehungen zwischen Persiens Schah Reza Pahlevi und Israel auch nicht getrübt, als der Kaiser auf israelische Hilfe beim Aufbau eines Geheimdienstes drängte. Die Israelis bildeten, zusammen mit den Amerikanern und Engländern, die meisten der persischen »Savak«-Geheimdienstler aus. Den Israelis fiel dabei die Rolle zu, die iranischen Geheimdienstler auch in den »harten Methoden« zu unterweisen – im Mossad-Trainingslager nördlich des Seebads Herzlya lernten »Savak«-Schergen die »hohe Kunst« des Folterns und des Erpressens.

Mossad-Ausbilder arbeiteten auch in Teheran. Sie hatten sehr gute Kontakte zu den »Basaris«, den fliegenden Händlern und dem moslemischen Klerus – in Persien lebten in den sechziger Jahren Zehntausende von Juden. Deshalb war dem israelischen Geheimdienst viel früher als Amerikas CIA bewußt, daß sich im Iran ein radikaler Umsturz ankündigte. Washington, von der Mossad-Zentrale in Tel Aviv schon 1977 und 1978 über die sich abzeichnende Revolution gewarnt, vertraute aber lieber seinen eigenen Leuten, und die sagten voraus, der Schah werde den Sturm mit Hilfe des Militärs überstehen: Die Amerikaner hatten keine Kontakte zu den »Meinungsträgern« auf den Märkten und in den Moscheen.

Den Israelis ist es gelungen, alle ihre Agenten und das gesamte Geheimdienstmaterial aus Teheran rechtzeitig in Sicherheit zu bringen – die letzten verließen Teheran in einem Hubschrauber am

Tage von Khomeinis Ankunft. Die Amerikaner erlebten ihr größtes Geheimdienst-Fiasko, das in der völligen Fehleinschätzung ihres Präsidenten Jimmy Carter zur Lage in Persien führte und letzlich dazu beitrug, daß es zur Geiselnahme in der US-Botschaft von Teheran überhaupt erst kommen konnte.

Ein Spion bei Baader-Meinhof – der Mossad und die »besonderen Beziehungen« zu den Deutschen

Wenn Menachim Begin, Chef der »Herut«-Partei, Anfang der fünfziger Jahre im israelischen Parlament gegen die Deutschen wetterte, dann flogen die Fetzen: »Sie sind Mörder, einer wie der andere!« rief der kleine Mann am Rednerpult der Knesset aus, die Wangen rot vor Zorn, die Hand zur Faust geballt. »Auch Adenauer ist ein Mörder. Wir dürfen nie mehr auch nur einem Deutschen die Hand geben!«

Begin handelte sich dafür mehr als einmal einen Ordnungsruf ein. Er wurde 1952 wegen seiner rüden Redeweise für Wochen aus dem Parlament verbannt. Doch er wußte einen großen Teil der Israelis hinter sich: die meisten der Männer, Frauen und Kinder, die – wie Begin selbst – ihre engsten Verwandten in den Konzentrationslagern der Nazis verloren hatten. Diese Menschen konnten und wollten nicht vergessen und viele von ihnen mochten auch nicht die »Wiedergutmachungsgelder« aus Deutschland annehmen – es war für sie »sündiges Geld«.

Den Haß gegen alles, was deutsch war, teilten die meisten der führenden Mossad-Leute. Viele hatten ihre »Geheimdienst-Karriere« ja im Untergrunds-Kampf gegen die Deutschen begonnen, als sie für die illegale Einwanderungsbehörde »Mossad Aliyah Beth« Schiffe besorgten, um die Überlebenden der Konzentrationslager nach Palästina zu schaffen. Auch Isser Harel, der Geheimdienstchef, mochte nicht an das »neue Deutschland« glauben, das mit der Person Konrad Adenauers verbunden war. Er blieb mißtrauisch und hielt die freundlichen Angebote von Hilfszahlungen aus Bonn »für einen Trick der Deutschen, unsere Aufmerksamkeit zu untergraben und uns wieder leichtsinnig gegenüber ihren Absichten zu machen«, wie er Freunden gestand.

Da denkt der »Alte« ganz anders. Israels Ministerpräsident Ben Gurion, der ansonsten mit Harel so eng zusammenarbeitet und so gut auskommt wie mit keinem anderen, hat den Wandel in Deutschland erkannt und vor allem die Möglichkeiten, die der Wandel für Israel mit sich bringt. Für ihn ist entscheidend, daß die Deutschen Wiedergutmachungsgelder nicht nur an Personen zahlen wollen, sondern auch an den Staat Israel. Der gewiefte Politiker Ben Gurion denkt praktisch: Er sieht, daß die Aufforstung der Wüstenlandstriche schneller vorangetrieben werden kann, er sieht Industrien entstehen und neue Straßen. Israel kann das deutsche

Geld weiß Gott gut gebrauchen. Ben Gurion kann seine Meinung im Parlament durchsetzen. Er wechselt freundliche Briefe mit dem deutschen Bundeskanzler. Von den ersten D-Mark, die nach Israel fließen, entsteht eine Reederei in Haifa.

Neben den Schwierigkeiten beim Aufbau des Landes drückt die Israelis noch ein anderes Problem: Sie haben nicht genug Waffen, um einem drohenden arabischen Angriff trotzen zu können. Die Tschechen, die zuerst Kampfflugzeuge in den Judenstaat geliefert hatten, stellen diese Lieferungen ein, als sich das Verhältnis zwischen Israel und der Sowjetunion rapide verschlechtert. Die Amerikaner helfen den Juden zwar mit Geld, wollen aber keine Waffen in den neuen Krisenherd Nahost schaffen. Bis Ende der fünfziger Jahre beziehen die Israelis nur aus Frankreich Waffen im großen Stil. Und die Franzosen lassen sich ihr Kriegsgerät teuer bezahlen – sie liefern nur gegen bar.

Israels Ministerpräsident sieht nur eine Möglichkeit, an mehr Waffen heranzukommen – er muß die Deutschen fragen. Ein solcher Handel ist natürlich äußerst heikel und muß streng geheim durchgeführt werden. Was würde Begin im Parlament dazu sagen, was all die Juden, deren Väter und Mütter, Brüder und Schwestern noch ein Jahrzehnt zuvor mit deutschen Waffen niedergeschossen, in deutschen Gaskammern ermordet wurden? Ben Gurion weiht 1956 nur den engsten Kreis seiner Freunde in seine Pläne ein. Isser Harel erklärt den Ministerpräsidenten für verrückt und möchte mit so einem »Verrat« nichts zu tun haben. Aber Shimon Peres, der damals 32jährige »Direktor des Verteidigungsministeriums« – Ben Gurion ist zu dieser Zeit auch Verteidigungsminister – ist begeistert von der Idee. Er erklärt sich bereit, eine geheime Reise nach Bonn zu unternehmen und den damaligen Verteidigungsminister Franz Josef Strauß zu treffen.

Shimon Peres, heute als Chef der Arbeiter-Partei Führer der Opposition im israelischen Parlament, erzählte dem deutschen Herrenmagazin *Lui* über seine erste Begegnung mit Strauß: »Es war eine sehr neblige Nacht in der zweiten Hälfte des Jahres 1957, als wir die französisch-deutsche Grenze im Saargebiet überquerten. Wir fuhren in einem kleinen, unauffälligen Personenwagen. Strauß erwartete uns in seinem Bonner Apartment. Unser Gespräch begann mit einem einfachen Essen und dauerte zwischen sieben und acht Stunden. Für mich war es wie die Begegnung mit einem Wesen aus dem Weltall – und ich glaube, Strauß hat das genauso empfunden.«

Die beiden Politiker sprechen über die Lieferung von Düsenjägern vom Typ »Fouga-Magister«, von Truppentransportern »Noratlas«, von Flugabwehrkanonen: Waffen im Wert von mehreren hundert Millionen Mark. Das Geschäft wird zunächst von beiden Seiten geheimgehalten – in Israel war nicht einmal Außenministerin Golda Meir eingeweiht, in der Bundesrepublik weiß nur der Verteidigungsausschuß des Bundestages Bescheid. Das Kriegsgerät wird nicht auf einen Schlag geliefert. Zwischen den Israelis und den Deutschen finden in den nächsten Jahren zahlreiche Kontakte über die Koordinierung der Lieferungen statt. Es gibt Prioritätenlisten, die gemeinsam erarbeitet werden, es gibt Diskussionen darüber, welche Waffenlieferungen zu der jeweils gegebenen Zeit politisch vertretbar sind.

1960 treffen sich Strauß und Ben Gurion in Paris, wenig später Adenauer und Ben Gurion in New York. Jetzt gibt auch der Bundeskanzler seinen offiziellen Segen zu dem Geheimabkommen. Peres handelt bei einem weiteren Geheim-Treff mit Adenauer im Juni 1962 Details aus. »Was ist euch lieber«, fragt der deutsche Bundeskanzler den israelischen Unterhändler, »Geld oder Waffen?« Peres lacht, und antwortet: »Waffen ohne Geld.«

Der Mossad sieht die Annäherung an die Bundesrepublik mit Mißtrauen. Argwöhnisch beobachtet Harel, wie aus der »Organisation Gehlen« 1956 der »Bundesnachrichtendienst« entsteht – er hat den Verdacht, daß »alte Nazis« in Deutschland weiter den Ton angeben, ein Verdacht, der sich durch die Vergangenheit des BND-Chefs Reinhard Gehlen erhärtet: Gehlen war 1935 unter Hitler Generalstabsoffizier und 1942 Leiter des Nachrichtendienstes »Fremde Heere Ost«. Anfang der sechziger Jahre scheinen sich Harels schlimmste Befürchtungen zu bestätigen: Der Mossad-Chef wird von seinen Agenten infomiert, daß alte Nazis wieder an »Endlösungs«-Entwürfen gegen die Juden arbeiteten – und zwar in Nassers Ägypten, wo die »alten Kameraden« moderne Waffen gegen Israel bauten.

Seit 1959, so hieß es in den Agenten-Berichten, habe Nasser begonnen, deutsche Wissenschaftler, Techniker und Ingenieure ins Land zu locken. Dazu habe er seinen Geheimdienst-Chef Mahmoud Khalil in die Bundesrepublik geschickt, der für ein neues »geheimes Militärprogramm« Kontakt mit so erfahrenen Leuten wie dem deutschen Flugzeugbauer Willy Messerschmidt aufgenommen habe. Schlimmer noch, es gehe den Ägyptern offensichtlich um eine eigene Raketenrüstung: Ferdinand Brandner, ein ehemaliger SS-Sturmbannführer locke deutsche Raketenbauer wie Wolfgang Pilz, Heinz Kleinwächter und Eugen Sänger gegen gute Bezahlung an den Nil und versprach unbegrenzte »fachliche Möglichkeiten«. Die meisten dieser Informationen stammen von Israels Meister-Spion in Ägvpten, dem blonden und blauäugigen »Ex-Nazi-Offizier« Wolfgang Lotz und von dem österreichischen Physiker Otto Joklik, der sich aus eigenem Antrieb an die Israelis wendet.

Harel gerät zum ersten und einzigen Mal in seiner Karriere in Panik. Ägyptens Präsident Nasser tönt von seinen »neuen Wunderwaffen, die jedes Ziel südlich von Beirut zerstören können«. Im israelischen Geheimdienst gärt es. Geheimdienst-Ultras beschuldigen den Mossad-Chef, sich zuwenig um die Aufklärung in den arabischen Ländern gekümmert zu haben. Anfang April 1962 stürmt Isser Harel ins Büro des Ministerpräsidenten, schwenkt einen Agenten-Bericht, Ägypten habe inzwischen 900 Raketen gegen Israel gerichtet, und verlangt sofort grünes Licht für eine großangelegte »Strafaktion« gegen die Deutschen.

Ben Gurion windet sich – großangelegte Aktionen gegen die Deutschen passen nicht in sein politisches Konzept, hat er sich doch eben erst mit Adenauer verständigt und die Waffenlieferungen eingeleitet. Er holt Peres und Golda Meir zu der Sitzung hinzu. Die Außenministerin und der Geheimdienstchef sind für direktes und gewaltsames Eingreifen, Peres spielt die Gefahr der deutschen Raketenbauer herunter, ist gegen jede Form von Terror, der auf die Israelis zurückfallen könnte. Ben Gurion fällt ein salomonisches Urteil: Der Geheimdienst soll alles tun, die Arbeit der deutschen Raketentechniker in Ägypten zu erschweren, eine solche Aktion habe aber »in gemäßigten Bahnen« zu laufen. Außerdem soll Peres einen Brief an seinen deutschen Freund, Verteidigungsminister Strauß, schreiben und ihn dringend auffordern, die Deutschen aus Ägypten wegzuholen.

Harel hat keine Lust zu warten. Er fährt auf eigene Faust nach München und verlangt von BND-Chef Gehlen sofortige Aktionen. Nichts passiert – da handelt Harel. Am 11. September 1962 verschwindet Heinz Krug, die treibende Kraft hinter dem ägyptisch-deutschen Raketen-Geschäft, für immer. Im Februar 1963 entgeht Heinz Kleinwächter knapp einem Mordanschlag. Im November explodiert ein an Wolfgang Pilz adressierter Einschreibebrief in den Händen seiner Sekretärin, die ihr Augenlicht verliert.

Schon einige Monate vorher explodiert in Israel eine politische Bombe. Ministerpräsident Ben Gurion ist entsetzt darüber, wie weit Harel gegangen ist. In der Schweiz sind zwei israelische Agenten gefangengenommen worden, als sie die Tochter eines deutschen Raketenfachmanns bedroht haben und ihr klarmachten, ihr Vater müsse sterben, falls sie ihn nicht überrede, von Ägypten wegzugehen. Ben Gurion befragt den Chef des militärischen Abwehrdienstes »Aman«, General Meir Amit, ob denn die Gefahr aus Ägypten wirklich so groß sei, wie der Mossad-Chef das behaupte. Amit bestreitet das, mit guten Argumenten: Die ägyptischen Raketen haben kein Lenksystem und können daher Israel gar nicht bedrohen. Der Ministerpräsident stellt daraufhin Harel empört zur Rede und verlangt von ihm, endlich stichhaltige Beweise für sein »Geschwätz von Raketen und Kobaltbomben vorzulegen«. Bis er diese Beweise nicht beigebracht hat, verbietet Ben Gurion seinem Geheimdienst-Chef jeden weiteren Terror-Anschlag.

Harel knallt die Tür zum Büro des Ministerpräsidenten zu und ruft im Hinausgehen: »Die Beweise wird ihnen mein Nachfolger liefern.« Noch am selben Tag quittiert der Mossad-Chef wegen »fundamentaler Gegensätze in der Frage der deutschen Wissenschaftler, die in Ägypten arbeiten«, den Dienst. Ben Gurion will ihn halten, schreibt einen Versöhnungsbrief. Doch der Bruch ist nicht zu kitten. Im April 1963 wird Meir Amit neuer Mossad-Chef – der Mann, der Ben Gurion von der Ungefährlichkeit der deutschen Raketenbauer von Kairo und Heluan überzeugt hat.

Der neue »Memune« macht mit der Abschreckungskampagne gegen die Wissenschaftler zunächst weiter. Er geht allerdings nicht so brutal vor wie sein Vorgänger. Seine Drohbriefe, abgeschickt von dem Mossad-Spion Wolfgang Lotz in Ägypten, enthalten keinen Sprengstoff, sondern verraten erschreckende Detailkenntnisse über die Arbeit der Deutschen. Bevor noch die letzten Raketenbauer Ägypten verlassen, fliegt Meisterspion Lotz in Kairo auf – und die Deutschen helfen dabei unbeabsichtigt mit.

Nasser lädt auf Druck seines neuen Verbündeten Sowjetunion den DDR-Präsidenten Walter Ulbricht zu einem Staatsbesuch nach Kairo am 24. Februar 1965 ein. Bonn teilt Kairo mit, daß ein solcher Besuch das Ende der bundesdeutschen Wirtschaftshilfe für Ägypten bedeute – noch gilt in der Bundesrepublik die »Hallstein-Doktrin«, die die Kontaktaufnahme von Ländern der Dritten Welt mit der DDR »bestrafen« will. Nasser setzt jetzt jedoch ganz auf Moskau und schlägt die Warnungen von Bonn in den Wind. Statt des Bonn-Freundes Khalil wird der DDR-Freund Abdel Hakim Amer Chef des ägyptischen Geheimdiensts. Und der läßt als »Morgengabe« an Moskau und Ostberlin über Nacht das bundesdeutsche Agentennetz auffliegen, dessen Existenz Ägyptens Regierung bis jetzt toleriert hat.

Wolfgang Lotz, als »Nazi-Offizier« ausgewiesen, wird ebenso verhaftet wie der BND-Spion Gerhard Bauch. Lotz spielt seine Rolle als Agent für ein Spionage-Netz der Bundesrepublik, der sich von den Israelis für viel Geld »mißbrauchen« ließ, so glaubhaft, daß er mit einer Gefängnisstrafe davonkommt und drei Jahre später im Austausch gegen 5000 ägyptische Kriegsgefangene freikommt. In den nächsten Jahren aber hat weder Israels Geheimdienst noch der bundesdeutsche in Ägypten viel zu melden – bis 1972, dem Jahr, in dem Sadat die Sowjets aus dem Land wirft, können der KGB und Ostberlins Staatssicherheitsdienst in Kairo schalten und walten.

Mossad-Chef Meir Amit feiert einen großen Erfolg im Irak, wo es seinen Agenten gelingt, einen irakischen Piloten zu »überreden«, eine brandneue sowjetische MIG 21 heimlich nach Israel zu fliegen. Doch seine Kontakte mit dem BND bleiben kühl, obwohl Amit, anders als sein Vorgänger, keine Ressentiments gegen die Deutschen hat. Gelegentlich tauschen die beiden Dienste Informationen über Osteuropa aus, ein Gebiet, in dem beide Organisationen Interessen haben und stark vertreten sind. Ansonsten brauchen sie sich nicht – weder der Mossad den BND noch umgekehrt.

Das ändert sich Anfang der siebziger Jahre. Fast über Nacht entsteht das Phänomen des internationalen Terrorismus mit Querverbindungen zwischen Baader-Meinhof-Leuten und Palästinenser-Gruppen, Irakern, irischen IRA-Terroristen, Japanern und Libyern. Immer häufiger tauchen deutsche Terroristen im Nahen Osten auf, in Ausbildungslagern radikaler Palästinensergruppen im Libanon, im Südjemen oder im Irak. Bundesnachrichtendienst und Bundeskriminalamt trifft die »Internationale des Terrors« völlig unvorbereitet. Ihr einzig möglicher Kontakt, der ihnen weiterhelfen könnte: Israels Mossad, der sich schon seit Jahren um die palästinensischen Terror-Trupps kümmert und in verschiedenen dieser Organisationen eigene Leute sitzen hat.

Der Mossad gibt den Deutschen Tips über Bombenleger, durchreisende Terroristen und geplante Flugzeugentführungen. Der Mossad schafft es, einen seiner Agenten in den engsten Kreis der deutschen Terror-Szene einzuschleusen – das behauptet jedenfalls ein hoher israelischer Geheimdienstmann, den ich zu einem Hintergrundgespräch in Tel Aviv treffe. Und der Mossad gibt den deutschen Stellen Hinweise auf den Aufenthaltsort des deutschen

Terroristen Hansjoachim Klein, der nach seiner Mitarbeit am Terror-Überfall auf die Minister der erdölexportierenden Staaten in Wien 1975 aus dem terroristischen Untergrund abspringt.

Mossad-Agenten verhören den Deutschen mehrfach in seinem Schlupfwinkel in der Toscana und überreden ihn dazu, einen Aufruf an seine ehemaligen »Kollegen« zu schreiben, sie sollten die Waffen niederlegen. Den Brief und seine ehemalige Kampfpistole geben Mossad-Agenten in Mailand an das Hamburger Nachrichtenmagazin ›*Der Spiegel*‹ auf. (Nach anderen Berichten soll sich Klein inzwischen auf israelischem Gebiet in einem Kibbuz in der Negev-Wüste aufhalten. Mossad-Mitarbeiter bestreiten das, ein solcher Schlupfwinkel sei für den von radikalen Terroristen-Organisationen nach seinem Absprung zum Tode verurteilten Klein viel zu riskant. Er halte sich »irgendwo in Europa« auf.)

Der Mossad stellt von Anfang an Bedingungen für seine Kooperation mit den Deutschen: Israels Agenten haben seit Beginn der siebziger Jahre – als »Gegenleistung« für ihre Hilfe – das Recht, in deutschen Strafanstalten einsitzende arabische Terror-Verdächtige zu vernehmen. Die arabisch sprechenden Israelis werden von den deutschen Behörden als »Übersetzer« ausgegeben, der Untersuchungsgefangene erfährt so gar nicht, daß er gegenüber Israels Geheimdienst aussagt. Ein solches Vorgehen verstößt gegen deutsche Gesetze. 1979 wurde ein erster solcher »Fall« öffentlich bekannt: Der palästinensische Waffenschmuggler Mohammed Jussuf war in der Münchner Strafanstalt Stadelheim von israelischen »Dolmetschern« verhört worden – nicht die Ausnahme, sondern die Regel in deutschen Gefängnissen.

Bei Jussuf soll der Mossad noch weitergegangen sein. Der PLO-Geheimdienstchef und ehemalige Anführer der palästinensischen Terrororganisation »Schwarzer September«, Abu Ijad, behauptete in Interviews mit dem *Stern* und dem *Spiegel*, Jussuf sei von den Mossad-Vernehmern zum Mord an ihm erpreßt worden. Die Israelis hätten dem Untersuchungsgefangenen Bilder seiner Angehörigen aus den israelisch besetzten Westbanks gezeigt und ihm klargemacht, den Verwandten ginge es »sehr schlecht«, wenn er den Mord-Auftrag nicht ausführe.

Nach seiner Entlassung aus Stadelheim, wo Jussuf nach der Darstellung Abu Ijads aus Gewissensnöten mehrfach versuchte, sich das Leben zu nehmen, ging er nach Beirut zurück. Jussuf kannte Abu Ijad, er war früher dessen Chauffeur und Leibwächter gewesen. Der angeblich vom Mossad gedungene Jussuf offenbarte sich seinem ehemaligen Chef. Abu Ijad will Jussuf dann angeboten haben, »ein paarmal in mein Auto zu schießen, damit die Israelis den Beweis haben, daß du es versucht hast«. Jussuf habe geantwortet, seine Auftraggeber seien Profis, sie durchschauten solch ein Spiel. Abu Ijad nahm seinen Ex-Chauffeur noch immer nicht ernst – doch der brachte sich wenige Tage später, am 18. Oktober 1979, mit einer Kalschnikow selbst um, »aus Loyalität und Verzweiflung«, wie der PLO-Obere später in den Interviews konstatierte.

Bis heute existiert weder ein endgültiger Beweis, daß Jussuf wirklich tot ist, noch sind die Umstände seines Verschwindens in Beirut oder gar der Mordauftrag der Mossad-Agenten bewiesen. Immerhin erschien die abenteuerliche Geschichte dem Münchner Staatsanwalt Görlach glaubhaft genug, um ein Ermittlungsverfahren gegen Unbekannt anzustrengen – »wegen erfolgloser Anstiftung zum Mord« in Beirut. Bisher blieben die Ermittlungen ergebnislos. Sie bleiben es wahrscheinlich für immer.

Wann auch immer der israelische Geheimdienst für seine zahlreichen Tips über den deutschen Untergrund und seine Zusammenarbeit mit Palästinensern Gegenleistungen verlangte, sie wurden von den deutschen Stellen schnell und unbürokratisch erbracht – auch wenn dabei die Pflicht, Interessen deutscher Staatsbürger im Ausland zu schützen, grob verletzt wurde. Das beste Beispiel dafür ist der Fall der beiden deutschen Studenten Brigitte Schulz und Thomas Reuter.

18. Januar 1976, 10 Uhr morgens in Nairobi, der Hauptstadt Kenias. Israelische Mossad-Agenten stürmen zusammen mit einer Spezialeinheit der kenianischen Polizei eine Privatwohnung und ein kleines Hotel am Stadtrand. Sie nehmen fünf Personen fest: drei Palästinenser, darunter einen gewissen Abu Hannafeh, der einen südjeminitischen Paß hat, und die beiden Deutschen Brigitte Schulz und Thomas Reuter. Keiner der Verhafteten leistet Widerstand, sie sind alle völlig überrascht.

Die Israelis haben durch einen Spitzel in den Reihen der Palästinenser von einem Mordanschlag erfahren, den Abu Hannafeh geplant haben soll. Der Mann mit dem südjeminitischen Paß steht schon lange auf der »Wunschliste« des Mossad. Er ist einer der Operationschefs und engsten Freunde des PFLP-Chefs und internationalen Terror-Organisators Wadia Haddad. Abu Hannafeh soll nach Meldung des Mossad-Spitzels »zusammen mit vier Mitgliedern der deutschen Roten Armee Fraktion« geplant haben, eine israelische »El Al«-Boeing auf dem Weg von Johannisburg nach Tel

Aviv bei einer Zwischenlandung in Nairobi mit Raketen des sowjetischen Typs »Sam 7« zu beschießen. Zur Zeit des geplanten Terror-Anschlags befinden sich über hundert Passagiere in der Linienmaschine.

Die Rolle Abu Hannafehs an dem geplanten Gangster-Stück ist klar – unklar dagegen ist, ob zu den vier RAF-Mittätern tatsächlich auch die beiden verhafteten deutschen Studenten gehören. Brigitte Schulz und Thomas Reuter bestreiten das. Sie behaupten, die Palästinenser »zum erstenmal im Knast gesehen« zu haben. Israels Geheimdienst beschließt, die Deutschen in Israel zu verhören. Der Mossad will Klarheit. Ein offizielles Auslieferungsabkommen zwischen Kenia und Israel besteht nicht, aber die Geheimdienstverbindungen zwischen beiden Ländern sind traditionell gut.

Am 3. Februar 1976 packen die schwarzen Aufseher die beiden Deutschen, verbinden ihnen die Augen und schleppen sie zu einem Jeep. Brigitte Schulz erzählt später ihrer Rechtsanwältin Lea Tsemel: »Stundenlang ging es in halsbrecherischer Fahrt über freies Gelände. Es war stockdunkle Nacht. Ich konnte einmal über die Binde linsen: Der Jeep hatte keine Lichter an, blendete nur auf, wenn ein Hindernis kam.« Die Deutschen werden in eine israelische Militärmaschine verfrachtet und bei Nacht und Nebel nach Tel Aviv geflogen. Sie werden – wieder mit verbundenen Augen – in ein Militärgefängnis gefahren und in Einzelzellen verfrachtet. Alle paar Stunden werden sie vernommen. Der ermittelnde Sicherheitsbeamte leitet seine Fragen nach Aussagen von Brigitte Schulz immer mit derselben stereotypen Redewendung ein: »Wir wissen hier, wie man Leute zum Sprechen bringt.«

Die Israelis wissen überhaupt erstaunlich viel. Schon im Februar 1976 konfrontieren sie Brigitte Schulz mit umfangreichen Detail-Kenntnissen aus ihrem früheren Leben. Die Beamten wissen beispielsweise, daß sie Kontakte zum linken Heidelberger »Sozialistischen Patienten-Kollektiv« (SPK) gehabt hat. Sie wissen, daß sie einmal beim Verteilen von Flugblättern festgenommen wurde. Sie kennen sogar die Namen zweier französischer Tramp-Partner der Deutschen, mit denen sie durch Südfrankreich gefahren ist. Außerdem ist den Mossad-Vernehmern bekannt, daß Brigitte Schulz im Frühjahr 1975 auf einem internationalen Kongreß linker Studenten in Mailand teilgenommen hat. Die Deutsche erinnert sich, daß damals an der Grenze alle Wageninsassen kontrolliert wurden – und ihr geht ein Licht auf: Sie ist in die »Beobachtende Fahndung« (BEFA) des Bundeskriminalamtes geraten. Der Israeli gibt offen zu, daß er die Detailkenntnisse über das Leben der Brigitte Schulz vom deutschen »Security Service« hat.

Das Bundesamt für Verfassungsschutz und das Bundeskriminalamt bestreiten, Akten an den israelischen Geheimdienst übergeben zu haben. Die Verfassungsschützer geben inzwischen aber zu, auf eine »routinemäßige Anfrage« aus Tel Aviv die gewünschten Auskünfte gegeben zu haben. Eine merkwürdige Amtshilfe: Schulz und Reuter gelten zu dieser Zeit als vermißt. Doch anstatt bei den Israelis skeptisch nachzufragen, was denn mit den beiden Deutschen sei, liefern die Beamten Belastungsmaterial nach Tel Aviv. Weder die Bonner Regierung noch die Eltern der beiden Verhafteten erfahren von der israelischen Nachfrage und der deutschen Antwort.

Die Eltern von Brigitte Schulz forschen bei der Kriminalpolizei, beim Roten Kreuz, beim Bundeskriminalamt nach einer Spur ihrer Tochter – vergebens. Anfang August 1976 erhalten sie ein anonymes Schreiben mit der Mitteilung, Brigitte sei zusammen mit ihrem Freund Thomas Reuter in Kenia verhaftet und nach Israel ausgeliefert worden. Am 23. August schreiben die Eltern an die deutsche Botschaft in Kenia und den damaligen Präsidenten Kenyatta. Antwort kommt erst Anfang November – niemand will etwas von Brigitte Schulz gehört haben.

Am 29. November 1976 schicken die Schulz-Eltern einen Brief an die deutsche Botschaft in Israel, mit Kopie an das Bonner Auswärtige Amt. Die Antwort ist wieder negativ. Per Fischer, damals deutscher Botschafter in Tel Aviv, schreibt: »Es bedarf langer Untersuchungen, ob Personen mit diesen Namen in letzter Zeit überhaupt nach Israel eingereist sind.« In einem Brief zwei Wochen später – nachdem Fischer sich bei allen israelischen Stellen erkundigt hat – heißt es: »Auch seitens der Grenzpolizei gibt es keine Erkenntnisse über die Einreise von Brigitte Schulz und Thomas Reuter.«

Die Erkenntnisse gibt es nicht, weil Israels Stellen den deutschen Botschafter glattweg anlügen – genauso wie das Rote Kreuz, das in Israel offiziell das Recht hat, sich über ausländische Häftlinge zu informieren. Das israelische Schweigen bedeutet einen klaren Verstoß gegen das Völkerrecht.

Erst als die Schulz-Eltern eine Ortskennerin mit der Suche beauftragen, kommt Klarheit in die Sache. Lea Tsemel, als Verteidigerin vieler Araber mit der israelischen Szene vertraut, erfährt, daß die beiden Deutschen in israelischer Haft sind. Noch am Tag der

Entdeckung, dem 13. Februar 1977, schreibt die Anwältin an die besorgten Eltern. Am 24. Februar klingelt spätabends in Enkenbach, dem Wohnort der Schulzens, ein unangemeldeter Besuch – ein Angehöriger der israelischen Botschaft in Bonn. Der Mann bringt einen Brief von Brigitte mit und stellt den Eltern in Aussicht, sie könnten ihre Tochter in Tel Aviv besuchen, die Kosten übernähmen die Israelis. Bedingung: Herr und Frau Schulz sollten sich von der Rechtsanwältin Tsemel trennen und über das weitere Vorgehen der Israelis Stillschweigen vereinbaren. Die verschreckten älteren Leute wissen zunächst nicht, wie sie reagieren sollen. Dann lehnen sie ab – sie wollen »unabhängig bleiben«, wie sie sagen.

Am 24. Februar 1977 informiert der Mossad auch das Bundesamt für Verfassungsschutz über die Tragweite des Falls, die Israelis sprechen von einem »eindrucksvollen Erfolg im Krieg gegen die Terrroristen« und berufen sich auf eine Art von »Notstand«. Die Information wird nicht an das Auswärtige Amt weitergeleitet, das sich so weiterhin auf Unkenntnis berufen und tatenlos bleiben kann.

Außenminister Genscher erfährt erst am 14. März offiziell von der isralischen Regierung, was gespielt wird – zwei Tage, bevor er zu einem lange geplanten Freundschaftsbesuch nach Tel Aviv fährt. Es ist jetzt schon über ein Jahr her, daß zwei Deutsche in einem israelischen Militärgefängnis sitzen, ohne daß man ihnen Gelegenheit gegeben hat, Kontakt mit der Botschaft aufzunehmen oder mit einem unabhängigen Anwalt zu sprechen. Genscher protestiert, nennt das Vorgehen gegenüber seinem Amtskollegen einen »Skandal«.

Doch der Skandal ist noch nicht zu Ende. Denn trotz der sich jetzt häufenden Bonner Proteste, Demarchen und Bittschreiben – insgesamt gibt es vierzehn deutsch-israelische Kontakte in Sachen Schulz/Reuter – sind die Israelis nicht bereit, den Prozeß unter rechtsstaatlichen Gesichtspunkten durchzuführen. Er findet geheim statt. Entlastungszeugen sind nicht zugelassen. Ein deutscher Prozeßbeobachter, einziges Zugeständnis der Israelis, darf weder Akten einsehen noch sonstwie Einfluß üben. Die beiden Deutschen werden auf Grund ihrer Geständnisse wegen »Störung der israelischen Kommunikationswege« zu je zehn Jahren Gefängnis verurteilt. Was damit gemeint ist, wissen weder die Verurteilten noch die Verteidiger. Das geheim tagende Militärgericht fällt seinen Spruch ohne jede Begründung.

Brigitte Schulz, inzwischen 28 Jahre alt, und der 27jährige Thomas Reuter nehmen das Urteil an, weil es die einzige Chance ist, vorzeitig aus der Haft entlassen zu werden. Für ihre Unterschrift unter das Geständnis sichern die Richter ihnen zu, sie im Februar 1981 vorzeitig nach Deutschland zu entlassen. Den Beweis für die Beteiligung der beiden deutschen Studenten an dem geplanten Terror-Anschlag konnte das Gericht nicht erbringen.

Brigitte Schulz und Thomas Reuter behaupten sogar, ihr Geständnis sei von den Israelis erpreßt worden. Beide sprechen davon, sie seien während der Haft »gefoltert« worden: gefesselt und geschlagen, nachts im halbstündlichen Rhythmus geweckt und durch einen Dauerton in der Zelle »zum Wahnsinn getrieben«. Die Israelis bestreiten all das – doch eine Form von Folter kann ihnen nachgewiesen werden: das »Hooding«. So nennt die Straßburger Menschenrechtskommission es, wenn Angeklagte ständig mit verbundenen Augen oder unter einer schwarzen Kappe umhergeführt werden. Brigitte Schulz und Thomas Reuter aber wurden in schwarzen Kapuzen zum Prozeßgebäude geführt. Ihr Anwalt rügte dieses Vorgehen und die Kapuzen wurden daraufhin abgenommen.

Der Verdacht, daß die beiden deutschen Studenten zumindest am Rande mit der internationalen Terror-Szene zu tun hatten, bleibt bestehen. Wie ich in Jerusalem erfuhr, soll der abgesprungene deutsche Ex-Terrorist Hansjoachim Klein die beiden in seinen Gesprächen mit dem Mossad schwer belastet haben. Eine weitere Information aus Mossad-Kreisen: Das Kölner Bundesamt für Verfassungsschutz soll von den Israelis »unmittelbar nach der Festnahme von Schulz und Reuter, noch im Februar 1976« über alle Aspekte des Falles unterrichtet worden sein. Stimmt diese Nachricht, dann hat dieses Amt die Politiker, die Eltern und die deutsche Öffentlichkeit über ein Jahr wissentlich getäuscht. Der Mossad-Mann: »Wir haben um Geheimhaltung gebeten und darauf hingewiesen, wir würden uns in Zukunft mit Hinweisen erkenntlich zeigen.«

Israels Geheimdienst ist in den Jahren 1979 und 1980 allerdings mehr damit beschäftigt, eine Annäherung zwischen der »Palästinensischen Befreiungsorganisation« PLO und der Bundesrepublik zu verhindern als den Deutschen wichtige Terroristentips zu geben. Die Israelis sind über die Kontakte zwischen Willy Brandt und PLO-Chef Arafat verärgert, sie sind mißtrauisch gegenüber einem Abkommen, das Innenminister Baum Ende 1978 in Libyen abgeschlossen hat und das eine »Terror-Schonzeit« für die Bundesrepublik beinhalten soll. Der Mossad entschließt sich, falsche Fährten nach Deutschland zu legen und der PLO so weiszumachen, Mossad und BND machten gemeinsame Sache – auch bei der Ermordung prominenter Palästinenser.

So geschehen im Fall der Erika Maria Chambers. Am 22. Januar 1979 wird der PLO-Führer Ali Hassan Salimeh, der 1972 das Münchner Olympia-Massaker organisiert haben soll, in Beirut auf offener Straße ermordet. Eine Untersuchungskommission der PLO kommt schnell darauf, daß die Bombe von der Wohnung einer gewissen Frau Chambers aus gezündet worden ist.

Der Verdacht erhärtet sich, als die Frau nach der Tat verschwunden bleibt. Die Palästinenser finden Spuren, die nach Deutschland führen: Frau Chambers hat in Beirut auffallend oft Deutsch gesprochen. Auf einer Visitenkarte, die sie an auffallend viele Freunde verschenkte, führte sie das Kölner Postfach 30 03 64 an. Die gebürtige Londonerin hat lange in Wiesbaden (im Hotel »Albany«) und Köln (»Graeffstraße 3«) gelebt – ausgerechnet in Wiesbaden und Köln, wo Verfassungsschutz und Bundeskriminalamt (BKA) sitzen. In Deutschland hat sich Erika Maria Chambers so auffällig benommen, daß ihre Spur leicht zu verfolgen ist.

Einer Gruppe von Terroristen-Fahndern des BKA, die im Frühjahr 1979 nach Beirut reisen, gelingt es nicht, den Verdacht der Palästinenser zu zerstreuen, die Deutschen hätten an der Bombe mitgezündelt. Das BKA ermittelt daraufhin unter dem Aktenzeichen 121 Js 32/79 in der Bundesrepublik gegen Frau Chambers – vergeblich. In Wirklichkeit hat der Mossad das Ding in Beirut gedreht. Die Mossad-Agentin Erika Maria Chambers (Deckname: »Penelope«) ist längst wieder in Israel untergetaucht.

Nachdem es den Israelis gelungen ist, die PLO gegen die Deutschen aufzubringen, versuchen sie als nächstes, die Deutschen gegen die PLO einzuschwören. Die Überlegung: Wenn die PLO sich wie eine »Mörderbande« gebärdet, womöglich noch in der Bundesrepublik Terroranschläge verübt, müssen auch PLO-freundliche Bonner Politiker ihre Kontakte zur Palästinensischen Befreiungsfront einfrieren. Und da PLO-Chef Arafat nicht daran denkt, die eben angelaufenen Beziehungen zu den Deutschen mit Terror zu gefährden, muß er eben vom Mossad inszeniert werden – im Namen der PLO.

Israels Geheimdienst gibt den deutschen Behörden den Tip, sich um den in Westberlin lebenden Palästinenser Hassan El Harti zu kümmern. El Harti und sechs weitere, über Ostberlin einreisende arabische Komplizen planten im Auftrag der PLO Attentate auf ein Heizöllager, möglicherweise Flugzeugentführungen und auch einen Mordanschlag gegen den Vorsitzenden der Jüdischen Gemeinde in Berlin, Heinz Galinski. Am 26. April 1979 schlägt Westberlins Antiterrorgruppe zu. Sie verhaftet El Harti samt Komplizen auf offener Straße in seinem roten Mercedes 200. In einem Schließfach am Bahnhof Zoo werden fast zwölf Kilogramm Sprengstoff entdeckt.

Der Fall scheint klar, und El Harti zeigt sich auch geständig. So geständig, daß ein Verteidiger der anderen Palästinenser gegenüber die Hamburger Wochenzeitung *Die Zeit* verblüfft feststellte, »daß allein die Verlesung der Aussagen auch in Abwesenheit des El Harti in der Hauptverhandlung verwendet werden konnte. Sämtliche Vorbehalte der deutschen Rechtsprechung wurden detailliert berücksichtigt. Das Protokoll liest sich wie eine revisionssichere Hauptseminar-Arbeit«.[13]

Tatsächlich mußten die Berliner Richter ohne den Hauptangeklagten auskommen. Am 10. Mai wurde er aus der Untersuchungshaft entlassen, mit der Maßgabe, sich zweimal wöchentlich zu melden – »angesichts einer Straferwartung von bis zu zehn Jahren Haft ein ganz und gar unverständlicher Großmut« (*Die Zeit*). Am 15. Mai stellt El Harti dann einen Antrag auf siebentägige Befreiung von der Meldepflicht. Der Antrag wurde in ungewöhnlicher Eile genehmigt. El Harti erhielt sogar einen seiner beiden libanesischen Pässe von den bundesdeutschen Ermittlungsbehörden wiederausgehändigt. Am 25. Mai 1979 verschwand der Angeklagte für immer.

Inzwischen steht der angebliche »PLO-Attentäter« auf einer Fahndungsliste der PLO. Denn Hassan El Harti ist ein Mossad-Agent, ein »Agent provocateur«, der sich die Terror-Anschläge im Auftrag der Israelis ausgedacht hat und dazu die Kontakte zu einer dubiosen irakischen Palästinenser-Gruppe genutzt hat, mit deren Hilfe er seine »Mittäter« nach Berlin schleuste.

Der Mossad bat die deutschen Behörden, das Geheimnis um die Person El Harti nicht zu lüften und den »Palästinenser-Terroristen« unauffällig ausreisen zu lassen – Richtung Israel. El Harti habe sich an die Spitze des terroristischen Untergrunds in Westberlin gesetzt und mit seinen Informationen schließlich auch den Deutschen genützt. Auf Wink von »oben« erhielt der Gefangene dann seinen »Urlaub auf Ehrenwort«.

[13] Vgl. Das »Dossier« der *Zeit* vom 9. November 1979 »Dreieck im Dunkeln«

In der deutschen Öffentlichkeit aber, die über die Vorgänge nicht aufgeklärt wurde, hatte sich einmal mehr der Eindruck verfestigt, »PLO-Terroristen« seien im letzten Augenblick an Attentaten gehindert worden, der »PLO-Terror auf dem Gebiet der Bundesrepublik« gehe weiter. Und wie der Mossad es vermutet und gewünscht hatte, dachten viele deutsche Kommentatoren wieder einmal darüber nach, ob es denn überhaupt vertretbar sei, mit »dieser Mörderbande« in Gespräche einzutreten.

Mit den Ägyptern gegen Khomeini und die PLO – eine neue Strategie des Mossad

Im Juni 1980 trifft sich eine Gruppe jüngerer Mossad-Offiziere, um ein neues Strategie-Papier für die Geheimdienst-Aktivitäten der nächsten Jahre zu entwerfen. Der Staat Israel steckt in der vielleicht schwersten Krise seit seiner Existenz: Die Regierung Begin hat nach dem Rücktritt ihrer international renommiertesten Minister Dajan (Außen) und Weizman (Verteidigung) abgewirtschaftet, aber auch das Vertrauen der israelischen Bevölkerung in die von Flügelkämpfen (Peres contra Rabin) zerrissene Arbeiterpartei ist nicht groß. Schwere innenpolitische Probleme erschüttern das Land: Die Inflationsrate ist auf über 130 Prozent im Jahr geklettert, mittelständische Industrien und Betriebe kämpfen ums Überleben.

Die radikalen Siedler, in geistiger Verwandtschaft mit Maximalisten wie dem Premier Begin und seinem Landwirtschaftsminister Sharon, sind noch radikaler geworden. Sie fordern nicht nur, überall im »Erez Israel«, dem biblischen Galiläa und Samaria – heute von den Israelis besetzt – siedeln zu dürfen, sondern provozieren die Araber, indem sie Häuser in arabischen Städten beschlagnahmen und arabisches Land enteignen. Palästinensische Widerständler beantworten den Terror mit Gegenterror: In Hebron werden acht Menschen erschossen. Im Gegenzug legen radikale jüdische Siedler-Organisationen Bomben in die Autos von Bürgermeistern der Westbank-Städte. Ein jüdischer terroristischer Untergrund beginnt sich zu formieren und trägt dazu bei, Israel international noch weiter zu isolieren.

Die Palästinensische Befreiungsorganisation (PLO) erfährt 1980 beim Treffen der europäischen Staatsmänner in Venedig eine Defacto-Anerkennung, obwohl die PLO von ihrem Ziel, Israel zu vernichten, offiziell noch nicht abgerückt ist. Ägypten, mit den Israelis durch einen Friedensvertrag verbunden, ist in der arabischen Welt isolierter denn je, weder Saudi-Arabien noch Jordanien schließen sich der Friedensinitiative der Amerikaner an. Es scheint, als hätte Israels Regierung durch ihr Beharren auf Maximalforderungen die Chancen zum Frieden verpaßt.

Die Offiziere, die sich um eine künftige Mossad-Strategie bemühen, sind alle nicht älter als 35 Jahre. Sie sind zahlenmäßig in der Mehrheit innerhalb des israelischen Geheimdienstes. Doch die meisten der entscheidenden Posten werden nach wie vor von »Männern der ersten Stunde« gehalten, die zum Teil schon vor der Staatsgründung im Untergrund gekämpft haben. Zwischen Mossad-Führung und Mossad-Basis gibt es heute einen Konflikt, der mehr als nur ein Generationskonflikt ist: Die Jungen haben, bei aller Entschlossenheit, der inneren und äußeren Bedrohung Israels entgegenzuwirken, nicht die ideologischen Scheuklappen der Älteren.

Die Überlegungen der Offiziere in diesem Papier sind deshalb für die Mossad-Führung weder bindend, noch spiegeln sie das Denken der Führung wider. In entscheidenden Punkten wie der Palästinenserfrage und dem Umgang mit den Ägyptern denkt die Gruppe um Mossad-Chef Jitzak Hofi noch radikaler, kompromißloser.

Das Papier der Offiziere löste innerhalb des israelischen Geheimdienstes eine erbitterte Diskussion über den künftigen Kurs des Mossad aus. Dieser Kampf ist noch nicht entschieden. Die Abschrift, angefertigt aus einem Gedankenprotokoll von einem der Anwesenden, wurde mir in einer europäischen Hauptstadt von einem Mossad-Verbindungsmann zugespielt. Das Original trägt den Stempel »streng vertraulich«.

* * *

Der Friedensschluß mit Ägypten zwingt uns auch in der Geheimdienstarbeit zu einer radikalen Umkehr. Diese Umkehr haben wir bisher noch nicht vollzogen. Sie kann nur bedeuten, daß wir mit dem »Moukhabarat« (*dem ägyptischen Geheimdienst, bestehend aus einem zivilen Zweig, dem »Amma« und einem militärischen, dem »Kharbeya«*) künftig eng zusammenarbeiten. Wir wissen, es hat erste Treffen in diese Richtung gegeben. Doch wir kennen auch die Vorbehalte einiger Leute in der Mossad-Führung, die sagen, auf Sadat sei in »top secret«-Dingen kein Verlaß und nach seiner möglichen Ermordung werde eine solche Zusammenarbeit zur Katastrophe für Israel. Wir können eine solche Über-Vorsicht nicht gutheißen und glauben, daß an Sadats Friedenswillen nicht mehr gezweifelt werden darf. Was die Verhältnisse nach einem plötzlichen Tod angeht: Wir können nur von den bestehenden Strukturen ausgehen. Sie zeigen, daß Sadat fest im Sattel sitzt. Wir haben mehrere Mord-Komplotte gegen ihn aufgedeckt, es liegt auch an uns, wie lange er noch am Leben bleibt.

Fazit und These I: Wir müssen endgültig umdenken und Ägypten als befreundete Nation akzeptieren. Wir müssen die Zusammenarbeit mit dem ägyptischen Geheimdienst auf allen Ebenen verstärken und uns im Kampf gegen den internationalen Terrorismus zusammenschließen.

Unser Verhältnis zur PLO kann sich so lange nicht ändern, als diese Gruppe dem Staat Israel mit Vernichtung droht. Wir müssen jedoch sorgfältig die Vorgänge innerhalb der PLO beobachten und uns auf eventuelle Richtungsänderungen einstellen. Nicht jedes verbale Zugeständnis Arafats muß dabei von Bedeutung sein, die

Organisation spricht und handelt unserer Erfahrung nach mit verteilten Rollen. Wir müssen versuchen, die PLO international wieder zu isolieren. Dabei muß uns jedes Mittel recht sein. Unsere Kontakte innerhalb der PLO sind zu verstärken. Alle Informationen sollten an Ägypten und auch an Saudi-Arabien weitergegeben werden. Wir müssen Mißtrauen gegen einen Palästinenser-Staat schüren und Moskaus Rolle auch im Sinne der Religionsfeindlichkeit herausstreichen.

Fazit und These II: Die PLO hat sich nicht und wird sich nicht wandeln. Sie sollte weiter im zentralen Blickpunkt des Mossad bleiben. Die Unterwanderung der PLO durch Mossad-Agenten muß verstärkt werden, sie muß bei den streng moslemischen arabischen Staaten durch gezielte Meldungen in Mißkredit gebracht werden.

Unser zweiter Hauptfeind neben der PLO heißt Syrien. Präsident Hafez Assad hat interne Probleme mit der schiitischen Mehrheit im Land, die radikal gegen ihn vorgeht. Er könnte versucht sein, von diesen Problemen durch einen Angriff gegen Israel abzulenken. Das sowjetische Engagement in Syrien nimmt ständig zu, so daß wir Amman heute als unseren militärisch stärksten Gegner betrachten müssen. Dagegen hat die Gefahr aus dem Irak abgenommen – Bagdad gibt sich zwar nach wie vor kriegerisch, hat aber in Geheimabkommen mit den USA und uns klargemacht, daß sich seine Rüstung jetzt gegen Khomeinis Iran richtet und nicht mehr primär gegen uns.

Fazit und These III: Wir müssen umdenken: Nicht mehr der Irak, sondern Syrien ist Israels gefährlichster Gegner. Der Mossad muß seine Geheimdienst-Arbeit in Damaskus wesentlich verstärken, um auf einen eventuellen Angriff vorbereitet zu sein. Wir sollten überlegen, ob sich zu Assad eine personelle Alternative aufbauen läßt, die wir durch eventuelle Unterstützung aufständischer Truppen in den Vordergrund spielen können. Der Mossad sollte ferner überdenken, ob er nicht über die Hilfe befreundeter Dienste die Unabhängigkeitsbewegungen der Kurden und Araber in Khomeinis Iran fördert. Dies ist langfristig die einzige Möglichkeit, Khomeini zu schaden und schafft soviel Unruhe im Grenzgebiet zwischen Iran und Irak, daß die Irakis gebunden sind.

Wir sollten alles tun, unsere internationalen Beziehungen auszubauen und unser schlechtes Image abzubauen. Nach unseren ersten Kontakten hat sich gezeigt, daß die Volksrepublik China an der Aufnahme diplomatischer Beziehungen interessiert sein könnte. Das scheint uns ein wichtiger internationaler Schritt, an dem wir intensiv weiterarbeiten sollen. Wir empfehlen allerdings strengste Geheimhaltung, um wenigstens vorläufig die exzellenten Beziehungen zu Taiwan nicht zu gefährden. Als weiteren wichtigen Schritt schlagen wir den Ausbau unserer Geheimbeziehungen zu einigen »gemäßigten« arabischen Ländern vor, wobei wir vor allem an Marokko und an unsere »Mini-Zellen« in Saudi-Arabien und Oman denken. Der Mossad sollte ebenfalls alles tun, um auf einen Kurswechsel des jordanischen Königs Hussein eingestellt zu sein und ihm, wie in der Vergangenheit schon geschehen, umgehend Kontakte und Treffpunkte mit israelischen Politikern ermöglichen.

Fazit und These IV: Wir müssen auf Mossad-Wegen mit Peking ins Gespräch kommen und unsere Kontakte nach Marokko, Saudi-Arabien und Oman intensivieren – die einzige Möglichkeit, aus der internationalen Isolation herauszukommen.

In den USA hat der Geheimdienst infolge der Fehlentwicklungen in letzter Zeit wieder erheblich mehr Freiheiten bekommen. Die CIA ist damit unseres Erachtens wieder handlungsfähiger geworden und als Partner für gemeinsame Aktionen wieder akzeptabel. Wir sollten unsere Freundschaft mit Washington nicht überstrapazieren und die Mossad-Tätigkeiten in den USA eher zurückschrauben. Die Zusammenarbeit mit dem französischen und dem bundesdeutschen Geheimdienst sollte verstärkt werden, Vorsicht gegenüber den Briten halten wir nach wie vor für geboten. Von gemeinsamen Kommando-Unternehmen mit anderen Diensten raten wir jedoch nach wie vor strikt ab.

Fazit und These V: Keine überflüssigen Provokationen der Amerikaner und Intensivierung der Kontakte mit den Franzosen und Deutschen sind wünschenswert. Auf die Dauer sind wir sonst dem Kostenaufwand und der Intensität der sowjetischen Spionage im Nahen Osten nicht gewachsen.

Als letzter Punkt möchten wir dringend empfehlen, daß sich der »Shin Beth« *(Mossad-Zweig, zuständig für innere Sicherheit und Spionagearbeit)* auch mit dem jüdischen terroristischen Untergrund befaßt. Nach den Ereignissen von Ramallah und Hebron *(wo arabischen Bürgermeistern durch von Juden gelegte Bomben die Beine abgerissen wurden)* finden wir es eine Selbstverständlichkeit, daß der »Shin Beth« sich nicht mehr nur um arabische Terroristen kümmert. Unserem internationalen Ansehen in der Welt schaden solche Vorkommnisse enorm, und wir müssen überall klarmachen können, daß wir alles getan haben, die Terror-Akte aufzuklären.

Fazit und These VI: In der besonderen Situation nach den Ereignissen auf den Westbanks muß die innere Spionageabwehr auch gegen jüdische Mitbürger eingesetzt werden – sonst macht Israel sich in der Welt unglaubwürdig.

Einige Wochen, nachdem die Mossad-Offiziere ihr Papier formuliert hatten, kam es tatsächlich zu einem Streit über die Nachforschungen des »Shin Beth« zu den Bombenattentaten jüdischer Extremisten auf den Westbanks. Der »Washington Star« berichtete Anfang August 1980 aus Israel, daß »Shin Beth«-Chef Avraham Achituv sechs Mitglieder der ultrarechten »Gush Emunim«-Bewegung als Täter ausgemacht habe. Ministerpräsident Begin, dem man gute Beziehungen zu den Ultrarechten nachsagt, habe dem »Shin Beth« daraufhin weitere Nachforschungen untersagt und die Affäre vertuschen wollen; Achituv sei darauf zurückgetreten. Das Büro des Premierministers bestritt diese Darstellung. Achituv erklärte, sein Rücktritt sei lange geplant gewesen.

KAPITEL VI

Porträts

Männer, die
den Mossad machten

Männer, die
der Mossad machte

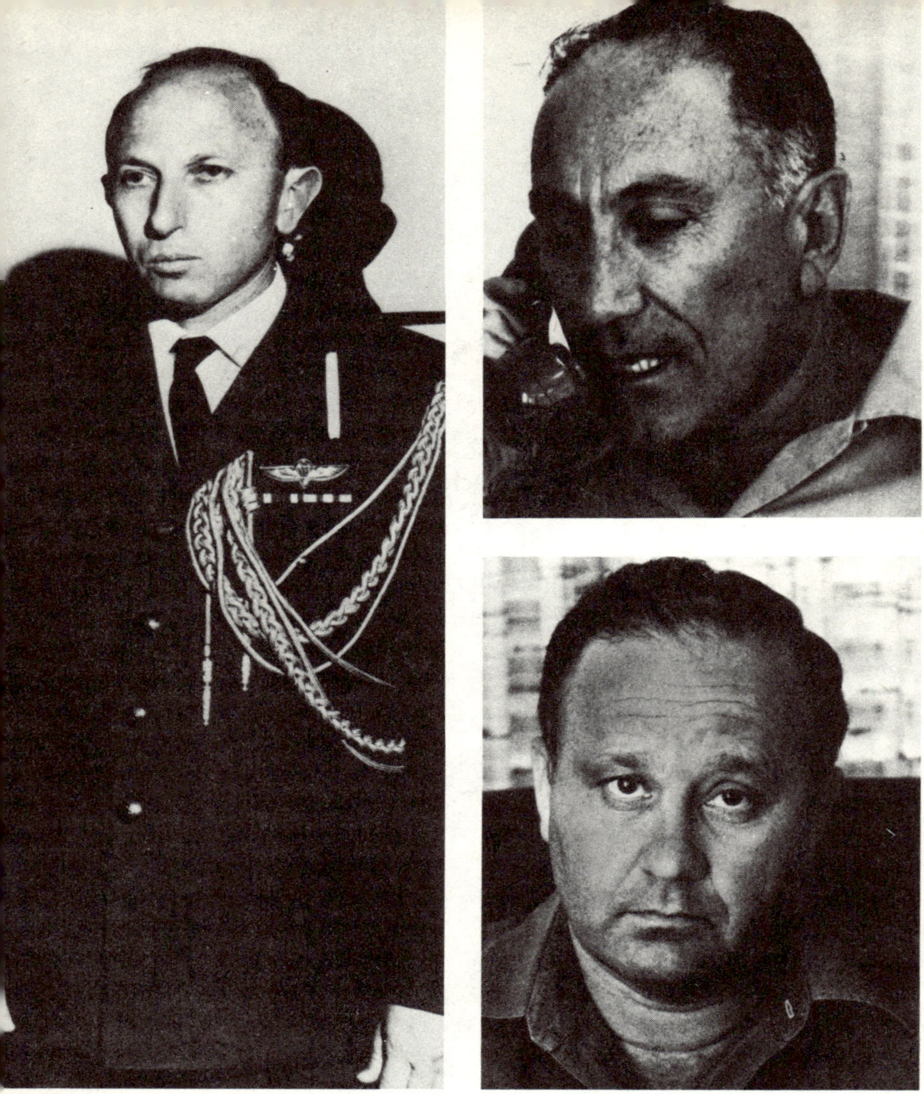

Männer, die den Mossad machten

Mossad-Chefs (v. l.) Zwi Zamir (1968–1974)
Meir Amit (1963–1968) Jitzak Hofi seit 1974
Und der Gründer des Mossad, Isser Harel
(1953–1963)

Männer, die der Mossad machte

Israels neuer Generalstabschef Rafael Eytan, Ex-Geheimdienstoffizier, verantwortlich für Terroranschläge in Südlibanon; Jitzak Shamir, Außenminister Israels, während der britischen Besetzung Palästinas einer der meistgesuchten Terroristen; Chaim Herzog, Ex-»Aman«-Chef, heute UN-Botschafter Israels; Eliahu Ben-Elisser – der ehemalige Mossadoffizier ist Israels erster Botschafter in Ägypten

Männer, die den Mossad machten

Isser Harel

Politiker fürchteten seine Macht, Agenten seine erbarmungslose Härte. Premierminister Sharett nannte den 1,55 Meter großen Mann mit dem Spitznamen »Isser der Kleine« einen »Teufel in Zwergengestalt«. Einer seiner engsten Mitarbeiter sagte einmal: »Er sieht dich an, als könnte er deine geheimsten Gedanken nach außen kehren. Du weißt nicht warum, aber du fühlst dich ihm gegenüber immer schuldig.« Und seine Agenten hatten Angst vor jedem Rapport beim Chef. »Nur Hunde und Kinder haben keine Angst vor seinen harten, blauen Augen«, pflegten sie zu sagen. Isser Harel war von 1953 bis 1963 Mossad-Chef. Er war der Mann, der Israels Geheimdienst zu dem gemacht hat, was er heute ist.

Isser wird 1912 in Witebsk in Rußland als Sohn reicher Eltern geboren. Doch während der Oktoberrevolution verliert die Familie Hab und Gut und muß nach Lettland fliehen. Dort machen antijüdische Banden die Straßen unsicher und Isser, der sich inzwischen einer zionistischen Jugendorganisation angeschlossen hat, kauft sich schon als fünfzehnjähriger auf dem schwarzen Markt einen Revolver. Als seine Eltern mit ihm zwei Jahre später nach Palästina auswandern, versteckt er den Revolver im Futter seiner Jacke.

Harel schließt sich einem Kibbuz in der Nähe von Herzlya an, wo er sich bald als besonders harter Arbeiter einen Namen macht. Er lernt im Kibbuz ein jüdisches Mädchen namens Rivka kennen, die – anders als er – gerne tanzt und singt und sich in Gesellschaft wohl fühlt. Zur Überraschung der Kibbuz-Gemeinde heiraten die beiden, die so gar nicht zusammenzupassen scheinen. Sie leben dreizehn Jahre in einem Militärzelt, das auf einer Sanddüne steht.

Als ihn einer seiner Kibbuz-Kollegen beleidigt und sich nicht bei ihm entschuldigen will, packt Harel seine Sachen zusammen, nimmt seine Frau an die Hand und verläßt grußlos die Gemeinde.

Er findet als unabhängiger Farmarbeiter einen Job und pflückt tagsüber Orangen. Nachts läßt er sich bei der jüdischen Untergrundarmee »Haganah« ausbilden, für die er bald in der Küstenwache aktiv wird. Als Harel einmal einen britischen Offizier bei einem Schwarzmarkt-Geschäft stellt, verpaßt er ihm eine Ohrfeige. Er muß jetzt untertauchen und tut es im Geheimdienst der »Haganah«, in der »Shay«. Er wird einer der Chefs der »Shay« und spioniert Araber wie Engländer aus.

Ben Gurion wird zum erstenmal wenige Tage vor der Proklamation des Staates Israel im Mai 1948 auf ihn aufmerksam. Harel beschafft den genauen Aufmarschplan der Jordanier, von denen die meisten Israelis gedacht hatten, sie hielten sich aus dem kommenden Kriegshandlungen heraus. Harel wird zum Oberstleutnant ernannt, damals der zweithöchste Rang in der israelischen Armee. Als Leiter des inneren Sicherheitsdienstes (»Shin Beth«) sorgt dafür, daß Ben Gurions Feinde ausgeschaltet werden und überwacht persönlich den Kampf gegen Menachem Begins »Irgun«-Terroristen. Harel wird zum engsten Vertrauten Ben Gurions und kann ihn überzeugen, daß es statt bisher mehreren, miteinander konkurrierenden israelischen Geheimdiensten nur mehr einen geben sollte. 1953 entsteht der »Mossad«, Harel wird sein erster »Memune« (Chef).

Seine größten Erfolge: Harel hat den Nazi-Mörder Eichmann in Argentinien aufgespürt und ihn nach Israel entführt; er hat den kleinen Jossele Schumacher, den orthodoxe Juden verschleppt hatten, seinen Eltern zurückgebracht; er hatte Teil an dem Sieg im Suez-Feldzug von 1956; Harel beschaffte die Geheimrede Chruschtschows vor dem XX. Parteitag in Moskau von 1956.

Seine größten Mißerfolge: die Lavon-Affäre, die 1954 begann – jahrelang arbeiteten israelische Agenten in Kairo und übten Terror aus, ohne daß Harel Bescheid wußte; seine Aktionen gegen die deutschen Raketen-Techniker in Ägypten, über die er sich mit Ministerpräsident Ben Gurion zerstritt und die 1963 zu seinem Rücktritt führten.

Seine Feinde sagen, letztlich sei er an seinem krankhaften Ehrgeiz gescheitert, an seiner Selbstüberschätzung, die ihn selbst Ben Gurion übergehen ließ. Ist Harel heute verbittert über seinen glanzlosen Abschied vom »Institut«, dem er 1965 als »Berater des Ministerpräsidenten in Geheimdienstfragen« noch einmal ein Jahr angehörte? Oder hat Harel eingesehen, daß er bei seinen Terror-Anschlägen gegen die Raketen-Techniker einen Fehler gemacht hat?

Der kleine, drahtige Mann sieht mich lange an, er mustert mich mit seinen berühmten kalten Augen. »Fehler? Ich habe damals keinen Fehler gemacht.« Er sei nicht verbittert, sagt Harel. Es klingt, als wolle er sagen: Aber ich würde heute noch einen besseren Mossad-Chef abgeben als alle anderen.

Er hat sich in sein kleines Haus im Grünen, in einem Vorort von Tel Aviv, zurückgezogen. Der Mossad verbot ihm jahrelang, sein

Buch über die Eichmann-Entführung zu veröffentlichen – schließlich durfte er, aber ohne einen echten Agenten-Namen zu nennen. Mit dem mehrfach verfilmten ›*Haus in der Garibaldi-Straße*‹ ist er zum Millionär geworden. 1978 veröffentlichte Harel sein bisher letztes Buch. Es heißt ›*Jihad*‹ und beschreibt, wie eine Fraktion der PLO den Jihad, den heiligen Krieg der Moslems provozieren will, einen ehemaligen Nazi-Piloten anheuert, um mit einem gestohlenen israelischen Kampfflugzeug die Große Moschee in Mekka zu bombadieren.

Der erste Mossad-Chef erwies sich mit dem Roman-Stoff als Prophet: Im November 1979 wurde die »Große Moschee« tatsächlich gestürmt – vermutlich unter Beteiligung radikaler Palästinenser.

Meir Amit

»Eher bringt man aus einem Stein Wasser heraus als aus diesem Mann einen druckbaren Satz« – ein Stoßseufzer eines israelischen Kollegen, der einmal versucht hat, den Mossad-Chef Meir Amit (Amtszeit: 1963 - 1968) zu interviewen.

Bei unserem Gespräch in der Vorhalle der Knesset zeigt sich Amit aufgeschlossener – er will mit mir über alles diskutieren, nur nicht über Mossad-Operationen der letzten beiden Jahre und Mossad-Interna von heute. Amit, hemdsärmlig, braungebrannt und muskulös, wirkt trotz seiner 59 Jahre jugendlich. Er ist Parlamentsabgeordneter der »Demokratischen Bewegung«, die mit Begin ein Regierungsbündnis bildet. Wenige Monate lang war Amit sogar Transportminister, dann merkte er, daß er das erzkonservative Kabinett nicht in seinem Sinne beeinflussen konnte, und trat zurück. Jetzt stimmt er nur noch manchmal mit Begins Bündnis. Daß er dafür von seinen Parteifreunden beschimpft wird, ist ihm egal. Er war sein Leben lang konsequent und kompromißlos.

Amit kommt als Sohn russischer Einwanderer in Palästina zur Welt und wächst in einem Kibbuz auf. Noch als Gymnasiast meldet er sich bei der jüdischen Untergrundarmee »Haganah« und wird von ihr in die britische Hilfspolizei eingeschleust. 1944 kommandiert er eine Kompanie der »Haganah« und wird im Unabhängigkeitskrieg 1948 im Kampf mit jordanischen Truppen verwundet. Nach der Staatsgründung macht er Karriere bei der neugeschaffenen israelischen Armee: 1956 wird er zum Befehlshaber der Südfront im Sinai-Feldzug ernannt. 1958 verletzt er sich bei einer Fallschirmübung schwer und geht für einen Erholungsurlaub in die USA. Dort macht er sein Magisterdiplom in Handelswissenschaften und knüpft schon erste Kontakte zum amerikanischen Geheimdienst an. Als man Amit 1960 den Posten des militärischen Nachrichtenchefs anbietet, sagt er ja.

Daß er vom »Aman«-Chef zum Mossad-Chef aufsteigt, verdankt Amit einem Zufall. Nach Isser Harels überraschender Demission wegen seiner Differenzen mit dem Regierungschef über die deutschen Raketen-Ingenieure in Ägypten im März 1963, rätselt Ben Gurion, wen er zum Nachfolger machen soll. Zuerst läßt der Ministerpräsident Amos Manor rufen, den Chef der inneren Abwehr (»Shin Beth«). Der hält sich gerade irgendwo im Jordan-Tal auf und ist nicht erreichbar. Da sagt Ben Gurion: Na, dann ruft eben Meir Amit!«

Amit ist eine gute Wahl. Er arbeitet kollegialer als der »einsame Wolf« Isser Harel, legt noch mehr Wert auf die »wissenschaftliche Ausforschung« der arabischen Nachbarn. Über beinahe jeden ägyptischen Offizier sammelt der Mossad Nachrichten, füttert seine Computer auch mit Details aus deren Privatleben – so entsteht ein psychologisches Porträt des Feindes.

Die Mißerfolge des zweiten »Memunen« in der Geschichte des Mossad: der Superspion Elie Cohen wird in Damaskus erhängt, sein Kollege Lotz fliegt in Ägypten auf. Seine größten Erfolge: die »Entführung« einer sowjetischen MIG 21 aus dem Irak und der israelische Triumph im Sechstagekrieg, dessen Vorbereitung Amit wesentlich beeinflußte. Als die Ägypter 1967 die für Israel lebenswichtige Schiffsroute nach Eilat sperrten, war Mossad-Chef Amit nach Amerika gefahren, um die amerikanische Reaktion auf einen Präventivschlag der Israelis zu testen. Ohne daß das israelische Außenministerium oder die Botschaft in Washington Bescheid wußten, traf er CIA-Chef Helms und Verteidigungsminister McNamara und sprach mit ihnen die israelischen Angriffspläne ab. Erst als die Israelis sich der amerikanischen Unterstützung für ihren Angriffskrieg sicher sein konnten, gab Israels politische Führung grünes Licht zum Losschlagen.

Auskünfte über sein Privatleben sind Meir Amit schwer zu entlocken. Er ist verheiratet und lebt mit seiner Frau und seinen Töchtern zurückgezogen. Liest er manchmal Spionage-Romane? Der ehemalige Mossad-Chef verzieht das Gesicht. Nur einen läßt er gelten: John Le Carrés ›*Der Spion, der aus der Kälte kam*‹.

Zwi Zamir

Nach dem Sechstagekrieg von 1967 trat Meir Amit als Mossad-Chef ab. Trotz des großen israelischen Erfolges zogen Gewitterwolken am Horizont des Judenstaates auf: Das französische Waffenembargo kündigte sich an, das israelische Nuklearprogramm in Dimona drohte ins Stocken zu geraten. Alles hing jetzt davon ab, Uran für die »Textilfabrik« zu beschaffen, wie der Reaktor von Dimona in der offiziellen Diktion hieß.

»Ich werde in die Textilindustrie gehen«, antwortete der israelische Militärattaché Zwi Zamir in London dem jungen Herzog von Kent, der zum Abschiedsempfang Zamirs gekommen war und sich nach dessen neuen Aufgaben erkundigt hatte. Das ist Zwi Zamirs Form von Humor: Er wußte zu diesem Zeitpunkt schon, daß er dritter Geheimdienstchef Israels werden würde, der Nachfolger von Meir Amit. Zamir war von 1968 bis 1974 im Amt.

Er wirkt, als hätte er ein Magengeschwür. Er lacht selten, und wenn – so seine Freunde – »zu Hause allein in seinem Keller«. Er ist schlank, fast mager, hat eine Glatze und abstehende Ohren; immer sehr korrekt gekleidet, was in Israels hemdsärmliger Gesellschaft auffällt. Er hat die feinen Manieren eines englischen Lords, der im Oberhaus sitzt – auch dann, wenn er mit Kommandoeinheiten durch die 40 Grad heiße Negev-Wüste zieht.

1925 in Polen geboren, wandert er mit seinen Eltern noch im selben Jahr nach Palästina aus. 1946 wird er von der britischen Polizei verhaftet, als er im Auftrag des Untergrund-Geheimdienstes »Shay« Schmiere beim Ausladen einer illegalen Ladung von Waffen steht. Er kommt ins Gefängnis. Im israelischen Unabhängigkeitskrieg von 1948 kommandiert er eine Brigade, die den Weg nach Jerusalem freikämpfen soll. Es folgt eine typische Militärkarriere: 1954 Ausbildung in England, 1956 Brigadekommandant im Sinai-Feldzug, 1958 Chef des Militärkommandos an der israelischen Südfront. In dieser Zeit führt er auch mehrere Streifzüge gegen sogenannte »Terroristen-Nester« im Gaza-Streifen durch.

Seine Ernennung zum israelischen Militärattaché in London ist ein weiterer Schritt nach vorn: Zamir ist verantwortlich für alle Waffenankäufe aus dem angelsächsischen Raum.

Seine größten Erfolge als Mossad-Chef: Zamir hat das Waffenembargo der Franzosen durchbrochen und mit der »Umleitung« des Uran-Schiffs »Scheersberg« die größten Probleme der israelischen Atom-Ingenieure gelöst. Seine unerbittliche Härte führte zur Jagd auf die »Mörder von München«, eine sehr zweifelhafte Jagd, bei der auch Unschuldige auf der Strecke blieben. Sein größter Mißerfolg: die Geheimdienst-Pleite im Yom Kippur-Krieg, für die zwar direkt der militärische Nachrichtendienst »Aman« verantwortlich war, die Zamir als Geheimdienst-Chef aber zumindest nicht verhinderte.

Im Frühjahr 1974 wird Zwi Zamir als Mossad-Chef abgelöst. Er hat sich seitdem mit seiner Frau aus dem öffentlichen Leben zurückgezogen und leitet als Generaldirektor die Raffinerie-Werke von Haifa. Sein einziges Hobby außer der Lektüre von Kriegsbüchern: Wanderungen durch alle Landstriche Israels. Dabei, sagen seine Freunde, erkundet er das Gelände noch immer, wie er es als Militär- und Geheimdienst-Boss getan hat – einmal per Jeep, einmal zu Fuß. »Dem Zufall dürfen wir in unserem Job nichts überlassen«, pflegte der dritte «Memune« stets zu sagen.

Jitzak Hofi

Ein deutscher Geheimdienstmann, der Mossad-Chef Jitzak Hofi bei einer Arbeitsbesprechung in Tel Aviv kennengelernt hat, schildert ihn so: »Nach der ersten Stunde fragt man sich, wie es der Mann wohl so weit gebracht hat. Er sagt fast nichts, hört nur zu, wirkt etwas schwerfällig – er könnte auch irgendein Kibbuz-Bauer sein. Doch je länger ein Gespräch dauert, desto beeindruckender ist dieser Mann. Ihm entgeht nichts, er ist entscheidungsfreudig und, ich glaube, seine Untergebenen haben nicht viel zu lachen – Hofi ist ein Mann, der durchgreift.«

Tatsächlich hat der rundgesichtige General mit der bulligen Figur nicht viele Freunde in den unteren und mittleren Rängen des Mossad. Er hält alle auf Distanz. Man konstatiert: Hofi hat ein ausgeprägtes Organisationstalent, ein phänomenales Gedächtnis, ist unerbittlich gegenüber Schlamperei. Beklagt sich einer der Agenten über die »Pingeligkeit« des Chefs, antwortet der mit seinem Standardspruch: »Wenn es darauf ankommt, haben Sie keine Chance mehr, einen zweiten Fehler zu machen.« Hofis Familienverhältnisse oder seine Hobbies kennen selbst die engsten Freunde nicht. Sie wissen nur, daß er häufig den Wagen wechselt und sich durch Schwimmen fit hält. Hofis Haus wird gut geschützt: Der Mossad-Chef gilt als Terroristen-Ziel Nummer eins in Israel.

Er ist 51 Jahre alt, ein »Sabre«, ein im Land Geborener. Schon als 17jähriger trat er in die »Palmach« ein, die Kommandogruppen der jüdischen Geheimarmee »Haganah«, die während der britischen Mandatszeit in Palästina im Untergrund arbeitete. Unmittelbar nach der Staatsgründung führte Hofi eine Kampfgruppe gegen die Araber. Dann machte er Karriere in der israelischen Armee, zuerst als Bataillons-Kommandant, dann als Ausbilder einer Militärschule, schließlich als stellvertretender Kommandant einer erfolgreichen Fallschirmjäger-Brigade, die General Arik Sharon anführte, heute Landwirtschaftsminister und einer der Scharfmacher im Kabinett Begin.

1964 ging Hofi zu einem sechsmonatigen Kurs an das US Army Command and General Staff College, 1968 wurde er Brigadegeneral, ein Jahr später Generalmajor. In den Tagen vor Beginn des Yom Kippur-Krieges warnte er mehrmals vor einem arabischen Angriff, während Israels militärischer Nachrichtendienst eine solche Gefahr nicht sah. Hofi, damals schon General und Kommandant an der Nordfront, erreichte bei seinem Freund, dem Verteidigungsminister Moshe Dajan, daß eine zusätzliche Brigade an die Golan-Höhen verlegt wurde. Die syrische Front hielt, während die Ägypter am Suez-Kanal durchbrachen. Im September 1974 wird Hofi zum Mossad-»Memunen« ernannt.

Der Geheimdienstchef hat, wie seine engsten Mitarbeiter sagen, starre Feindbilder: Die Annäherung Israels an den ehemaligen Erzfeind Ägypten paßt nicht in seine Vorstellungswelt. Eine Aussöhnung mit der PLO, die Premierminister Begin eine »Mörderbande« nennt, erscheint auch Hofi unvorstellbar. Ein Mossad-Mitarbeiter: »Es besteht die Gefahr, daß er die Gefährlichkeit der PLO überschätzt. Hofi hat so viele Agenten auf die Palästinenser angesetzt, daß die – allein schon um ihren Job zu rechtfertigen – von immer neuen Anschlägen berichten müssen. Darauf folgen dann Gegenschläge des Mossad. Es ist ein Teufelskreis.«

Die größten Erfolge des Mannes, der als einziger in Israel ständig Zugang zum Büro des Ministerpräsidenten Begin hat: die Befreiungsaktion in Entebbe im Juli 1976 und die Sprengung der für den Irak bestimmten Atomanlagen in Südfrankreich im April 1979.

Männer, die der Mossad machte

Jitzak Shamir

Er sieht aus wie der nette Onkel von nebenan, breitschultrig, aber klein, das Haar grauweiß und voll, die Augenbrauen dicht. Doch Jitzak Shamir ist alles andere als »nett«. Er war früher ein gesuchter Mörder, brach zweimal aus dem Gefängnis aus, floh in fremde Länder und jagte dann selbst Terroristen. Ein Schicksal wie Papillon. Heute ist Jitzak Shamir Israels Außenminister.

Er wurde 1915 unter dem Namen Jagermützen in der ostpolnischen Kleinstadt Ruzinoy geboren. Seine Eltern sind Zionisten, er besucht ein jüdisches Gymnasium und tritt bald der von Wladimir Jabotinsky gegründeten jüdischen Jugendbewegung »Betar« bei. Schon als 20jähriger geht er auf eigene Faust nach Palästina und setzt sein in Warschau begonnenes Jurastudium an der »Hebräischen Universität« von Jerusalem fort. 1937 schließt sich Jitzak, der sich jetzt den hebräischen Namen »Shamir« gibt, Menachem Begins Terrortruppe »Irgun« an, die den Kampf gegen die britische Mandatsmacht und die Araber mit allen Mitteln ausficht.

Als sich Begins »Irgun« während des Zweiten Weltkriegs ganz auf den Kampf gegen die Nazis konzentriert und die Terroranschläge gegen die Briten zurückstellt, spaltet sich eine radikale Gruppe unter der Führung Abraham Sterns ab. Auch Shamir bekennt sich zu diesen Radikalsten unter den Radikalen. Als Stern 1942 von der Polizei getötet wird, übernimmt er eine der führenden Positionen in der etwa 200 Mann starken Terrortruppe, die die Briten weiterhin »Stern-Bande« nennen und deren Mitglieder sie steckbrieflich suchen.

Shamir wird 1943 verhaftet und kommt unter strenger Bewachung in das Lager Latrun bei Akko. Am 1. November 1943 gelingt ihm ein spektakulärer Ausbruch – er hat sich die Kleider eines orthodoxen jüdischen Rabbi besorgt, sie tief ins Gesicht gezogen und sich so an den britischen Wachposten vorbeigeschlichen.

Shamir ist jetzt jedes Mittel im Kampf gegen die Briten recht. Bei einer Stern-Geheimsitzung im Frühjahr 1944 schlägt er vor, den neuen britischen Minister für Nahostfragen zu ermorden, Lord Moyne. Ein damaliger Stern-»Kollege« erinnert sich an Shamirs Worte: »Man zerschlägt nicht den Schwanz des Drachen, sondern den Kopf. Lord Moyne ist das Haupt der englischen anti-zionistischen Politik. Ihn müssen wir zerstören. Bringt den Minister um!«

Am 6. November 1944 wird Lord Moyne in seinem Wagen von zwei Stern-Terroristen erschossen.

Shamir macht weiter mit seinem Terror gegen Personen. Er läßt zwei britische Unteroffiziere als Geiseln aufhängen. Im Juli 1946 wird Shamir bei einer britischen Großrazzia in Tel Aviv von einem englischen Sergeanten namens Martin erkannt, obwohl er wieder Rabbiner-Kleidung trägt. Shamir wird in ein Internierungslager in Eritrea gebracht, aus dem er bald darauf ins damals französische Dschibuti flieht. Wenige Monate später stirbt Martin beim Tennisspielen – erschossen. Auf das Konto der »Stern-Bande« geht wahrscheinlich auch der Mord an dem UN-Vermittler Graf Bernadotte, der 1948 in Jerusalem hinterrücks abgeknallt wurde.

Israels Ministerpräsident Ben Gurion läßt die »Stern-Bande« nach dem Mord an Bernadotte und der Staatsgründung von der neuen israelischen Polizei verfolgen. Shamir bewirbt sich bei Isser Harels Geheimdienst. Er arbeitet in Frankreich und macht als Chef des Mossad-Netzes von Paris Geheimdienst-Karriere. Etwa 1960 steigt er aus dem Geheimdienst aus und wird Geschäftsführer einer Fabrik. Dann wechselt er in die Politik, tritt in die »Herut«-Partei Menachem Begins ein und versöhnt sich mit seinem alten Rivalen. Seit 1973 sitzt Shamir im Parlament, 1977 wird er Parlamentspräsident und im März 1980 neuer Außenminister.

Shamirs Berufung wurde in Israel allgemein als weiterer »Ruck nach rechts« gewertet, die oppositionelle Arbeiterpartei nannte ihn »den falschen Mann zur falschen Stunde«. Shamir gilt als Gegner der Aussöhnung mit Ägypten und des Vertrags von Camp David. Bei der Abstimmung in der Knesset über das Vertragswerk enthielt sich Shamir der Stimme. Einen Schwur hat er als Außenminister aber schon gebrochen – er wollte nach den Greueln in der Nazi-Zeit, die auch einigen seiner Verwandten das Leben kosteten, nie mehr die Hand eines Deutschen schütteln. Bei einer Europa-Reise, in der er für Begins Siedlungspolitik warb, besuchte er auch Bonn und wurde beim Shake-Hands mit deutschen Politikern gesehen.

Angesprochen auf seine Mordbefehle von früher, meint Shamir – er ist verheiratet und hat zwei Kinder – heute: »Ist es besser, eine Atombombe auf eine Stadt zu werfen, als ein paar Zivilisten zu töten? Ich sehe das nicht so. Aber niemand bezeichnet Amerikas Präsidenten Truman als Terroristen. Alle, gegen die wir individuell vorgingen, waren persönlich am Erfolg des Kampfes gegen uns interessiert. Uns erschien es wirkungsvoller und moralischer, gegen ausgewählte Ziele vorzugehen.«

Eliahu Ben Elissar

Ägyptens Präsident Sadat soll schwer geschluckt haben, als er von der Wahl des ersten israelischen Botschafters hörte, die Menachem Begin höchstpersönlich getroffen hatte. Ein ägyptischer Minister sagte: »Das darf doch wohl nicht wahr sein!« Einige andere hielten die israelische Entscheidung für eine Unverschämtheit. Doch letztlich machten alle Ägypter gute Mienen zum bösen Spiel: Wegen der Ernennung Eliahu Ben-Elissars zum ersten israelischen Diplomaten in Kairo lohnte es sich ja wirklich nicht, die Annäherung an den einstigen Erzfeind aufs Spiel zu setzen.

Ben-Elissar kam, hißte die israelische Flagge – und damit hatte es sich. Er wurde bis heute kaum zu einem offiziellen Empfang oder zu einer anderen ägyptischen Veranstaltung eingeladen: Sadats Rache dafür, daß ihm Begin ausgerechnet einen ehemaligen hochrangigen Mossad-Mann ins Nest gesetzt hatte.

Ben-Elissar wird 1932 in der polnischen Stadt Radom geboren und geht in den vierziger Jahren nach Paris, wo er an der Sorbonne Jura studiert. Dann wandert er nach Palästina aus und dient im Geheimdienstzweig der israelischen Untergrundarmee »Haganah«. Ab 1954 steht er in Mossad-Diensten. Der erste »Memune«, Isser Harel, schickt ihn nach Äthiopien, wo Ben-Elissar die Beziehungen Israels zum despotischen Kaiser Heile Selassie aufbaut. Der Israeli hilft dem Kaiser, eine Geheimdienst-Truppe auf die Beine zu stellen, und sorgt auch dafür, daß israelische Piloten und Fallschirmjäger äthiopische Einheiten ausbilden. Als oppositionelle Truppen in Abwesenheit Heile Selassies putschen, ist es Ben-Elissar höchstpersönlich, der dafür sorgt, daß der Aufstand niedergeschlagen wird.

Ben-Elissar bleibt bis 1961 in Addis Abeba, dann geht er nach Kenia und freundet sich dort mit Yomo Kenyatta an. Es gelingt ihm, auch Kenias »starken Mann« von den freundlichen israelischen Absichten zu überzeugen. Mossad-Agenten dürfen in Nairobi mit höchster Unterstützung tätig werden. Sie stellen, wie in Äthiopien, sogar die Leibwache des Präsidenten. Agenten, die mit Ben-Elissar in Afrika zusammengearbeitet haben, loben seinen Einsatz für seine Mitarbeiter – einmal soll er sogar sein Leben riskiert haben, um einen Mann aus einer schwierigen Situation zu befreien.

1971 wird Ben-Elissar Informationschef der »Herut«-Partei, die sein Freund Menachem Begin sechs Jahre später zum Wahlsieg führt. Der bärtige Ex-Mossad-Mann erhält einen Schlüsselposten in Begins Regierung: Er wird Generaldirektor im Amt des Ministerpräsidenten, eine Art Staatssekretär und persönlicher Berater Begins. Seitdem gehen alle Staatsgeheimnisse über den Tisch des stets gut gelaunten Ben-Elissar, dem man in Israel blinde Loyalität zu seinem Chef nachsagt. Seine Loyalität hat nichts mit Speichelleckerei und Karrieresucht zu tun – Ben-Elissar denkt wie Begin. Er ist für ein Israel in biblischen Grenzen (»Erez Israel«) und spricht von Judäa und Samaria statt von den Westbanks. »Mit Ben-Elissar in Kairo«, sagte einmal Jitzak Shamir, damals noch Parlamentspräsident, »kann Sadat immer sicher sein, die authentische Stimme aus Jerusalem zu hören. Er ist Begins ›Alter ego‹.«

Ben-Elissar ist verheiratet und hat zwei Kinder. Er liebt wie Begin Sprachen und religiöse Bücher. Der joviale Diplomat schreibt auch selbst. Sein bisher bekanntestes Werk: *›Die Außenpolitik des Dritten Reiches und die Juden‹*.

Chaim Herzog

Seine Frau hat er in Kairo kennengelernt, geboren ist er in Irland, Karriere gemacht hat er in Jerusalem, aber so richtig berühmt geworden ist er erst in New York, als Israels umstrittener, aber stets geschickter und umsichtiger UN-Diplomat: Chaim Herzog ist der Grandseigneur der israelischen Politik, ein Weltmann, aber kein Allerweltsmann. Und das, obwohl er außer als Diplomat auch als Manager, Journalist, General – und als Geheimdienstmann große Erfolge zu verbuchen hat.

Sein Vater war Oberrabbiner von Irland, als Chaim am 17. September 1918 in Belfast geboren wurde. Er studiert Jura in Cambridge und ein Jahr auch an der »Hebräischen Universität« in Jerusalem, als seine Eltern 1935 nach Palästina übersiedeln. Er knüpft Kontakte zur jüdischen Untergrundarmee »Haganah« und beginnt, sich für die Arbeit des Geheimdienstzweigs »Shay« zu interessieren, für die er zunächst unbedeutendere Botengänge übernimmt. Als 21jähriger promoviert er in Cambridge und absolviert dann einen Offizierskurs an der berühmten englischen Kriegsakademie Sandhurst. Herzog dient im Elite-Regiment der »Black Guards« und wird wegen seiner hervorragenden Zeugnisse bald zum Nachrichtendienst im Stab des Generals Cunningham, des späteren Hohen Kommissars in Palästina, abkommandiert. Nach der Landung in der Normandie verwundet, gehört er 1945 dem Stab an, der deutsche Kriegsgefangene verhört.

Als Herzog ein angeblich »kleiner Fisch« vorgeführt wird – der

Mann soll SS-Zugführer gewesen sein –, erkennt er Heinrich Himmler und sagt ihm das auf den Kopf zu. Bevor Herzog Fragen stellen kann, hat der Reichsführer eine Kapsel Zyankali zerbissen und sich so das Leben genommen.

Herzog wird Oberst und Leiter der Abwehrdienste in der britischen Besatzungszone Deutschlands. Das Angebot, als politischer Berater des britischen Hochkommissars in Deutschland zu bleiben, lehnt er ab – er will zurück nach Palästina und dort die Leitung der »Shay« übernehmen. Er arbeitet bis zur Staatsgründung als Verbindungsmann zwischen der »Haganah« und der britischen Armee und schafft dank seiner guten Beziehungen zu den Briten ein Netz strategisch plazierter projüdischer Offiziere in der englischen Palästina-Verwaltung.

Er wird 1948 Bezirkskommandant von Jerusalem und Ausbilder des militärischen Nachrichtendienstes »Aman«. Dann geht er für zwei Jahre als Militärattaché nach Washington. 1959 folgt seine Ernennung zum Chef des »Aman«, mißtrauisch beobachtet von Mossad-Chef Isser Harel, der gerade dabei ist, sämtliche Geheimdienstzweige zu koordinieren und keinen starken Widersacher brauchen kann.

Auch Herzog, inzwischen zum General aufgestiegen, ist ehrgeizig und führt den Kampf offensiv. Doch Harel ist näher am Ohr des »Alten« – es gelingt ihm, Ben Gurion davon zu überzeugen, daß Herzog militärische Geheimnisse wie ägyptische Truppenbewegungen im Sinai verschweigt. Ben Gurion entläßt daraufhin Herzog 1961 vorzeitig aus dem Amt. Der zieht sich ins Zivilleben zurück: als Anwalt und allseits geschätzter politischer Chefkommentator des israelischen Rundfunks.

Was immer Herzog auch macht, er fällt nach oben: Nach dem Sieg im Sechstagekrieg wird er Militärkommandant für die eroberte Jerusalemer Altstadt und die Westbanks. Nach einem kurzen Zwischenspiel als Manager einer großen Firma wird Herzog zum Chefdelegierten Israels bei den Vereinten Nationen berufen. Er vertritt Israels Politik offensiv, gewinnt aber zumindest bei den gemäßigten Arabern Respekt für seine vorurteilsfreie Sicht, die sich auch in einem bewundernden Buch über Ägyptens Strategie im Yom Kippur-Krieg von 1973 niederschlägt.

Herzog arbeitet heute wieder als Rechtsanwalt und Aufsichtsratmitglied großer Versicherungsgesellschaften. Er bekennt sich als Anhänger von Shimon Peres und würde nach einem Sieg der Arbeiter-Partei bei den Wahlen 1981 vermutlich wieder ein hohes

Regierungsamt bekleiden. Herzog ist verheiratet, hat drei Söhne und eine Tochter. Seine Frau arbeitet als Präsidentin für »Ein schönes Israel« – eine Organisation für Umweltschutz.

Rafael Eytan

Er ist ein Haudegen, stämmig und wortkarg, militärisch knapp im Haarschnitt wie im Denken. Rafael Eytan sagt: »Solange die Araber nicht glaubwürdig erklären, daß sie nicht länger Israel vernichten wollen, müssen wir handeln, als wollten sie uns zerstören.« Er ist ein Einzelgänger ohne Freunde, einer, der weiß, daß er alles besser kann, der keinem vertraut außer seinem großen Schäferhund, den er überallhin mitnimmt. Rafael Eytan, genannt »Raful«, ist heute Israels Generalstabschef und war einmal Chef einer Mossad-Spezialeinheit, die palästinensischen Terror mit Gegenterror beantwortete.

Seine Eltern stammen aus Rußland. Eytans Vater wird 1917, ein Jahr nach seiner Ankunft in Palästina, von den Türken verhaftet, weil er als Mitglied der jüdischen Schutzorganisation der »Haschomer« einen plündernden Türken verprügelt hat. Er wird in Damaskus zum Tode verurteilt und kann gerade noch am Tag der geplanten Vollstreckung fliehen. 1929 kommt Rafael zur Welt. Die Familie wohnt in einem Dorf namens Tel Adashim, das völlig von arabischen Ortschaften umschlossen ist. Rafaels Vater ermuntert den Sohn, sich mit den arabischen Jungen der Nachbarschaft zu prügeln: Er soll zeigen, daß er der Stärkste ist.

Mit sechzehn Jahren schließt sich Eytan den Stoßtruppen der »Haganah« an. 1949, nach der Staatsgründung, wird »Raful« Lastwagenfahrer. Wenn sich die Situation an den Grenzen Israels verschärft, holt ihn das Militär: Er gilt bald als Spezialist für Vergeltungsschläge. 1954 macht Eytan schließlich eine Fallschirmjäger-Ausbildung, 1956 springt er im Sinai hinter den feindlichen Linien ab. Im Juni 1967 steht er an der Spitze der Fallschirmjäger-Einheiten, die den ägyptischen Knotenpunkt Rafah in der Sinai im Sturm nehmen.

Eytan wird von einer Kugel am Kopf getroffen und muß zwei Monate ins Lazarett. Doch er kommt wieder, und er will Rache: Sein Neffe, den er wie einen Sohn geliebt hat, ist während des von ihm geleiteten Sinai-Angriffs gefallen.

Er führt eine Spezialeinheit der israelischen Armee, die mit dem Geheimdienst gekoppelt ist. Sobald ein palästinensischer Angriff »vergolten« werden soll – darüber entscheidet ein Sicherheitsausschuß unter Vorsitz des Ministerpräsidenten, dem auch der Außen- und Verteidigungsminister angehören –, untersucht der Nachrichtendienst der Armee, der »Aman«, alle Möglichkeiten eines Gegenschlages. »Raful« war jahrelang für die Durchführung der Attacken verantwortlich. Die vielleicht spektakulärste: 1968 überfällt seine Kommando-Einheit den Flughafen von Beirut und zerstört zahlreiche leere Verkehrsmaschinen. Solange seine Truppe schoß, ging Eytan ins Flughafen-Restaurant und trank Kaffee. Kein Libanese wurde auf dem Flughafen verletzt, kein Israeli während der Aktion verwundet.

Seit 1978 ist Eytan Generalstabschef. Er ist einer der Hauptverantwortlichen für die ständigen Übergriffe der Israelis in den Südlibanon. Zu einem Skandal kam es dabei, als drei israelische Soldaten vier unbewaffnete Libanesen folterten und als »Terroristen« erschossen. Der Hauptverantwortliche für die Tat, Leutnant Pinto, erhielt in Israel von einem geheimen Militärgericht acht Jahre Haft, Generalstabschef Rafael Eytan setzte im Sommer 1979 die Strafe auf zwei Jahre herunter – der israelische »Rache-Engel« hielt die Tat offensichtlich nicht für allzu schwerwiegend. Als der Fall bekannt wurde und sogar das Parlament darüber diskutierte, sah es so aus, als sei »Rafuls« Karriere beendet. Doch seine Vorgesetzten deckten ihn. Es scheint, als brauche Israel Leute vom Schlag des ehemaligen Geheimdienstlers und jetzigen Generalstabschefs.

»Rafael« ist mit einer in Österreich geborenen Jüdin verheiratet, die bis heute als Krankenschwester arbeitet. Das Paar hat vier Kinder. Eytan, der im Kreise seiner Soldaten gern erzählt, daß er »erst 16 war, als ich meinen ersten Araber umlegte«, baut in seiner Freizeit gern Möbel zusammen. Er ist ein begeisterter Drachensegler und hält – Draufgänger auch beim Sport – dem Landesrekord im »Dauersegeln«.

Fachausdrücke

Aman: Nachrichtendienst der israelischen Armee, gebildet aus den Worten »Agaf Modiin« (»Nachrichtenabteilung«)
Balfour-Erklärung: nach dem britischen Außenminister benannte Deklaration von 1917, in der sich London zum erstenmal für eine »nationale Heimstatt« der Juden starkmacht
Erez Israel: Bezeichnung für ein Groß-Israel in biblischen Grenzen, unter Einschluß des heute Westbanks genannten Judäa und Samaria
Haganah: nach dem hebräischen Wort für »Verteidigung« benannte, 1920 gegründete Untergrundarmee der Juden im britischen Mandatsgebiet
Haschomer: etwa um 1910 gegründete Verbände jüdischer Wachmannschaften gegen Übergriffe auf Dörfer und Bauernhöfe
Herut: konservative Partei, die unter Führung Begins heute im regierenden Likud-Bündnis die stärkste Kraft ist. Sammelbecken früherer Irgun-Terroristen.
Irgun: auch »Irgun Zvai Leumi« oder »Etzel« genannte Terroristengruppe, die aus der 1937 von Jabotinsky gegründeten Haganah B hervorgeht. Im Gegensatz zur Haganah kämpfte die Irgun auch mit Terror gegen die britische Mandatsmacht. Irgun-Mitglieder wurden von den Briten steckbrieflich gesucht, Irgun-Chef ab 1942: Israels heutiger Ministerpräsident Begin.
Jewish Agency: im August 1929 gegründeter Zusammenschluß der Zionisten
Memune: hebräisch Chef, Bezeichnung für den Mossad-Vorsitzenden
Mossad Aliyah Beth: 1937 gegründete »Organisation für die unerlaubte Einwanderung« nach Palästina gibt später Israels Geheimdienst den Namen
Moukhabarat: Ägyptens Geheimdienst, lange Zeit Gegenspieler des Mossad und möglicherweise bald befreundeter Dienst
Nili: erstes Spionage-Netz der Juden, 1914 gegründet, um den Engländern im Krieg gegen die Türken zu helfen. Name aus Samuel, Altes Testament: »Die Stärke Israels wird niemals täuschen«
PFLP: »Popular Front for the Liberation of Palestine«, im Juli 1968 in Kairo gegründete palästinensische Befreiungsorganisation, die radikaler als die PLO vorgehen will und marxistisch orientiert ist. Die ersten »Volksfront«-Führer Habasch und Haddad arbeiten mit Flugzeugentführungen und Terror.

PLO: Die »Palestine Liberation Organisation«, gegründet im Mai 1964, kämpft zunächst auch mit Terror gegen die Israelis. Internationale Aufwertung 1974 durch den UNO-Auftritt ihres Führers Arafat. Inzwischen weltweit als Vertretung der Palästinenser anerkannt und nach eigenen Angaben gegen Terror als Mittel zur Durchsetzung ihrer Ziele – was die Israelis bezweifeln

Schwarzer September: nach dem September 1970 benannte palästinensische Terrortruppe, als Jordaniens König Hussein Tausende Palästinenser niederschießen ließ. Für ihre Flugzeugentführungen berühmt, von Arafats PLO ins Leben gerufen, um der radikalen PFLP Mitglieder »abzuwerben«.

Shay: 1935 gegründeter Geheimdienstzweig der israelischen Untergrundorganisation Haganah im britischen Mandatsgebiet Palästina

Shin Beth: auch als »Shabak« bekannter israelischer Geheimdienstzweig, der für die innere Sicherheit und die Spionageabwehr verantwortlich ist

Stern-Bande: auch »Lechi« genannte jüdische Terroristengruppe, die sich 1940 von der ebenfalls radikalen Irgun abspaltet. Unter der Führung Abraham Sterns terrorisierte die Gruppe die britischen Soldaten und die Araber und läßt auch Zivilisten umbringen.

Literaturhinweise:

1) Eine stark idealisierende Darstellung liefert Max Hastings mit seinem Buch *Yoni. Hero of Entebbe*, Weidenfeld/Nicholson, New York

2) Einen guten Überblick über das Leben Ali Hassans gibt das Buch von David Tinnin: »*Hit Team*«, Futura Publications, London

3) Vgl. Janusz Piekalkiewicz: »*Israels langer Arm*«, Goverts Verlag, Frankfurt. Das Buch gibt auch einen guten Überblick über die Vorgeschichte und die ersten Jahre des Mossad

4) Isser Harel hat über die Eichmann-Entführung selbst ein Buch geschrieben, dessen Veröffentlichung ihm die Zensur jahrelang verbot. »Das Haus in der Garibaldi-Straße« ist inzwischen im Ullstein-Verlag auch auf Deutsch erschienen

5) Der amerikanische Reporter John J. Fialka hat die gründlichsten Recherchen zu diesem Fall angestellt. Vgl. etwa »*How Israel got the bomb*«, *Washington Monthly*, Januar 1979

6) Unter dem Titel »*The Plumbat Affair*« haben die englischen Autoren Elaine Davenport, Paul Eddy und Peter Gillman das beste Buch über die Affäre geschrieben. Es ist als englisches Taschenbuch bei Futura Publications erhältlich

7) Aus israelischer Sicht schildern die Autoren Eisenberg/Dan/Landau in ihrem Buch »*The Mossad*« (Paddington Press, New York/London) die Affäre. Autor Uri Dan war vom Mossad zeitweise sogar selbst an der Cherbourg-Planung beteiligt. Über die französische Verwicklung in die Geschichte sind die israelischen Autoren nicht informiert

8) Von den zahlreichen Büchern über das Unternehmen ist das beste von Ben-Porat/Haber/Schiff: »*Rescue in Entebbe*«,Dell, New York

9) Vgl. die Darstellung von Jacques Dérogy und Hési Carmel in: »*The Untold History of Israel*«, Grove Press, New York

10) Das beste Buch über die Affäre schrieb der Israeli Aviezer Golan. Es ist unter dem Titel »*Operation Susannah*« bei Harper & Row, New York, erschienen

11) Vgl. David Tinnin: »*Hit Team*«, Futura Publications, London

12) Vgl. Dérogy/Carmel: »*The Untold History of Israel*«, Grove Press, New York

13) Vgl. das Dossier in der *Zeit* vom 9. November 1979 »*Dreieck im Dunkeln*«

Register

A

B

Bildnachweis

Associated Press
Bibliophile Taschenbücher Dortmund
Hans Bollinger
Camera-Press
Deutsche Presse Agentur
GAMMA
Keystone
Newsweek/Arnaud de Borchegrave
Paris Match/Claude Azoulay
Porrat
Presseagentur „HANNI"
David Rubinger
Sven Simon
STERN-Archiv
Sunday-Times/Bryan Wharton
Shabtai Tal
Sysma/C. Simonpietri/Karel
United Nations Relief and Works Agency for Palestine Refugees